ÉTUDES DE PHILOSOPHIE MÉDIÉVALE

Collection fondée par Étienne Gilson

Dirigée par

Marta Cristiani
Ruedi Imbach
Jean Jolivet
Alain de Libera

LE CONCEPT DE DÉSIR DANS L'ŒUVRE DE THOMAS D'AQUIN

DANS LA MÊME COLLECTION

FEDERICI VESCOVINI G., *Le Moyen Âge magique. La magie entre religion et science aux XIIIe-XIVe siècles*, 400 pages, 2011.

TREGO K., *L'essence de la liberté. La refondation de l'éthique dans l'œuvre de saint Anselme de Cantorbéry*, 304 pages, 2010.

DI MARTINO C., Ratio particularis. *Doctrines des sens internes d'Avicenne à Thomas d'Aquin*, 192 pages, 2008.

BERMON P., *L'assentiment et son objet chez Grégoire de Rimini*, 432 pages, 2007.

RICKLIN Th. (éd.), Exempla docent. *Les exemples des philosophes de l'Antiquité à la Renaissance*, 432 pages, 2007.

CASTEIGT J., *Connaissance et vérité chez Maître Eckhart. Seul le juste connaît la justice*, 480 pages, 2006.

JOLIVET J., *Perspectives médiévales et arabes*, 320 pages, 2006.

VIAL M., *Jean Gerson. Théoricien de la théologie mystique*, 2006, 256 pages.

GRELLARD C., *Croire et savoir. Les principes de la connaissance selon Nicolas d'Autrécourt*, 340 pages, 2005.

KÖNIG-PRALONG C., *Avènement de l'aristotélisme en terre chrétienne*, 288 pages, 2005.

CAIAZZO I., *Lectures médiévales de Macrobe. Les* Glosae colonienses super Macrobium, 352 pages, 2003.

SIRAT C., KLEIN-BRASLAVY S., WEIJERS O. (éds.), *Les méthodes de travail de Gersonide et le maniement du savoir chez les scolastiques*, 392 pages, 2003.

SUAREZ-NANI T., *Connaissance et langage des anges selon Thomas d'Aquin et Gilles de Rome*, 2003, 272 pages.

CÔTÉ A., *L'infinité divine dans la théologie médiévale (1220-1255)*, 272 pages, 2002.

SUAREZ-NANI T., *Les anges et la philosophie. Subjectivité et fonction cosmologique des substances séparées à la fin du XIIIe siècle*, 208 pages, 2002.

FALQUE E., *Saint Bonaventure et l'entrée de Dieu en théologie*, 224 pages, 2001.

COUNET J.-M., *Mathématique et dialectique chez Nicolas de Cues*, 456 pages, 2000.

ÉTUDES DE PHILOSOPHIE MÉDIÉVALE

XCVI

LE CONCEPT DE DÉSIR DANS L'ŒUVRE DE THOMAS D'AQUIN

ANALYSE LEXICOGRAPHIQUE ET CONCEPTUELLE DU 'DESIDERIUM'

par

Gianmarco STANCATO

PARIS

LIBRAIRIE PHILOSOPHIQUE J. VRIN

6 place de la Sorbonne, V^{e}

2011

Imprimé en France

ISSN 0249-7921
ISBN 978-2-7116-2306-8

www.vrin.fr

PRÉFACE

À la fin de l'*itinerarium in Deum* de la *Divine Comédie*, à la fin du *Paradis*, une foudroyante synthèse évoque en trois vers la dynamique du *cosmos* aristotélicien. Après avoir reconnu les limites de la pensée qui se fait vision, soutenue par la fantaisie, Dante reconnaît en soi la force de l'amour, procédant du premier moteur, qui met en mouvement, à la fois, le désir de l'intellect et la volonté, puisque la vision de Dieu est l'objet qui comble l'intellect (en tant que vérité) et la volonté (en tant que bien). C'est le mouvement, procédant du même principe, qui fait tourner les cieux et qui fait vivre la « machine désirante » de l'univers (*Par.*, XXXIII, 143-145) :

Ma già volgeva il mio disio e il *velle*,
Sì come rota, ch'igualmente è mossa,
L'amor, che move il sole e l'altre stelle.

La tension vers la transcendance, c'est-à-dire vers la perfection absolue du premier Moteur, qui ne coïncide pas avec la transcendance du Dieu personnel, ne peut ne pas être immanente à la nature rationnelle, telle qu'elle est définie par Aristote. Adopter l'interprétation contraire équivaut à méconnaître un élément qui est essentiel à l'univers aristotélicien, c'est-à-dire la continuité du mouvement, transmis par la « chaîne de l'être », par effet du dialogue des Intelligences entre les cieux et la terre (le génie métaphysique d'Avicenne a développé le thème admirablement, il ne l'a pas inventé). C'est la raison pour laquelle la raison scientifique, qui démontre jusqu'à quel point l'équilibre céleste est un équilibre de corps, détermine une rupture dramatique. Les cieux seront vides, vides d'intelligence, comme les yeux d'une Béatrice illusoire, de la créature vouée à l'apparence (*Les fleurs du mal*, XCVIII, *L'amour du mensonge*, 17-20) :

Je sais qu'il est des yeux, des plus mélancoliques,
Qui ne recèlent point des secrets précieux ;
Beaux écrins sans joyaux, médaillons sans reliques,
Plus vides, plus profonds que vous mêmes, ô Cieux !

L'aristotélisme, en effet, avait fourni à Dante des instruments conceptuels très efficaces pour analyser le désir d'amour, qui est défini *moto spiritale*, mouvement spirituel, dans la savante dissertation de Virgile au chant XVIII du *Purgatoire* (*Purg.*, XVIII, 13-75) : puisque la tension vers les « appétibles premiers » est innée, ainsi que l'intellect des « notions premières », des *intelligibilia prima per se nota* (*Anal. post.*, II, 10), elle ne peut pas avoir des mérites, pas plus que la disposition de l'abeille à produire le miel, si la volonté libre ne donne pas son assentiment. La raison raisonnante représentée par Virgile renvoie à l'intellect éclairé par la foi, c'est à dire à la Béatrice véritable, sur ce qui concerne l'action de la grâce sur la volonté. La nécessité ne détermine pas le désir qui entraîne vers le péché et la mort, ce que Dante soutient en contraste avec la doctrine, d'inspiration averroïste, de Guido Cavalcanti, toutefois c'est la fascination de la fatalité qui caractérise les amours tragiques, dont Paolo et Francesca, au chant V de l'Enfer, sont les protagonistes exemplaires. Comme il est bien connu, c'est la lecture du roman *Lancelot du Lac*, là où la reine Genève échange le premier baiser avec son amoureux, qui révèle aux amants la passion sécrète. Pour se référer à la bouche qui est l'objet du désir, Dante utilise une métaphore on ne peut plus chargée de sens, c'est à dire le « rire », *il disïato riso* (*Inf.*, V, 133) : chargée de sens, parce que dans le *Convivio* le poète avait affirmé précisément que l'âme, principe de vie, manifeste sa présence, sa transparence, sur le visage, dans les yeux et sur la bouche. Le rire est l'éclair qui rend visible la lumière interne et la joie de la vie (*Conv.*, III, VIII, 9 : « E che è ridere se non una coruscazione de la dilettazione dell'anima, cioè uno lume apparente di fuori secondo sta dentro ? »). Dante nous dit, en forme de petite métaphore, que le désir des amants est le désir de l'âme, de la vie de l'autre, ce qui fait sa fatalité jusqu'au fond de l'enfer.

La méthode lexicographique, mise au point par le Père Busa et finalisée à la grande réalisation de l'*Index Thomisticus*, permet de saisir d'une manière scientifique, objective, dans l'ensemble de l'œuvre de Thomas d'Aquin, la valeur sémantique des mots, et la valeur morphologique des constellations de mots, qui correspondent à des notions-clés, ce qui est une des méthodes les plus efficaces pour ouvrir une voie d'accès à un système de pensée extrêmement rigoureux et complexe. On oublie trop facilement que le dialogue herméneutique présuppose le respect historique et philologique du langage du texte, avec lequel le dialogue est engagé. L'étude de Gianmarco Stancato (à l'origine, une thèse de licence !) déclare ses buts et sa méthode (p. 25-32), ayant bien présentes les discussion sur le désir naturel « entre immanence et transcendance » dans la théologie catholique du siècle passé, en particulier les discussions soulevées par deux œuvres, *Surnaturel* (1945) et *Le mystère du surnaturel* (1965), du Père Henry de Lubac, dont les contributions à la théologie contemporaine, mais aussi à l'histoire de la pensée, ne sont plus en question : ce qu'on lui doit c'est, tout simplement, un regard nouveau sur la pensée et la spiritualité des Pères. Reconnaître le caractère historique de la séparation entre naturel et surnaturel, et, en même temps, situer la construction philosophique et théologique de Thomas d'Aquin dans le grand courant de la pensée chrétienne, aux richesses multiples, signifie aussi, pour le Père de Lubac, ne pas s'arrêter face aux paradoxes qu'implique un ordre de pensée authentiquement théologique (ce qui constitue, d'ailleurs, l'intérêt authentiquement philosophique de la théologie).

Saisir, dans l'étendue de l'œuvre thomasienne, la notion de *desiderium* (table 1, p. 38, nous signale que les « désirs » sont considérablement moins fréquents), saisir surtout la valeur sémantique du désir qui fonde la nature en tant que nature humaine, le *desiderium naturale* orienté, structurellement, à la connaissance (table 9, p. 45 : 95 occurrences, 14 de *desiderium carnis* et 28 de *desiderium carnale*; table 4, p. 41, et table 9, p. 45), signifie « lire » Thomas, comme souligne l'auteur, que j'ai eu la chance d'avoir pour élève, sans prendre la défense d'aucun thomisme (p. 24). Il n'y a rien de minimaliste dans la notion de « lecture », qui équivaut plutôt à une correcte herméneutique.

Le jeu des occurrences se prête aux considérations les plus diverses. S'il est tout à fait compréhensible que le *desiderium finis* (33 occurrences), pour un théologien qui s'inspire d'Aristote, aie plus d'intérêt que le *desiderium pecuniae* (23 occurrences : table 5, p. 42), il n'est pas du tout certain qu'il en soit de même pour la plus part des hommes : il est d'ailleurs surprenant que le « désir de la vie éternelle » soit évoqué une seule fois, ainsi que le « désir de la vie contemplative ».

Les résultats de la recherche lexicale, dans la deuxième partie du volume, sont finalisés à l'analyse des textes, dont l'analyse du désir naturel constitue le noyau. La nature du désir-passion, entre concupiscence et espoir, le rapport entre amour et désir, tels qu'on peut les saisir dans le vif des textes (p. 61-81), permettent de tracer le dessein d'une théorie thomasienne des passions, qui est un thème susceptible de développements très riches ... pour ne pas laisser entièrement aux poètes les – pluriels – désirs d'amour.

Marta CRISTIANI

INTRODUCTION

CHAPITRE PREMIER

L'INTERPRÉTATION DU DÉSIR NATUREL

ENTRE IMMANENCE ET TRANSCENDANCE

Lorsqu'on parle de Thomas d'Aquin et de son rapport au désir, la pensée du théologien, mais aussi celle du philosophe, chemine spontanément en direction de ce qu'on appelle le désir naturel de voir Dieu. Il y a là un argument qui a entraîné des recherches et des discussions aux multiples aspects entre des savants illustres. Le problème du désir naturel de voir Dieu, à partir de la réflexion thomiste, constitue un thème transversal et complexe qui remonte périodiquement à la surface et s'impose au débat.

Les origines éloignées et le contexte dans lequel se présente la conception thomasienne du désir sont à rechercher dans le système aristotélicien. Selon la conception aristotélicienne, un désir est avant tout un appétit de l'agréable (πόθος) qui appartient en commun à tous les êtres doués de sensibilité[1]; mais il en existe aussi d'autres formes, supérieures (θυμός et βούλησις), qui sont la spécificité de l'homme et en chacune desquelles il s'agit de ce qui dynamise la nature humaine en propre.

Toutefois, le désir reste inscrit à l'intérieur de la nature : ainsi, par exemple, le désir de connaître est inscrit dans l'homme dont la finalité naturelle n'a pas d'autre point final que sa réalisation dans le repos. La béatitude humaine représente une plénitude de perfection qui tend ainsi à se rapprocher de la plénitude et du repos du moteur immobile. Tout cela répond parfaitement à la conception de la nature qui soutient le système aristotélicien : les êtres qui sont "naturels"[2] ont, en effet, en eux-mêmes le principe de leur mouvement et de leur repos; voilà pourquoi est "naturel" tout ce qui se transforme par soi-même en vue de son plein développement, à savoir de sa perfection. La conjonction de la physique et de la

1. *Cf.* par exemple *Topica* VI, 3, 140b27, ou *De Anima* II, 3, 414b5.

2. Par la suite les [''] indiqueront les unités lexicales (lemme, forme, segment morphothèmatique, syntagme), les [""] un concept, des expressions particulières, des citations descriptives, ou encore des citations dans les citations, et les [« »] les citations simples.

métaphysique réalise le but de construire le concept d'une nature stable et complète en soi.

Au contraire, dans la philosophie chrétienne, la nature trouve son accomplissement en Dieu : ainsi, pour en rester à notre exemple, l'aspiration de l'homme à la connaissance ne peut être satisfaite que par la connaissance de Dieu, c'est-à-dire par la vision "face à face". Dans ce contexte, naît l'exigence d'une médiation entre la finitude humaine et l'infinité divine ; l'ouverture du désir offre un appui ou un point de départ pour penser cette médiation.

Le problème du désir naturel de voir Dieu montre son paradoxe en toute clarté : est-il possible que l'homme possède dans sa nature propre un désir orienté vers ce qui se trouve en dehors de cette nature même ? En dernière instance, est-il possible de sauvegarder l'aspiration de l'homme à une ouverture infinie et à l'inconnaissance du transcendant ? L'argumentation, en soi strictement théologique, engage toutefois quelques-uns des thèmes parmi les plus importants que la réflexion philosophique a développés dans les domaines métaphysique et épistémologique. Nous avons sans doute ici un des cas les plus éclatants de "philosophie chrétienne", entendue dans le sens de réflexion théorétique et systématique sur les structures intérieures du christianisme.

Ces thèmes sont fréquents dans le débat philosophique à l'intérieur du christianisme ainsi que dans ses relations avec la culture séculaire [1].

La pensée philosophique liée à la spéculation théologique sur le désir naturel se révèle particulièrement dans le contexte historique du XIXe et du XXe siècles, pendant lequel l'Église et sa pensée officielle ont à affronter les attaques extérieures des philosophies de l'immanence d'un genre positiviste. Cela provoque en le même temps un raidissement dogmatique-culturel et un essai de revirement interne des catégories philosophiques chrétiennes.

Les instances de sécularisation caractérisent en profondeur le développement de la culture du XIXe siècle : la diffusion à la fois de la méthode expérimentale et de la méthode historique appliquée à domaines différents oblige la philosophie et la théologie à se renouveler profondément. L'apologétique se démontre cependant incapable de suivre le pas. Face aux critiques soutenues par des nouvelles méthodes, l'apologétique ne parvient pas à formuler un discours de foi qui puisse avoir prise sur la nouvelle mentalité. L'apologétique classique, qui s'était définie

1. Voir, par exemple, ce qui advient entre le XVe et le XVIIe siècles. L'exégèse thomiste du cardinal Cajetan, poussé par la volonté de souligner la gratuité de l'œuvre de Dieu, avait provoqué la séparation entre le naturel et le surnaturel. Les accents mis par la théologie luthérienne sur le drame du péché ne sont pas naturellement étrangers à l'attention que la pensée catholique réserve à l'intervention de Dieu et à sa gratuité. La théologie catholique est obligée dorénavant de préciser sa terminologie pour souligner la signification et la portée des concepts "nature", "surnaturel" et "grâce". La tendance à la séparation devient plus forte après la diffusion de la pensée de Baius. Ce sera Jansenius qui exaltera au contraire le rôle de la grâce. En fait, le problème de la grâce soulève des difficultés et des polémiques à l'intérieur du catholicisme dès avant la publication de l'Augustinus de Jansenius. Nous faisons ici allusion au débat célèbre *De auxiliis* qui, entre le XVIe et XVIIe siècles, voit s'opposer l'école dominicaine, attentive aux instances du thomisme officiel, et l'école jésuite : ce débat constitue, à nouveau, un moment important pour la définition des concepts "naturel" et "surnaturel".

et développée par rapport à l'adversaire qu'elle devait combattre, se trouve devoir réfléchir sur ses propres instruments.

Dans ce contexte, le thomisme assume encore une fois, officiellement, le rôle de centre propulseur de la pensée catholique; il tente donc de fournir à l'Église une armure conceptuelle capable de baliser son nouveau parcours. En 1879, l'encyclique *Aeterni patris* de Léon XIII dirige résolument la pensée catholique dans la foulée de Thomas et de ses commentateurs : le Pape lui-même crée les instruments institutionnels qui permettent de récupérer la pensée de l'Aquinate : l'Académie romaine de S. Thomas et la *Commissio Leonina* en 1880. Le néothomisme se répand, surtout à Rome et à Louvain[1], et les diocèses révisent leurs programmes d'étude scolastique selon ces nouvelles données. À Rome, les séminaires suspendent l'usage des manuels cartésiens; à Paris, l'Institut catholique déplace son attention vers le thomisme, alors qu'à Louvain le cardinal Mercier fonde en 1889 l'Institut Supérieur de Philosophie. En utilisant le thomisme, on essaye avant tout de sauver l'indépendance de la philosophie et la supériorité de la théologie : il y a aussi la volonté de défendre les valeurs traditionnelles, y compris dans le domaine social et politique, contre tout ce qui est ressenti comme une attaque contre l'Église. L'intention originaire de Léon XIII était certes de redécouvrir l'esprit qui animait la pensée de Thomas, mais cette intention finit pour se transformer en la recherche d'un modèle de pensée qui soit efficace dans la polémique. C'est en particulier la crise moderniste qui changea le sens de cette récupération du thomisme, de plus en plus valorisé comme moyen de défense de l'orthodoxie face aux menaces intérieures et extérieures. Entre le XIXe et le XXe siècles, la pensée thomiste prit un caractère strictement confessionnel, pour aboutir à la formulation dogmatique et normative des 24 thèses de 1914, destinées à établir les directives de l'enseignement catholique[2]. La *Revue thomiste*, fondée en 1893 dans la foulée des intuitions pontificales, se replie sur une apologétique orthodoxe[3].

D'autres voies sont tentées[4], entre autres par Maurice Blondel, qui contribua à la mise au point d'un modèle différent d'apologétique catholique, à la recherche

1. Sur le thomisme et le néothomisme, *cf.* A. Naud, *Le problème de la philosophie chrétienne*, Montréal, Faculté de Théologie, 1960; Ét. Gilson, *The spirit of thomism*, New York, Kennedy, 1964; C. Giacon, *Le grandi tesi del tomismo*, Bologna, Pàtron, 1967; *Saggi sulla rinascita del tomismo nel secolo XIX*, Città del Vaticano, Libreria Editrice Vaticana, 1974; L. Malusa, *Neotomismo e intransigentismo cattolico*, Milano, Propaganda Libraria, 1986; G.A. McCool, *The neo-thomists*, Milwaaukee, Marquette University Press, 1994; G. Prouvost, *Thomas d'Aquin et les thomismes*, Paris, Le Cerf, 1996.

2. *Cf.* P.-B. Grenet, *Les XXIV thèses thomistes (de l'évolution a l'existence)*, Paris, Téqui, 1962.

3. *Cf.* H. Donneaud, « La Revue thomiste et la crise moderniste », dans *Saint Thomas au XXe siècle*, Paris, Saint-Paul, 1994, p. 76-94.

4. En plus de Blondel, on peut rappeler par exemple Lucien Laberthonnière; *cf.* à ce propos *Dossier Laberthonnière, correspondance et textes (1917-1932)*, Paris, Beauchesne, 1983; J.-P. Gélinas, *La restauration du thomisme sous Léon XIII et les philosophies nouvelles*, Washington, The Catholic University of America Press, 1959; G. Losito, *Cristianesimo e modernità*, Napoli, La Città del Sole, 1999.

d'une réponse aux problèmes antiques en leur substance, que l'expérience concrète du sujet humain proposait tout nouvellement[1].

Selon Blondel, à ce moment déterminé de l'histoire, le problème de l'apologétique est de ne plus savoir proposer une argumentation propre, car elle ne sait pas accueillir les instances de l'adversaire : le philosophe français voulait au contraire montrer comment utiliser la philosophie moderne pour arriver au surnaturel. Dans cette perspecive, l'exigence d'une transcendance, présupposée par le christianisme, peut se demontrer à partir de l'immanence soulignée par la philosophie.

La nouveauté de l'essai de Blondel c'est de ne pas considérer un point de départ uniquement l'aspect cognitif ou intellectualiste, mais l'agir de l'homme. C'est uniquement à travers une analyse de l'action qu'on découvre la disproportion entre le désir infini et son assouvissement, toujours nécessairement fini : l'action de l'homme exprime son être profond, de sorte que chaque acte de vouloir contient aussi la volition du surnaturel. La disproportion prend cependant la forme d'un appel, auquel c'est la transcendance qui peut répondre uniquement, non pas parce qu'elle conduit à un fondement ontologique de l'être, mais parce qu'elle fournit un horizon de sens total : l'œuvre fondamentale de Blondel, l'*Action*, s'ouvre en fait sur la question fondamentale du sens qu'exige l'homme sans le nécessiter. Quand l'homme est incapable de rendre compte d'un sens absolu, comme le proclament les philosophes de la fin de la métaphysique, l'Unique Nécessaire peut nous le donner de nouveau : en suivant cette orientation, on peut affirmer que l'homme se trouve destiné à la grâce. L'affirmation de la transcendance advient ici à partir de l'immanence : celle-ci est le point de départ de l'argumentation, mais elle ne se complète qu'avec celle-là ; autrement, on se livrerait à la contradiction d'un fini infiniment voulu, ce qui créerait un cercle vicieux.

Par sa méthode Blondel porte encore une fois l'attention sur le désir de Dieu, considéré en même temps naturel et *inefficax*. Ce désir produit l'ouverture de l'intelligence crée au transcendant, mais leur union ne se réalise que par l'intervention du surnaturel. L'accomplissement de la volonté, le surnaturel, est un don de Dieu ; il indique en même temps ce qui outrepasse nos possibilités, sans cesser pour autant d'être un de nos devoirs ; il représente ce que l'homme ne peut pas atteindre par ses propres forces, mais qui lui est aussi nécessaire[2].

1. Sur Blondel, *cf.* « Maurice Blondel », *Revue Philosophique*, 4 (1986) et 1 (1987) ; *Maurice Blondel. Une dramatique de la modernité*, Actes du colloque d'Aix-en-Provence, mars 1989, Paris, Éditions Universitaires, 1990 ; H. Bouillard, *Blondel et le Christianisme*, Paris, Seuil, 1961 ; Cl. Tresmontant, *Introduction à la métaphysique de Blondel*, Paris, Seuil, 1963 ; J. Flamand, *L'idée de médiation chez M. Blondel*, Louvain-Paris, Nauwelaerts, 1969. Pour une bibliographie jusqu'à la moitié des années 70, *cf.* R. Virgoulay, Cl. Troisfontaines, *Maurice Blondel. Bibliographie analytique et critique*, I, *Œuvres de Maurice Blondel (1880-1973)* et II, *Études sur Maurice Blondel (1893-1975)*, Louvain, Peeters, 1975.

2. Peter Henrici a ainsi résumé l'interprétation blondelienne de la "nécessité" du désir : « la "necessità" in questione va cercata da parte nostra, non da quella della grazia : noi ci troviamo nella necessità di dover voler desiderarla, poiché la grazia, pur essendo gratuita, nondimeno per noi è obbligatoria e obbligante » (P. Henrici, « Il progetto filosofico di Maurice Blondel e la sua attualità », dans *Attualità del pensiero di M. Blondel*, Milano, Massimo, 1976, p. 9-28, n. 34). La philosophie de

La tentative de Blondel trouve chez les néo-scholastiques des adversaires acharnés, qui la confondent avec le mouvement moderniste[1]. Voilà la question fondamentale : l'Église doit-elle s'éloigner d'un monde qui a pris la voie de la sécularisation ? En termes théologiques : le dogme peut-il s'éloigner de l'histoire ? Les auteurs reconnus comme modernistes, sans les nuances de Blondel qu'ils finissent par contredire, suivent des voies extrêmes qui débouchent sur une interprétation historico-évolutionniste du christianisme.

En fait, la situation politique n'aide pas le rapprochement entre l'Église et le monde moderne, si bien que chaque tentative d'innovation ecclésiale est considérée comme une agression par l'Église officielle. En France en particulier, l'explosion de la crise moderniste coïncide avec le conflit le plus aigu que connurent l'Église et l'État : dans un climat d'anticléricalisme animé, chaque changement politique ou intellectuel est vécu par l'Eglise comme une mise en discussion de son existence[2].

Dans ce contexte, la réplique de l'Église aux thèses modernistes ne se fait pas attendre. Avec l'encyclique *Pascendi*, précédée par le décret *Lamentabili sane exitu* de 1907, le Pape Pie X reconnaît la variété des positions qu'on résume sous le terme “moderniste”, mais il condamne ce qui les unit. Les thèses de la nouvelle apologétique et du principe d'immanence, parmi d'autres, sont ainsi refusées. À la thèse moderniste selon laquelle la raison ne peut pas dépasser ses propres limites et donc ne peut pas s'élever jusqu'à Dieu, l'Église répond en confirmant la possibilité de l'assentiment intelligent de la foi. Dans l'interprétation de la curie romaine, si le philosophe admet que le principe de la foi est immanent à la foi elle-même et si le croyant affirme que ce principe est Dieu, le théologien doit admettre que Dieu est immanent à l'homme en tant que croyant. On en revient à l'exigence ancienne du surnaturel.

Blondel défend jusqu'au fond ses propres positions en prenant ses distances par rapport aux thèses modernistes. Son ébauche philosophique va influencer

Blondel cherche ainsi de réunir ce que la philosophie moderne avait séparée, en se posant comme une philosophie de la médiation : *cf.* P. Favraux, *Une philosophie du Médiateur*, Paris-Namur, Lethielleux-P.U.N., 1987.

1. Sur le modernisme, *cf.* quelques textes classiques de référence : Ch. Guignebert, *Modernisme et tradition catholique en France*, Paris, Collection de La Grand Revue, 1908 ; J. Lebreton, *L'Encyclique et la théologie moderniste*, Paris, Beauchesne, 1908 ; J. Rivière, *Le Modernisme dans l'Église*, Paris, Letourey et Ann, 1929 ; *Le Modernisme*, Paris, Institut Catholique-Beauchesne, 1980 ; *Le modernisme*, Paris, Beauchesne, 1980 ; P. Scoppola, *Crisi modernista e rinnovamento cattolico in Italia*, Bologna, Il Mulino, 1961 ; É. Poulat, *Histoire, dogme et critique dans la crise moderniste*, Paris, Casterman, 1962 ; Cl. Tresmontant, *La crise moderniste*, Paris, Seuil, 1979 ; M. Guasco, *Dal modernismo al Vaticano II. Percorsi di una cultura religiosa*, Milano, Franco Angeli, 1991 ; P.P. Gilbert, « Gli scritti intermedi di Maurice Blondel », *Rassegna di Teologia*, 42 (2001), p. 411-432.

2. Sur l'histoire du catholicisme français et de ses rapports avec la société *cf.* P. Colin, *L'audace et le soupçon. La crise du modernisme dans le catholicisme français (1893-1914)*, Paris, Desclée de Bouwer, 1997 ; Ét. Fouilloux, *Une Église en quête de liberté. La pensé catholique française entre modernisme et Vatican II (1914-1962)*, Paris, Desclée de Bouwer, 1998. Une certaine part du thomisme prend position aussi à côté de l'Action française : *cf.* R. Virgoulay, *Blondel et le modernisme. La philosophie de l'action et le sciences religieuses(1896-1913)*, Paris, Le Cerf, 1980.

profondément les développements du problème du surnaturel au XXe siècle, en donnant lieu à nombreux débats et interprétations. Par Blondel, le débat sur la nature pure sort du domaine technique des théologiens pour se poser à nouveau dans le domaine philosophique. Par exemple, en analysant les thèses de l'*Action*, Yves De Montcheuil oppose l'homme de Blondel, dont l'esprit est orienté vers le surnaturel, à l'homme théorisé par les théologiens de la nature pure [1].

Les tensions spéculatives de Blondel ne restent pas sans conséquences, y compris dans le domaine théologique: un des plus importants théologiens catholiques du XXe siècle, Henri de Lubac, se formera sur ses écrits, pour envisager de façon originale les problèmes de la nature pure et du désir naturel [2].

LE DÉBAT AUTOUR DE DE LUBAC

Le désir du surnaturel

Les études du Père de Lubac ont exercés une influence considérable dans le domaine théologico-philosophique du XXe siècle [3]. Tout au long d'une période qui est dominée par un néo-thomisme rigide, de Lubac s'est consacrée à l'approfondissement de la pensée patristique, de sa présence au Moyen Âge, ce qui lui a permis de formuler en forme nouvelle les problèmes théologiques et ecclésiaux : il a contribué ainsi à la redécouverte des Pères de l'Église dans le panorama culturel théologique. La collection *Sources chrétiennes*, que de Lubac dirige avec le Père Daniélou à partir de 1942, témoigne de ce renouvellement d'intérêt et en constitue un moment essentiel. Henri de Lubac, qui s'était formé dans le milieu néo-scolastique qu'était celui des études ecclésiastiques du début du siècle, caractérisé

1. Y. De Montcheuil, *Introduction à Maurice Blondel. Pages religieuse*, Paris, Aubier, 1942. Sur le débat à ce sujet, causé par l'*Action*, *cf.* aussi H. Bouillard, « L'intention fondamentale de M. Blondel et la Theologie », *Recherches de Science Religieuse*, 36 (1949), p. 321-402.

2. L'importance de la pensée de Blondel pour la réflexion de Lubac, a été soulignée par A. Russo dans *Henri de Lubac : Teologia e dogma nella storia. L'influsso di Blondel*, Roma, Studium, 1990; elle est attestée par des sources inédites. Que de Lubac dépende de Blondel, G. Colombo l'a contesté au contraire dans « Henri de Lubac in Italia », *Teologia*, 18 (1993), p. 72-98; Russo lui répond dans « A proposito del rapporto S. Tommaso-Blondel in H. de Lubac », *Angelicum*, 71 (1994), p. 427-444 (particulièrement note 1).

3. Sur de Lubac, en plus des textes cités par la suite, cf. *L'homme devant Dieu. Mélanges offerts au père Henri de Lubac*, 3 vols., Paris, Aubier, 1963-1964; « Surnaturel. Une controverse au cœur du thomisme au XXe siècle », Actes du colloque organisé par l'Institut Saint-Thomas-d'Aquin, 26-27 mai 2000, Toulouse, *Revue thomiste*, 101 (2001); N. Ciola, *Paradosso e mistero in H. de Lubac*, Roma, P.U.L., 1980; H.U. von Balthasar, G. Chantraine, *Le cardinal Henri de Lubac. L'homme et son œuvre*, Paris, Lethielleux, 1983; G. Gioia, « Nota sul mistero del soprannaturale. In margine agli scritti di Henri de Lubac », *Schede medioevali*, 2 (1982), p. 54-66; A. Russo, « Henri de Lubac, il soprannaturale e la vita quotidiana », *Studium*, 3 (1989), p. 359-371; B. Sesboüé, « Le surnaturel chez Henri de Lubac. Un conflit autour d'une théologie », *Recherches de science religieuse*, 3 (1992), p. 373-408; X. Tilliette, « Inquiétude humaine et incroyance », *Nouvelle revue théologique*, 106 (1984), p. 161-176; P. Valadier, « Dieu présent. Une entrée dans la théologie du cardinal de Lubac », *Recherches de science religieuse*, 3 (1992), p. 345-358.

par un climat conservateur et lié conceptuelment aux commentaires thomistes, comprend l'importance d'une vision exégétique plus complexe, qui tient compte des différents aspects de la tradition. Au cœur de cette redécouverte patristique, l'influence exercée par la pensée de Blondel donne matière à l'approfondissement de la conception du surnaturel. de Lubac avait connu la pensée de Blondel à travers Auguste Valensin, leur ami commun. Celui-ci avait cherché à comparer la méthode d'immanence au concept de surnaturel; selon Valensin, non seulement cette méthode et ce concept ne s'excluent pas mutuellement, mais au contraire la manière philosophique de Blondel et sa conception de l'action peuvent contribuer à donner un sens nouveau au désir surnaturel.

À partir de ces prémisses, de Lubac pose le problème fondamental du lien entre Dieu et l'homme, tout en tenant compte de la détermination que lui a donnée la formulation moderne de la nature humaine et du surnaturel. Ces deux termes se trouvent aujourd'hui séparés et l'effort de de Lubac a été de les rapprocher sans tomber dans la tentation des conciliations faciles: la particularité du dessin de de Lubac consiste au contraire à souligner le paradoxe qu'implique chaque interprétation profonde du mystère chrétien.

Nous allons nous arrêter maintenant à deux œuvres qui envisagent directement les problèmes que nous avons considérés jusqu'ici, *Surnaturel* et *Le mystère du surnaturel*, sans négliger toutefois d'autres œuvres importantes du théologien français[1]. *Surnaturel* est publié en 1946 en regroupant une série d'essais écrits durant les années précédentes, entre 1924 et 1945. Son auteur déjà connu dans le milieu strictement ecclésial et dans une certaine partie de l'opinion publique française, non seulement pour ses publications, mais aussi pour sa *résistance spirituelle* au nazisme et pour son intervention sur les problèmes du catholicisme français après la Libération. Avec le *Surnaturel* il se propose de revivifier le dialogue avec la pensée contemporaine et, en même temps, de montrer comment la pensée chrétienne peut considérer conjointement le Créateur et le Sauveur, la nature et le surnaturel, sans avoir à recourir aux hypothèses de la nature pure.

La modernité croyait pouvoir sauvegarder en même temps la subjectivité humaine et l'absolue liberté de Dieu grâce au concept de "nature pure", la condition d'une nature humaine hypothétiquement considérée comme déliée de tout lien avec le créateur. Elle pouvait ainsi d'une part prévoir une certaine béatitude susceptible d'accomplir les désirs naturels de l'homme, et de l'autre considérer le don de la grâce comme absolument gratuit en tant qu'"extérieur". L'argumentation de de Lubac s'articule précisément comme une critique spéculative de cette ébauche moderne, critique qui poursuit aussi l'établissement de la genèse exacte et des développements historiques qui ont fini par modifier et par trahir la terminologie théorique aussi bien des Pères que de Thomas.

1. Signalons en particulier, en plus des œuvres citées: *Catholicisme, les aspects sociaux du dogme*, Paris, Le Cerf, 1938; *Corpus mysticum, l'Eucharistie et l'Église au Moyen Âge. Étude historique*, Paris, Aubier, 1944; *Exégèse médiévale, les quatre sens de l'écriture*, Paris, Aubier, 1959-1964.

La "nature pure" est en effet une idée récente. Elle naît durant le XIVe siècle comme une abstraction des théologiens. Cette abstraction rencontrera ensuite des adeptes jusque dans les milieux du naturalisme humaniste, en particulier du côté des études padouanes. Un premier point important du changement qui précise le concept et ouvre la voie aux spéculations successives se trouve dans l'exégèse thomiste de Cajetan, à laquelle de Lubac oppose celles de Dominique Soto et de François Toledo. Toutefois, il n'y aura d'affirmation définitive de la "nature pure" qu'avec Robert Bellarmin et François Suarez et leur tentative d'affirmer l'absolue liberté divine : « ... Suarez va retenir l'hypothèse ébauchée par Diedro et Tapper, émise par Bellarmin et par Jean de Lens, pour l'expliciter et l'interpréter d'après les principes énoncés dans les commentaires de Cajetan » [1].

À côté de cette position de la nature pure et de la gratuité du don de Dieu, des penseurs comme Baius et Jansénius s'attachent à préciser le lien de la nature et de la grâce en affirmant que celle-ci est nécessaire à la nature humaine. Malgré la volonté de revenir à Augustin, ces auteurs finissent pour en trahir les réelles intentions, qui étaient de considérer le surnaturel comme l'aboutissement final et le moment parfait de la nature, et non pas seulement comme l'un de ses éléments [2]. Les concepts de nature et de grâce illustrés par Baius et Jansenius ne peuvent pas être considérés un rayonnement de la patristique augustinienne.

Après la première Scolastique, le débat sur la "nature pure", qui met en jeu toutes les questions théologiques les plus importantes, depuis la grâce jusqu'à la justice originelle de la condition adamique, conduit à approfondir en particulier le problème de la béatitude humaine. Thomas d'Aquin avait distingué les points de vue philosophique et théologique et il avait retenu comme unique et vraie béatitude celle que l'homme atteindra *in patria* : à celle-ci en effet, il attribue d'une manière adéquate le nom de "béatitude". Les commentateurs suivants, par contre, en insérant sans distinction le point de vue philosophique dans la sphère théologique, ajouteront aussi à la béatitude surnaturelle une béatitude naturelle que l'homme pourrait atteindre par ses propres forces et qui suffirait à combler son état naturel. Mais, dans cette perspective, les ordres naturel et surnaturel se trouvent irrémédiablement séparés, et il ne reste donc que deux possibilités : ou bien se renfermer dans le domaine naturel et considérer que la nature humaine est close en soi et autosuffisante, ou bien penser une nature qui exige pour soi une grâce nécessaire, ce qui en élimine définitivement la gratuité.

Le système de la "nature pure" satisfait, au moins en l'apparence, les exigences du monde moderne et du christianisme, car il confère aux causes secondes leur complète autonomie. Il s'agit toutefois d'une autonomie qui risque de devenir autosuffisante, de sorte que le monde des causes secondes constitue en réalité un monde qui trouve en soi sa propre justification.

Ce système s'affirmera aussi à l'intérieur de l'Église comme le plus adapte à expliquer la foi dans le surnaturel, même s'il n'y aura jamais un avis officiel de

1. H. de Lubac, *Augustinisme et théologie moderne*, Paris, Aubier, 1965, p. 194.
2. *Ibid.*, p. 40.

l'Église institutionnelle à ce sujet. De là un caractère specifique de la coupure entre l'homme et Dieu, entre la nature et le surnaturel : ce qui était pensé pour rendre de nouveau son prix au fini, aboutit progressivement à exclure toute transcendance et à affirmer l'autosuffisance de la nature humaine. Le recours au concept de "puissance obédientielle" ne résout pas le problème, parce qu'il implique un déplacement sémantique par rapport à l'usage original du terme. Ce concept avait été en effet utilisé précédemment par Thomas uniquement pour donner une explication du miracle, à savoir de ce qui sort de canons naturels, et non pas pour rendre compte de la tension vers le surnaturel.

Le père de Lubac note aussi que le concept de "nature" qui émerge de ces réflexions est profondément différent de celui des antiques, lesquels ne raisonnaient pas selon la dualité naturelle et surnaturelle des fins. Selon la conception des Pères, l'homme n'appartient pas entièrement à la nature physique, puisqu'il a une capacité spirituelle qui lui permet de s'élever au-dessus d'elle et de se rapprocher de Dieu. Dans la spiritualité humaine, il y a un certain "infini de capacité" qui distingue l'homme de l'étant naturel et qui le rend en quelque sorte "pareil" à Dieu ; voilà pourquoi notre nature s'ouvre spontanément à une finalité surnaturelle. Le découpage entre les deux ordres n'apparaît pas ici précisément parce que notre perfection n'est pas double, mais produite par une "union qui transforme" la nature et le surnaturel en ce que ce dernier est déjà inscrit sous la modalité de la fin dans la nature. Quand on parle de désir naturel, on entend un désir qui appartient à la nature dès le moment de la création et qui n'a pas été ajouté par après : « dès que je dis "moi", j'existe, j'ai mon être ; et dès que j'existe, dès que j'ai mon être, je suis finalisé » [1]. L'image divine présente en la nature humaine se couple sur l'idée de la finalité en sorte qu'on comprenne que la nature humaine est capable de s'ouvrir à Dieu : de Lubac parle à ce propos d'une *réinvention de la finalité* qui rend compte de la dynamique de l'esprit.

Les antiques ne distinguaient pas le don de l'être et celui de la grâce à la manière de la juxtaposition des modernes : si au premier don de la création est adjoint le don ultérieur de la grâce, celle-ci peut être considérée comme une "déification" voulue par Dieu et non pas, suivant Baius, comme un complément logique de la création [2]. Selon l'adage qui a rendu célèbre la Scolastique, la grâce perfectionne la nature sans s'y adjoindre comme quelque chose qui lui serait intrinsèquement dû : on sauvegarde ainsi également la liberté absolue de Dieu.

Ces réflexions montrent la voie où la nature et le surnaturel restent dans un rapport réciproque, bien que distingués, mais elles soulignent aussi un double paradoxe : celui du désir de Dieu qui appartient à la nature humaine et qui est en même temps gratuit, et en conséquence, celui d'une nature humaine disposée à recevoir le don surnaturel, *capable de Dieu*. C'est ce paradoxe qui permet à de

1. H. de Lubac, *Le mystère du surnaturel*, Paris, Aubier, 1965, p. 109.

2. Il ne faut toutefois pas exagérer la distinction des « dons ». En la conception de Lubac il s'agit d'une distinction logique et non effective, sinon nous serions paradoxalement parfaitement insérés dans la mentalité moderne.

Lubac de dépasser les limites de la Scolastique rationalisante, tout en laissant intacte la naturalité du désir et la surnaturalité de la fin. Le nœud central de sa pensée se trouve ici, car il s'agit en fin de compte de *tenir ensemble les deux extrémités de la chaîne* sans qu'aucune ne disparaisse, alors que à l'âge moderne ont a essayé de dépasser les pôles du paradoxe en éliminant un des deux termes. Dans la conception de de Lubac, le paradoxe est intrinsèque; la seule compréhension qui en soit possible se situe dans le mystère d'une foi conçue comme une "synthèse antinomique"; la foi doit alors « s'élever dialectiquement à l'harmonie d'une opposition surmontée »[1].

La raison du mystère de la foi se retrouve dans la transcendance de la fin; le désir qui est en nous ne peut pas être connu par la seule rationalité; la Révélation doit intervenir. Voilà pourquoi, pour de Lubac, le désir se révèle au bout du compte comme le signe de la promesse de Dieu : l'homme est « dualité insoluble, autant qu'union indissoluble. Image de Dieu, mais tiré du néant. Avant donc d'aimer Dieu, et pour pouvoir l'aimer, il désire »[2]. En outre, le désir est l'attrait même que Dieu pose en nous : « Dieu, ne le déposant en nous, [...] veut librement se donner à nous »[3]. La tension de l'esprit vers Dieu n'est ni une nécessité, ni une velléité inutile de l'homme, mais le terrain sur lequel peut germer la volonté d'accueillir un don.

Derrière ces réflexions qui imprègnent la rédaction de *Surnaturel*, émerge une nouvelle conception de la théologie, qui sera ensuite baptisée "nouvelle théologie" en reprenant un terme utilisé par de Lubac pour souligner, négativement prétendent ses objecteurs, l'aspect innovateur de son entreprise. Selon de Lubac et ceux qui suivent ses intuitions, la théologie ne peut pas se soustraire à la contingence, car la totalité de la vérité ne peut être épuisée dans aucune formule définitive : tout système théologique n'en exprime que quelques aspects. Thomas lui-même, par exemple, doit être étudié à partir de ses sources et de son milieu. La théologie doit donc être à même de synthétiser le passé pour l'adapter à l'historicité de l'existence; voilà pourquoi l'interprétation de la tradition ne peut pas se contenter de la répéter servilement; il lui faut toujours une *assimilation transformatrice*, une reformulation adéquate aux problèmes d'aujourd'hui[4]. Ce n'est pas par hasard que de Lubac commence souvent ses travaux par une analyse des différentes interprétations données à un problème déterminé ou à un auteur, analyse qui vise moins à dessiner un cadre complet de la situation qu'à éliminer les préjugés de l'interprétation[5]. Durant l'après-guerre, la "nouvelle théologie" est soumise à la censure et aux polémiques qui se concentrent précisément sur l'histo-

1. H. de Lubac, *Le mystère du surnaturel*, *op. cit.*, p. 227.

2. H. de Lubac, *Surnaturel*, Paris, Aubier, 1946, p. 483.

3. *Ibid.*, p. 488.

4. *Cf.* H. de Lubac, *Catholicisme*, Paris, Le Cerf, 1938, p. 249.

5. E. Salmann (« Henri de Lubac, stile sapienziale e paradosso teologico », *Colloque Henri de Lubac à l'occasion du centenaire de sa naissance (1896-1996)*, *Gregorianum*, 78 (1997), p. 620) note qu'il applique en ces cas l'herméneutique ignatienne, prête à sauver la proposition du prochain plus qu'à la condamner.

ricité de la théologie et sur la réduction présumée de l'autorité de Thomas à des plus saines proportions : le père Garrigou-Lagrange accuse de Lubac de modernisme, alors que le père Labourdette voit en cette vision nouvelle un commencement de relativisme[1]. Le débat autour du développement du dogme agite les meilleurs esprits de l'orthodoxie catholique et s'embrouille dans la question du surnaturel. L'Église n'accepte pas immédiatement la tentative de Lubac, l'accusant au contraire de transmettre l'erreur moderniste[2]. Une longe polémique se déroule jusqu'à la publication de l'encyclique *Humani generis* en 1950, où Pie XII affirme la solidité de la tradition théologique face à ces systèmes de pensée qui destabilisent les fondements de la vérité et proposent une reformulation de la théologie qui contient en soi les germes du relativisme. Le Pape confirme la validité de la thèse moderne du surnaturel à travers une formulation qui a été interprétée comme un avertissement envoyé directement à de Lubac.

Les années suivantes sont sans doute les plus dures pour notre auteur, qui doit laisser l'enseignement aussi bien que les *Recherches de science religieuse*, en étant ensuite transféré à Paris, presque en exil, alors que ses textes sur le surnaturel sont retirés des bibliothèques des centres de formation jésuites. Après deux études sur le bouddhisme et la *Méditation sur l'Église* de 1953, ce n'est qu'en 1959 que de Lubac pourra publier les premiers volumes d'*Exégèse médiévale* et recommencer à enseigner.

Toutefois l'élection au Saint-Siège de Jean XXIII résout les dernières réserves : le nouveau Pape éstime la personne de de Lubac et l'intègre dans la commission théologique qui prépare le Concile. À cette période remonte aussi l'amitié avec Karol Wojtyla; ils travaillent ensemble à la rédaction de la constitution pastorale *Gaudium et spes* et ils gardent au cours des années des contacts épistolaires[3].

Le paradoxe d'un désir naturel et gratuit

En 1965, sont publiés *Le mystère du surnaturel*, qui reprend un article de 1949, et *Augustinisme et théologie moderne*. Nous allons concentrer notre attention en particulier sur la première des œuvres, qui constitue une reprise de *Surnaturel* avec quelques mises au point et développements, en particulier sur le rapport entre l'homme et Dieu.

1. R. Garrigou-Lagrange, « La Nouvelle Théologie où va-t-elle ? », *Angelicum*, 23 (1946), p. 126-145; M.M. Labourdette, « La théologie et ses sources », *Revue thomiste*, 54 (1946), p. 353-371; M.M. Labourdette, M.-J. Nicolas, « L'analogie de la vérité et l'unité de la science théologique », *Revue thomiste*, 55 (1947), p. 417-466.

2. Les critiques à de Lubac mettront aussi en cause aussi son refus de la « nature pure » : *cf.* Ch. Boyer, « Nature pure et surnaturel dan le *Surnaturel* du père de Lubac », *Gregorianum*, 28 (1947), p. 394-395.

3. De Lubac a aussi écrit, sur demande de l'auteur, l'introduction de la traduction française de K. Wojtyla, *Amour et responsabilité : étude de moral sexuelle*, Paris, Société d'Éditions Internationales, 1965.

Le fait que la perfection de l'homme soit obtenue par une intervention extérieure à sa nature ne constitue pas pour de Lubac une contradiction, mais il s'agit de ce qui démontre précisément l'ouverture de l'homme à Dieu et leur intime affinité. Cette ouverture n'implique aucun caractère surnaturel intrinsèque à l'homme : « le fait que la nature de l'être spirituel, telle qu'elle existe, ne soit pas conçue comme un ordre appelé à se clore définitivement sur lui-même, mais comme ouverte à une finalité inéluctablement surnaturelle, ce fait n'entraîne pas qu'elle ait déjà en elle-même et comme de son propre fonds le moindre élément positivement surnaturel »[1].

La théorie de la nature pure naît initialement pour assurer la gratuité du surnaturel face aux doctrines qui, comme on a déjà vu, le réduisent à une dimension naturelle. Mais si, d'une part, la modernité est arrivée à éviter cette confusion, de l'autre elle a posé une série de problèmes qu'il était difficile d'éviter. Dans la conception de de Lubac par contre, le problème n'est pas de la nature pure en soi, mais dans le système conceptuel que la théologie moderne a construit tout autour, un système qui donne l'impression de ne pas tenir compte de l'homme réel, c'est-à-dire ouvert à la transcendance et incapable de se contenter de sa propre existence naturelle : « le sérieux infini du désir mis en moi par mon Créateur fait le sérieux infini du drame de l'existence humaine »[2]. L'ouverture du désir fait que l'homme est orienté vers Dieu; voilà pourquoi le désir de Dieu devient constitutif de l'homme. La finalité ultime reste surnaturelle et la question ne peut pas se résoudre par ce qu'on affirme une finalité parallèle : dans ce cas, on ne considère plus la réalité concrète de l'homme mais seulement une hypothèse abstraite. La réponse ne peut pas se trouver parce qu'on sort de ce monde et de la situation réelle de l'existence humaine. Dieu aurait pu hypothétiquement créer des êtres intelligents sans les destiner à la vision divine, mais l'homme n'a pas été crée selon ce modèle : il s'agit là d'un fait acquis.

Tout cela ne porte toutefois pas à une exigence du surnaturel. Le fait que la nature humaine "cherche" Dieu ne signifie pas que le don de Dieu lui soit dû. La liberté de Dieu a gratifié l'homme d'un double don, l'être et la finalité surnaturelle. Mais l'être et la finalité nous sont donnés ensemble; c'est pourquoi la finalité nous appartient intrinsèquement; elle ne peut pas être considérée comme une ajoutée. La nature humaine est d'elle-même orientée vers le don surnaturel par l'esprit; elle n'a besoin d'aucune médiation conceptuelle.

On touche ici un point extrêmement important : l'existence d'un fin surnaturelle n'équivaut pas pour de Lubac à une présence explicite et pleinement actualisée qui serait d'une certaine manière définitive; elle n'élimine pas donc sa gratuité. Dieu crée l'homme parce qu'il le veut déiforme et, parallèlement, l'homme désire une fin qu'il ne peut obtenir que par grâce : « ce n'est en aucun cas la nature qui d'elle-même appellerait le surnaturel : c'est le surnaturel, si l'on peut ainsi parler, qui suscite la nature avant de la mettre comme en demeure de

1. H. de Lubac, *Le mystère du surnaturel*, *op. cit.*, p. 55.
2. *Ibid.*, p. 80.

l'accueillir »[1]. Le désir est donc provoqué en l'homme par la volonté divine, de sorte qu'il ne peut pas s'agir là de l'exigence d'une nécessité.

La capacité qu'a l'homme de s'orienter vers ce qui le dépasse est due à notre nature spirituelle, ouverte. L'homme possède une *aptitude radicale*, un *appel de la nature*, une *réalité secrète* qui l'ouvre à recevoir le don surnaturel[2]. En créant l'homme, Dieu le prépare à la vie surnaturelle en inscrivant en lui son but ultime; de cette façon, le naturel et le surnaturel, c'est-à-dire l'homme et Dieu, se trouvent unis sans se confondre. Dans l'exégèse de Cajetan déjà citée, sous l'influence du naturalisme aristotélicien, le désir de la nature rationnelle ne peut pas s'étendre au-delà de sa faculté. Les théologiens de l'époque moderne se soumettent en effet au *De Caelo* d'Aristote, selon lequel la fin de chaque étant est proportionnée à sa nature, ce qui double la fin de l'homme en une fin naturelle et une fin surnaturelle. Si la nature humaine est fermée sur elle-même, l'intervention de Dieu doit survenir de l'extérieur; elle sera intégralement gratuite, mais juxtaposée, étrangère. On nie ainsi le paradoxe d'une vie spirituelle ouverte, incapable de trouver en soi ce qui apaise sa propre recherche : « la vie de l'esprit ne se conçoit pas sans un élément de continuelle recherche »[3].

Cette recherche se règle sur le donné de la foi pour le comprendre mieux et l'approfondir, et ce donné de foi nous fait connaître l'objet de notre désir à travers la promesse du don gratuit qu'est la vision de Dieu. Le terme du désir n'est donc jamais pleinement connu, mais seulement entrevu. La *visio Dei* constitue la vraie fin de l'homme réellement existant : tel est le motif pour lequel la nature pure constitue une hypothèse qui ne peut pas être un point de départ. Par contre, on peut tout à fait affirmer que la nature humaine est incomplète sans la vision de Dieu et sans sa participation à la nature divine.

En suivant la pensée de de Lubac, qui rencontre le plus profond des paradoxes : comment une intelligence crée pourrait-elle voir Dieu face à face ? Et, surtout, si telle est la destinée inscrite en nous, comment peut-on considérer que la vision soit vraiment gratuite ? Ces antinomies jaillissent du mystère. Une synthèse parfaitement unifié serait impossible : si l'on voulait, au contraire, choisir l'une des deux affirmations, on comprometterait l'équilibre et la valeur du paradoxe. La théorie de la "nature pure", qui sépare le domaine naturel du surnaturel, n'arrive pas à sauvegarder la gratuité : le don de la Grâce reste libre, même si la fin pour laquelle Dieu nous a crées est une part de notre être. Dieu nous crée en nous invitant à participer au surnaturel.

Pour le théologien français comme pour les Pères de l'Église, c'est uniquement le salut qui constitue la plénitude de la création. La destinée de l'homme est sa divinisation, qui reste pourtant un don, puisqu'elle ne peut jaillir que de la libre volonté de Dieu. En ce sens, le surnaturel est le plein développement de l'ordre naturel. Thomas avait respecté cette ligne de pensée. Certes, il

1. H. de Lubac, *Le mystère du surnaturel*, *op. cit.*, p. 128.

2. *Ibid.*, p. 168.

3. *Ibid.*, p. 205. On trouve ici une allusion au *quaerere* augustinien.

avait distingué les perfections dues à la nature et les perfections gratuites en faisant rentrer la vision de Dieu parmi les dons surnaturels (*gratia gratis data*); cependant la vraie béatitude ne peut que sidentifier à ce type de vision. Suivant cette perspective, le don de Dieu en Christ constitue un don ultérieur et gratuit par rapport à la création. La théologie successive aboutit cependant à penser la création en tant que hypothétiquement non orientée au salut, déliée de la vision béatifique, et donc à nier la présence du désir naturel de cette vision.

Comme on peut le remarquer par ces brèves réflexions, l'œuvre de de Lubac est riche de plusieurs apports conceptuels, élaborés et reproposés avec une liberté qui lui permet d'embrasser l'exégèse médiévale aussi bien que le bouddhisme. Son choix est méthodologiquement antisystématique; il n'est construit sur aucune vision préconçue. L'accord entre des voix différentes compose une symphonie qui rend séduisante l'œuvre du théologien jésuite, mais aussi complexe la pénétration de sa vaste culture et de ses intérêts nombreux.

La méthode qui découpe un problème en ses différents aspects permet à notre auteur de reconduire le thomisme à ses sources originelles et de montrer que la pensée de Thomas n'est pas fondamentalement en désaccord avec les Pères, quoique l'herméneutique patristique, développée dans le milieu culturel où de Lubac est obligé de se mouvoir, prend une tonalité "antithomiste" sans être pour autant "antithomasienne". En fin de compte tout le travail de Lubac, peut être interprété par rapport à la finalité de construire une apologétique différente de celle qui dominait à l'époque: même quand il aborde les problèmes philosophiques, de Lubac reste un théologien à la recherche d'un *intellectus fidei* susceptible d'avoir un sens aujourd'hui. La recherche d'une synthèse entre la pensée des Pères et de Thomas, d'une part, et les exigences du monde contemporain, de l'autre, constitue le but intellectuel et spirituel qui anime de Lubac et qui nous ouvre aujourd'hui une voie possible pour parcourir son œuvre.

L'EXÉGÈSE THOMISTE

Comme on a vu, des nœuds conceptuels et des polémiques sont dérivés des différentes interprétations superposées aux textes de Thomas: les différentes tentatives d'explication du "désir naturel de voir Dieu" ont créé une série de malentendus terminologiques et doctrinaux. Sans entrer dans le vif du sujet, sans juger de l'exactitude de ces différentes interprétations, on peut noter que la tradition thomiste s'est diversifiée au cours de son histoire; les mêmes textes ont été lus dans des perspectives vraiment différentes. On pourrait sans doute affirmer que le débat sur le désir est né d'une conjonction perverse de l'exégèse des textes thomasiens et de leur "correction" en vue de les adapter au débat philosophique de la modernité.

Celui qui revient aujourd'hui à l'étude de Thomas peut aisément se demander si les différents paragdimes utilisés pour interpreter son œuvre, ont toujours respecté sa pensée, au-delà d'une optique historico-philosophique adéquate.

Sans aucun doute, Thomas d'Aquin a été l'un des auteurs les plus lus, étudiés et interprétés de l'histoire de la philosophie; il a été parfois pris comme point de référence ou d'appui pour justifier les positions des commentateurs eux-mêmes, parfois comme cible d'attaques idéologiques. Ce fut le cas pour la Scolastique baroque, puis pour le néothomisme du XIXe siècle, ce qui pose le problème de l'herméneutique et de la traduction conceptuelle.

La polémique du XXe siècle sur le désir naturel ne fera que confirmer ces difficultés, par exemple, dans le cas du débat qui a opposé de Lubac à de Broglie : le premier, en partant de la considération de la fin surnaturelle de l'homme, a essayé de montrer que le désir n'est pas seulement inné et nécessaire, mais que le surnaturel représente la finalité intrinsèque de l'esprit[1], alors que le second a souligné que le désir naturel est en soi inefficace, sans être absurde, s'il n'est pas comblé par Dieu[2]. Dans chaque cas, les deux auteurs ont essayé de récupérer la pensée de Thomas et ils ont appuyés leurs affirmations sur l'exégèse de ses textes. Le système conceptuel de Thomas, revu par ses commentateurs, abstrait du milieu qui l'a produit et synthétisé selon des paramètres occasionnels, a trop souvent été présenté comme une sorte de manuel apte à toutes les occasions. Nous avons constaté jusq'à quel point le thomisme a essayé de se rallier à la modernité sur le plan herméneutique : il a essayé en effet de suivre de nouveaux développements philosophiques et théologiques, en particulier au moment ou les paradigmes référentiels sont en train de changer. Selon certaines interprétations par exemple, la pensée moderne a perdu le sens de l'*actus essendi* thomasien en développant le conceptualisme scotiste du XIVe siècle. L'abstraction appliqué aux catégories de Thomas a provoqué leur compréhension moderne qui a réduit l'être au concept et qui, en se concentrant sur la signification, n'a plus été capable d'exprimer le fondement existentiel : de là l'essentialisme moderne qui a conduit Heidegger à parler de l'*oubli de l'être*[3]. En tous ces cas, il a fallu redéfinir le système du Docteur Angélique : coincée entre la veine polémique et les buts des conciliateurs exégétiques, la Scolastique a trop souvent fini pour négliger l'esprit, l'exactitude et la cohérence qui président au système entier de l'Aquinate[4].

Nous avons vu comment le père de Lubac a été l'un des auteurs qui renouvelèrent la théologie au cours du siècle qui vient de finir; il ne se trouve cependant pas isolé dans cette œuvre. L'école théologique française a fortement contribué à rendre l'approche de Thomas attentive à la méthodologie et à ses

1. *Cf.* H. de Lubac, *Surnaturel*, *op. cit.*, en particulier les *Notes historiques*; *Le mystère du surnaturel*, *op. cit.*, où les positions sont nuancées.

2. *Cf.* G. de Broglie, *De fine ultimo humanae vitae*, Paris, Beauchesne, 1948, p. 245-264, où se trouve la polémique avec les positions de de Lubac; G. de Broglie, « De la place du surnaturel dans la philosophie de S. Thomas », *Recherches de Science Religieuse*, 14 (1924), p. 193-246 et 481-496; 15 (1925), p. 5-54.

3. *Cf.* G. Siewert, *Das Schicksal der Metaphysik von Thomas zu Heidegger*, Einsielden, Johannes Verlag, 1959.

4. *Cf.* E. Tourpe, « Thomas et la modernité. Un point de vue spéculatif sur l'histoire de la métaphysique thomiste », *Revue des sciences philosophiques et théologiques*, 85 (2001), p. 433-459.

implications bibliques, grâce aux théologiens comme, par exemple, Marie-Dominique Chenu[1]. Dès les années vingt et son séjour au couvent du Saulchoir, Chenu a appliqué une méthode de recherche orientée vers l'historicité des textes afin de mieux faire comprendre l'esprit qui animait le travail de Thomas[2]. On retrouve tout cela en son *Introduction à l'étude de saint Thomas d'Aquin*[3]: l'attention y est concentrée sur le climat spirituel, mais aussi sur *milieu* institutionnel, universitaire et social qui caractérisait historiquement le travail d'un dominicain du XIIIe siècle. Le travail du Chenu a rappelé les chercheurs à une attention constante au lexique et a renouvelé profondément les études thomistes[4]. Cette relation plus "scientifique" aux textes thomasiens permet aujourd'hui de mieux comprendre leur terminologie spécifique et leur système doctrinal, en évitant le risque d'une lecture partielle, sinon unilatérale; nous pouvons aujourd'hui, et donc nous *devons*, nous débarrasser des stratifications formelles successives, dues à des lectures successives et à des appropriations illicites ou à des hostilités culturelles préconçues, c'est-à-direqu'il faut lire à nouveau les textes de Thomas et en découvrir la valeur philosophico-théologique.

La méthodologie lexicographique, héritière de ce courant de recherche et aujourd'hui de plus en plus utilisée, offre de nouvelles chances qui méritent d'être exploitées à fond parce qu'elles admettent, comme on le verra, une approche préalable de la terminologie de l'auteur, en contribuant à réduire les risques de la superposition et de la méprise. En étant fidèle à cette approche, notre travail ne veut soutenir aucun thomisme: ce à quoi nous tenons est avant tout à "lire" Thomas, c'est-à-dire à comprendre sa pensée et à la proposer au lecteur et au chercheur contemporains avec l'espoir de contribuer à la formulation et à l'évaluation, en des termes philosophico-théologique convenables, du problème du désir naturel de voir Dieu.

1. Sur Chenu, cf. *Marie-Dominique Chenu, Moyen Âge et Modernité*, Paris, Le Cerf, 1997, en particulier les contribution de J. Jolivet (« Les études consacrées par M.-D. Chenu au Moyen Âge », p. 67-83) et de R. Imbach (« L'étude historique de saint Thomas et les thomismes », p. 121-130); *Mélanges offerts à M.-D. Chenu, Maître en théologie*, Paris, Vrin, 1967; *L'hommage différé au Père Chenu*, Paris, Le Cerf, 1990; L.J. Bataillon, « Le Père M.D. Chenu et la théologie du Moyen Âge », *Revue des sciences philosophiques et théologiques*, 75 (1991), p. 449-456; J. Jolivet, « M.D. Chenu, médiéviste et théologien », *Revue des sciences philosophiques et théologiques*, 81 (1997), p. 381-394; J.-Cl. Schmitt, « L'œuvre de médiéviste du Père Chenu », *Revue des sciences philosophiques et théologiques*, 81 (1997), p. 395-406; A. Boureau, « Le Père Chenu médiéviste; historicité, contexte et tradition », *Revue des sciences philosophiques et théologiques*, 81 (1997), p. 407-414.

2. *Cf.* M.-D. Chenu, *Une école de théologie : Le Saulchoir*, Paris, Le Cerf, 1937.

3. M.-D. Chenu, *Introduction à l'étude de saint Thomas d'Aquin*, Paris, Vrin, 1950; *cf.* aussi *St Thomas d'Aquin et la théologie*, Paris, Seuil, 1959.

4. Les encycliques du Pape Jean Paul II reconnaissent que les études thomistes ont été renouvelées par l'application de la méthode historique et que de telles études ont fécondé le Concile Vatican II; *cf.*, par exemple, *Fides et ratio*, n. 58.

CHAPITRE II

BUTS ET MÉTHODE

LES BUTS DE L'ENQUÊTE

Dans la conception commune actuelle, le désir est habituellement associé à la tendance à satisfaire un besoin lié à notre propre subjectivité; nous parlons ainsi de désir pour chaque mouvement indéterminé et bizarre de l'âme, déterminé par le manque de ce que nous considérons nécessaire pour notre propre plaisir. En général, je peux désirer un objet qui me manque, telle la nourriture si j'ai faim, ou l'accomplissement d'une action qui peut me satisfaire, par exemple désirer connaître quelqu'un, mais je peux aussi "me faire désirer", c'est-à-dire faire sentir mon absence, ou faire quelque chose qui "laisse à désirer", c'est-à-dire qui manque de certaines caractéristiques nécessaires. Dans chaque cas, le désir laisse apparaître un état qui nous appartient intrinsèquement et qui nous place dans une condition de malaise : de là naît l'importance spéculative d'une recherche sur ce thème.

L'expérience du désir appartient à un tel point à la nature humaine qu'elle est devenue l'un des thèmes les plus exploités par les poètes et les gens de lettres [1],

1. Il est impossible de parcourir entièrement les vicissitudes du thème du désir dans la littérature et dans la poésie. On peut toutefois esquisser en bref sa présence, en particulier dans la littérature italienne, en commençant par la *Divine Comédie* de Dante, où Dieu est présenté comme "sempiterni desiderato", expression suprême du désir (*Paradis*, chant I) à tel point que les "spiriti magni" vivent dans un désir de Dieu constamment insatisfait (*Enfer*, chant IV) et que les cieux tournent à une vitesse croissante au fur et à mesure qu'ils s'approchent de lui. Dans Pétrarque le "fèro desio ch'al cor s'accese" devient propre de l'homme considéré dans sa dissidence intérieure, partagée entre des réalités contradictoires mais également attrayantes comme les vies contemplative et mondaine. Arioste poussera à l'extrême la tension contradictoire du désir en la faisant devenir une illusion continue; il la représentera par le palais du Mage Atlante, où tout le monde est attiré, croyant regarder la chose "che più per sé ciascun brama e disia" (*Roland furieux*, cantique XII, octaves 4-20). La vacuité d'une tension humaine continue pour toujours inassouvie caractérise constamment les poésies et les écrits de Leopardi : ainsi, dans *L'Infini*, est explicitée la distance entre la réalité concrète de la vie et la capacité imaginative humaine. L'inutilité d'un désir s'identifiant dans une simple possession matérielle est focalisée dans l'*Alexandros* de Pascoli, où la convoitise fait "nell'occhio

mais il est aussi un domaine fécond pour l'enquête et la méditation philosophique de tous les temps, même si les points de vue et les accents varient d'un auteur à l'autre. Pour le platonisme, le désir appartient à l'aspiration vers l'infinité dont nous sommes privés totalement et que seule le Bien absolu peut satisfaire. Aristote distingue les plans métaphysique et psychologique ; au premier plan se situent l'attraction exercée sur chacun des êtres par le Moteur immobile, ainsi que la théorie des lieux naturels, tandis qu'au second plan on considère plus particulièrement les passions humaines en les classifiant. La pensée médiévale, fécondée par la foi catholique, a repris l'héritage platonicien et néoplatonicien en orientant le désir humain vers Dieu, en opposition à la *concupiscentia* de la chair et au péché du monde. Une pareille élaboration a été réalisée en particulier par le monachisme bénédictin puis par la mystique cistercienne qui comprenaient la vie comme une attente et un désir d'union à Dieu [1]. Avec la redécouverte d'Aristote au XIIIe siècle et bien qu'avec les médiations néoplatoniciennes, le désir comme passion humaine se fait objet d'une nouvelle attention : la conception métaphysique aristotélicienne qui fut greffée sur certains axes fondamentaux de la pensée chrétienne. Les philosophes de la modernité ne négligeront pas le monde affectif et les passions, en suivant les traditions de la Scolastique [2] ; mais en même temps, la pensée empiriste, surtout avec Locke, reprendra les aspects psychologiques du désir en tant que malaise dû à l'absence d'un objet plaisant.

Dans la pensée contemporaine, la diversification des positions philosophiques a conduit aussi à diversifier les notions de désir. Si la tradition thomiste est reprise et renouvelée par les études de Maréchal [3], la phénoménologie husserlienne a évolué sur un autre plan ; dans la notion d'"intentionnalité", elle exprimait une forme de "désir", bien que non explicitement thématisée. La réflexion phénoménologique a été développée par Levinas qui, en conséquence de la distinction entre le désir et le besoin, reconnaissait dans le premier l'ouverture vers l'infini qui crée la métaphysique [4]. A travers le thème du désir et à cause de l'ampleur et de l'importance de l'argument, on pourrait construire une histoire de la philosophie "thématique".

La redécouverte actuelle de la pensée médiévale, en particulier de Thomas, souligne l'importance historique et philosophique des recherches de type lexico-

nero lo sperar, più vano; nell'occhio azzurro il desiar, più forte". Dans des temps plus récents, Montale a proposé à nouveau la condition de l'homme en situant son désir dans quelque chose qui semble impossible à atteindre, une "maglia rotta nella rete" (*In limine*), un "punto di fuga" toujours absent au dehors de son horizon.

1. Dans ce sens, un des textes bibliques fondamentaux est le *Cantique des Cantiques*, symbole de l'attente et de la recherche de l'union mystique.

2. Par exemple les définitions que Descartes donne des passions dans *Les passions de l'âme* sont formellement les mêmes que celles des scolastiques, même s'il s'en éloigne par la façon de les rapporter à la réalité parce que, selon ses propres affirmations, il veut les décrire dans leurs déterminations physiques.

3. J. Maréchal, *Le point de départ de la métaphysique, Cahier V : Le Thomisme devant a la philosophie critique*, Louvain-Paris, Museum Lessianum, 1927 [2].

4. *Cf.* E. Levinas, *Totalité et infini. Essai sur l'extériorité*, La Haye, Nijhoff, 1961.

graphique. Nous pourrions nous demander, avant tout, pourquoi lire Thomas aujourd'hui : notre enquête se trouve à devoir justifier le choix d'un auteur qui n'est pas proprement "à la mode". Nous avons déjà mentionné la nécessité critique de revoir certains jugements sur sa pensée, qui ne sont pas complètement justifiés ou qui sont dépassés. L'étude de Thomas est historiquement justifiée par la nécessité de restituer cet auteur pleinement à lui-même. Mais ce n'est pas tout.

L'étude assidue des écrits de Thomas montre en effet chez lui un exemple de rigueur et de cohérence de pensée. Chez Thomas, la recherche de la vérité est vécue à l'intérieur d'une spiritualité et réalisée conformément au charisme du frère prêcheur, dans le respect de la devise qui le caractérisait : "*contemplata aliis tradere*" [1]. Mais la même recherche s'exprime aussi grâce aux instruments que la raison met à la disposition de l'homme, s'alliant ainsi à la confiance que Thomas donne à la raison, et donc à l'homme lui-même et à ses capacités. Il ne s'agit pas d'un programme purement théorique, mais c'est plutôt la voie implicite suivie par Thomas à chaque occasion.

Le caractère méthodologique de notre œuvre détermine le but que nous nous proposons d'atteindre : éclairer la notion de "désir", telle qu'elle a été exprimée dans les textes de Thomas d'Aquin [2], à travers la médiation du lemme "desiderium" [3]. La détermination sémantique de ce lemme pourra s'avérer utile tant pour l'élaboration du *Lexicon Thomisticum* qui a été proposé dernièrement par le Père Busa [4], que pour la détermination terminologique et doctrinale de certains

1. En effet, comme il vaut mieux illuminer aussi qu'uniquement briller, il est mieux de transmettre grâce à l'enseignement et à la prédication ce qu'on contemple que de se limiter à contempler (ST3# qu188 ar7 co). Ainsi, si en elle-même la vie contemplative est meilleure que la vie active, la via active dans laquelle en prêchant et en enseignant ce qu'on contemple est meilleure que la seule vie contemplative (St4# qu40 ar1 ra2). Cela correspond aussi à ce qu'a fait le Christ, qui après avoir jeûné et vécu dans le désert est revenu à la vie en commun; après la contemplation, il a recommence son ministère public (St4# qu40 ar2 ra3).

2. Une traitement lexicographique complet de ce thème ne se rencontre pas encore dans la littérature thomistique, qui s'est concentrée de tempe en temps ou sur des aspects spécifiques du désir ou sur une vision d'ensemble liée de toute façon au désir entendu comme passion. Les différentes acceptions du désir présentes dans la littérature seront indiquées à chaque fois dans les notes et dans la Bibliographie.

3. Nous rappelons que, par la suite, les [' '] indiqueront les unités lexicales (lemme, forme, segment morphothèmatique, syntagme), les [" "] un concept, des expressions particulières, des citations descriptives, ou encore des citations dans les citations, et les [« »] les citations simples.

4. Il s'agit là d'un projet de lexique thomistique "biculturel" dont le but est « aggiungere, documentandola con la più rigorosa severità scientifica permessa dall'informatica, la traduzione dell'intero apparato linguistico o sistema lessicale di S. Thomas, alle traduzioni fatte o da farsi dei testi tomistici ». *Cf.* R. Busa, « Oltre ai testi tradurre anche il vocabolario di S. Thomas », *Doctor Communis*, 51 (1998), p. 80-84. Le choix du lemme 'desiderium' s'insère également à l'intérieur de la recherche promue et réalisée par la *Scuola di Lessicografia ed Ermeneutica* de l'Université Pontificale Grégorienne, centrée sur les types de lemme qui expriment le mouvement de recherche intentionnelle ou innée que réalise la créature. Dans ce contexte a déjà été réalisée une étude sur le lemme 'quaerere', qui a contribué à mettre en évidence comment l'acte de chercher, en tant que mouvement vers l'acquisition de la fin, se rattache à la terminologie propre à la volonté, en particulier

Lemmata Christianorum, c'est-à-dire de ces termes du langage commun qui sont entrés dans la réflexion philosophique chrétienne en y assumant une signification conceptuelle propre[1].

La méthode de travail

Dans le courant de notre recherche, nous utiliserons la méthode lexicographique qui a été élaborée par le Père Busa et qui a été l'objet d'un développement particulier lors de ces dernières années. Cette méthode, en même temps que la présence d'instruments d'avant-garde comme les éditions critiques réalisées par la *Commissio Leonina*, est à l'origine d'une attention renouvelée pour les études thomistes; les approches des œuvres de Thomas sont aujourd'hui diversifiées et en progrès, à la suite des travaux de jeunes chercheurs. Même s'il n'est pas possible d'exposer ici en détail les principes généraux de cette méthode, il sera sans doute utile d'en donner un bref aperçu[2].

Lorsqu'on s'intéresse à la philosophie, et en particulier à la philosophie du Moyen Âge, on a à faire à des textes d'auteurs éloignés dans le temps, qui utilisent des termes qui ne sont pas toujours compréhensibles aujourd'hui et une langue qui n'est plus la nôtre. De là le risque de tomber dans certaines "trappes", comme la projection sur le texte de nos préjugés[3], ou bien la considération erronée d'un terme due aux contenus différents venus d'autres époques[4], ou encore la difficulté de comprendre certaines associations métaphoriques. Entre le lecteur et l'auteur, se développe une communication "en absence"; de fait, l'auteur ne peut pas intervenir directement pour apporter des corrections à son interprétation, mais le

à l'*appetitus* et au *desiderium* *cf.* A. Di Maio, S. Guacci, G. Stancato, « Il concetto di "cercare" ('quaerere') in Thomas d'Aquino », *Medioevo*, 22 (1996), p. 39-135.

1. *Cf.* A. Di Maio, *Il concetto di comunicazione. Saggio di lessicografia filosofica e teologica sul tema di 'communicare' in Thomas d'Aquino*, Roma, Editrice Pontificia Università Gregoriana, 1998, p. 60 : « per *lemmata Christianorum* intendiamo il lessico proprio del cristianesimo in quanto o morfotematicamente coniato o almeno semanticamente modificato dai cristiani, a motivo del nuovo orizzonte di senso della loro fede ». Ainsi seront *lemmata Christianorum* aussi bien les concepts philosophiques repris et repensés par le christianisme (comme "natura" et "esse"), que les concepts chrétiens libérés de leur signification théologique et repris par la réflexion philosophique (comme le "paradoxe" de Kierkegaard).

2. La compréhension d'une méthode est entièrement achevée en suivant sa seule application. Pour ce qui est des textes de référence sur la méthode lexicographique, nous renvoyons à la bibliographie, en signalant en particulier les présuppositions méthodologiques contenues chez A. Di Maio, « L'"informatica linguistica" di padre Roberto Busa come metodo investigativo e come approccio al Medioevo », *Medioevo*, 1989, p. 325-362.

3. Par exemple nous pourrions penser que pour Thomas le lemme 'communiquer' signifie "faire savoir", alors qu'en réalité la gamme de ses significations est beaucoup plus large et profonde : *cf.* A. Di Maio, *Il concetto di comunicazione*, *op. cit.*

4. Ainsi nous risquons de ne pas comprendre la signification que Thomas a attribuée au lemme 'virtus' si nous l'associons à la signification actuelle, plus passive parce que liée à une idée de répression des instincts.

lecteur doit lui-même tenter d'en reconstituer la pensée authentique grâce au seul texte qui la véhicule[1]. Le texte est l'unique medium qui nous relie à l'auteur: la recherche lexicographique est fondée sur l'interrogation du texte au moyen d'hypothèses qui devront être vérifiées ou reconnues fausses par l'analyse du texte lui-même, à peut près selon le modèle de la recherche scientifique[2]. La méthodologie lexicographique permet l'étude d'un texte en analysant des mots, qui sont des moyens pour véhiculer des significations: elle part du texte pour parvenir à la pensée.

L'ensemble des mots qui constituent le texte d'un auteur peut être étudié dans deux optiques différentes, selon qu'on considère l'ensemble des signifiants, c'est-à-dire l'aspect formel du discours, ou bien l'ensemble des significations, à savoir la pensée, les concepts sous-jacents à l'aspect linguistique. L'ensemble des signifiants constitue le système morphologique, l'ensemble des significations constitue le système sémantique.

En nous concentrant sur l'ensemble des signifiants, nous pouvons conduire une analyse selon deux points de vue différents : en considérant le mot seul, nous aurons le système morphologique de la parole (système verbal génératif); en considérant le texte dans son ensemble, nous obtiendrons le système morphologique du texte (style de l'auteur). Le système morphologique de la parole est reconstitué en partant d'une seule occurrence et en opérant une segmentation morphothématique, afin d'arriver au thème, par l'intermédiaire de la forme et du lemme, ce qui permet ainsi de reconstituer tous les lemmes de la famille linguistique, en opérant un aller et retour entre l'index général et l'index rétrograde de l'*Index Thomisticus*. En disposant de tous les lemmes, on peut procéder à la reconstitution des conditions lexicographiques de la signification, à savoir de la structure des dérivations des différents lemmes, et des différentes constructions syntactiques.

À ce stade, en considérant un terme dans ses contextes, nous pouvons effectuer une étude statistique de ses fréquences[3]. Les fréquences des différents lemmes nous permettent de reconstituer le style de l'auteur et de déterminer la fonctionnalité du lemme, de comprendre s'il s'agit d'une parole à utilisation technique ou bien d'une parole commune ayant des implications théorétiques et/ou métaphysiques[4]; en outre, les fréquences donneront des informations utiles pour la suite de la recherche. L'utilité de ce type d'approche est double: en considérant le lemme uniquement comme signe nous évitons de lui attribuer des

1. Il s'agit de celui que Busa appelle triangle lexicographique, dont les angles sont la pensée de l'auteur (concept), le texte (parole) et la pensée du lecteur (concept).

2. Il faut toutefois considérer deux différences fondamentales entre monde naturel et monde textuel : le texte représente un ensemble limité (ce qui constitue un avantage) mais aussi analogique (ce qui par rapport à la recherche purement scientifique, serait un désavantage).

3. On considère le total des fréquences par rapport au total des paroles contenues dans le texte et on utilise à cet égard les tables contenues dans l'*Index Thomisticus* (*Singillata distributio lemmatum*).

4. Cela peut être compris par exemple en analysant la fréquence dans certains écrits ou parties d'écrits.

significations que nous établirions de façon préjudicielle, et en même temps, l'analyse statistique des fréquences permet de ne pas rester limités à un simple "jeu de forme" et de proposer des hypothèses de signification, qui sont à vérifier ultérieurement dans l'étude sémantique.

En considérant le système des significations (système sémantique), nous pouvons le subdiviser en système sémantique de la parole, ou système conceptuel génératif, et système sémantique du texte, ou message de l'auteur. Pour reconstituer le système sémantique de la parole, on considère avant tout les rapports de subordination : s'il s'agit d'un terme à flexion nominale, on tiendra compte des adjectifs qui lui sont reliés, des paroles qui supportent ce terme clé et des paroles qui sont supportées par lui ; si, par contre, il s'agit d'un terme à flexion verbale, on donne évidence aux sujets de l'action, aux objets dans lesquels l'action se termine, aux compléments du terme, aux génitifs, etc. Il faudra, par la suite, recréer les coordinations et les associations sémantiques, en ordonnant les paroles selon leur situation dans la proposition et selon les termes avec lesquels elles entrent en relation : les listes fourniront ainsi les différentes taxonomies, la concordance des significations, les synonymies, les juxtapositions, les antinomies, les renvois allusifs et les métaphores.

La reconstruction de ces deux systèmes, morphologique et sémantique, nous permet de mettre en évidence, en adoptant une méthodologie rigoureuse, les concepts dont l'auteur n'a pas traité explicitement dans la composition de ses écrits, mais qu'il a néanmoins utilisés dans la formulation de son message : nous sommes alors en mesure de transporter sur un plan d'élaboration philosophique les idées contenues implicitement dans le texte. La traduction aussi tire avantage de ce travail, parce que comprendre ce qu'un terme signifie réellement pour un auteur veut dire être en mesure de le transposer dans un langage accessible au lecteur d'aujourd'hui, sans en trahir la profondeur ; ainsi la lexicographie devient un instrument utile pour l'herméneutique textuelle [1].

Au cœur de cette méthode, l'utilisation de l'ordinateur prend une importance particulière, surtout grâce aux deux instruments indispensables : les œuvres de Thomas et l'*Index Thomisticus* [2]. Outre une indéniable rapidité dans le travail [3], ces instruments permettent en fait le recensement complet des occurrences et l'examen de tous les contextes, en évitant ainsi le recours aux échantillons qui risquent de varier selon les évaluations personnelles. En outre, l'ordinateur

1. Dans le courant de notre recherche, nous traduirons certains textes fondamentaux, puisque seul l'exercice de la traduction permet de vérifier sur les textes-mêmes l'exactitude de la compréhension.

2. R. Busa, *Index Thomisticus : Sancti Thomae Aquinatis operum omnium Indices et Concordantiae*, Stuttgart, Frommann-Holzborg, 1974-1980, 56 vols. ; R. Busa, *Sancti Thomae Aquinatis opera omnia cum hypertextibus*, CD-ROM, Milano, Editel, 1996 [2].

3. La rapidité du repérage des données est obtenue grâce à l'ordinateur qui permet d'en recueillir un nombre important en des temps extrêmement rapides ; mais cela ne signifie pas que la stratégie de la recherche devient dans l'ensemble plus facile. Le traitement de ces données devra être en effet attentif et exhaustif, ce qui requerra temps et patience. La lexicographie n'a pas pour but d'épargner des énergies, mais la profondeur et la richesse de la recherche.

permet la vérification des procédures (tout le monde peut répéter les opérations décrites et vérifier l'exactitude des conclusions) et une certaine objectivité (une partie du travail étant purement mécanique, donc libre de préjugés), en contribuant ainsi à libérer l'étude de Thomas des dégâts de l'apologétique et de l'idéologie.

En suivant cette méthode, nous avons essayé de mettre en évidence le concept de "désir". Nous avons délimité en premier lieu l'univers des significations à l'intérieur desquelles circule le lemme 'desiderium'; pour ce faire, nous avons pris en considération toutes les œuvres de Thomas. En deuxième lieu, une fois reconstitué le schéma général sous-jacent à l'acte qui exprime le désir, nous avons reconstruit, en analysant les textes, l'utilisation que Thomas en fait et la théorie doctrinale qui le supporte. Nous avons essayé de cette manière de comprendre le rôle que le désir joue à l'intérieur du monde philosophique et théologique de Thomas et le relief métaphysique qu'un tel concept y acquiert.

Ce travail est le développement de ma thèse de fin d'études (auprès de l'Université Tor Vergata de Rome), dirigée par Mme Marta Cristiani, à qui je suis reconnaissant, non seulement pour l'aide académique, mais aussi pour l'encouragement constant. Je souhaite en outre remercier Paul Gilbert et Andrea Di Maio pour ma formation méthodologique et les précieux conseils, Piero Erba et Rinaldo Radoni pour la traduction en français, Monsieur le Prof. Jean Jolivet pour la révision du texte; enfin, un merci à ma femme, pour la patience et le soutien de tous les jours.

Abréviations

Les textes utilisés ici sont ceux du CD-ROM, *Sancti Thomae Aquinatis opera omnia cum hypertextibus*, repris en suivant les abréviations de l'auteur (C = Commentaria, Q = Quaestiones, O = Opuscola, R = Reportationes, le signe # désigne les éditions critiques de la Commission Leonina). Les partitions du texte sont ainsi abrégées: ag = argumentum; ar = articulus; co = corpus; cp = caput; ds = distinctio; ex = expositio; lb = liber; lc = lectio; nr = numerus; pr = prologus; ra = responsio ad argumentum; rc = responsio ad "sed contra"; sc = sed contra; tt = titulus.

ADL#	Autographi Deleta
CAN	In libros de Anima II et III
CBH	In Boethii de Hebdomadibus
CBT#	In librum Boethii de Trinitate
CCM#	In libros de caelo et mundo
CDC	In librum de causis
CDN	In Dionysii de divinis nominibus
CGC#	In libros de generatione et corruptione
CIO#	In Job
CIS#	In Isaiam
CJO	Catena Aurea in Joannem
OS5	Responsio ad lectorem bisuntinum
OS6	Responsio ad Bernardum
OTC	Principium biblicum
OTD	Breve Principium
OTE#	De judicii astrorum
OTR#	De sortibus
OTS#	De substantiis separatis
OTT	Compendium Theologiae
O2D#	Super I et II decretalem [concilii lateranensis IV]
QDA	De anima
QDI	De unione Verbi [incarnati]

CLC	Catena Aurea in Lucam	QDL	Quodlibeta I-XI
CMC	Catena Aurea in Marcum	QDM	De malo
CME	In libros meteorologicum	QDP	De potentia
CMP	In libros Metaphysicorum	QDS	De spiritualibus creaturis
CMR	In libros de memoria et reminiscentia	QDV#	De veritate [fino a qu22 ar11 co : duobus praeceptis charitatis, RAN = In Aristotelis De Anima librum I, RCL = Super ad Colossenses, edizione critica leonina]
CMT	Catena Aurea in Mattheum	QDV	De veritate [da qu22 ar11 ra1 : edizione Marietti]
CPA	In libros posteriorum analiticorum	QDW	De virtutibus
CPE	In libros Peri Hermeneias	RAC	Super Evangelium Joannis
CPH	In [prophetam] Hieremiam	REM	Super Evangelium Matthei
CPO#	Sententia libri Politicorum	REP	Super ad Ephesios
CPY#	In libros Physicorum	RGL	Super ad Galatas
CRO	Super epistulam ad Romanos	RHE	Super ad Hebraeos
CSS	In libros de sensu et sensatu	RIL	Reportationes ineditae Leoninae
CTC#	Sententia libri Ethicorum	RPL	Super ad Philippenses
CTE#	Tabula libri Ethicorum	RPL	Super ad Philemonem
CTH	In Threnos Hieremiae	RPS	In Psalmos
CIC	Super I ad Corinthios I-VII	RQD	Quodlibetum XII
OAP#	De perfectione spiritualis vitae	RSR	Sermones
OCA	De unitate intellectus [contra averroistas]	RST	In salutationem angelicam
OCE#	Contra errores Graecorum	RSU	In orationem dominicam
OCG#	De rationibus fidei contra Saracenos, Graecos, et Armenos	RSV	In Symbolum apostolorum
OCI#	Contra impugnantes Dei cultum et religionem	RTT	Super ad Titum
OCM#	De aeternitate mundi contra murmurantes	RT1	Super ad Timotheum I
OCR#	Contra doctrinam retrahentium	RT2	Super ad Timotheum II
OEE	De ente et essentia	R1C	Super I ad Corinthios (XI-XVI)
OPC#	De motu cordis	R1T	Super I ad Thessalonicenses
OPN#	De principiis naturae	R2C	Super II ad Corinthios
OPO#	De occultiis operibus naturae	R2T	Super II ad Thessalonicenses
OPW	De emptione et venditione ad tempus	SCG#	Summa contra Gentes
OPX#	De mixtione elementorum	ST	Summa Theologiae
ORI	De regimine Judaeorum	ST1	Summa Theologiae Prima Pars
ORP	De regimine Principum	ST2	Summa Theologiae Prima Secundae
OSF#	De [sacramentalis] forma absolutionis	ST3#	Summa Theologiae Secunda Secundae
OSS	De articulis fidei et de ecclesiae sacramentis	ST4#	Summa Theologiae Tertia Pars
OS1	Responsio ad lectorem venetum de articulis 30	1SN	In I Sententiarum
OS2	Responsio ad lectorem venetum de articulis 36	2SN	In II Sententiarum
OS3	Responsio ad lectorem vercellensem de articulis 42	3SN	In III Sententiarum
OS4	Responsio ad lectorem vercellensem de articulis 108	4SN	In IV Sententiarum

PREMIÈRE PARTIE

RECHERCHE LEXICALE

CHAPITRE PREMIER

ÉTYMOLOGIE ET SIGNIFICATION GÉNÉRALE

Le terme 'desiderium' dérive du verbe 'desidero' qui, à son tour, avec l'autre verbe "considero" est communément considéré comme venant du nom 'sidus'. L'acte de désirer est ainsi associé à l'acte d'observer les astres « desiderare est sidera attente intueri, ut ex iis divines de rebus futuris, quas expectis et cupis » [1].

Deux éléments particulièrement intéressants peuvent être notés dans cette définition : d'une part, l'allusion aux événements futurs que nous nous efforçons de connaître par l'entremise de la pratique astrologique, d'autre part, l'élément d'attente de ces mêmes événements encore éloignés dans le temps. Le désir s'oriente vers le futur, vers ce qui est attendu mais n'est pas encore présent ; il s'y oriente par une attente positive, dans l'espoir que ce que nous attendons advienne réellement. Le caractère d'éloignement est souligné par le préfixe 'de-' : à la distance spatiale des étoiles envers l'observateur, s'oppose la distance temporelle de ces événements désirés, que les étoiles elles-mêmes devraient suggérer.

Des éléments tout aussi intéressants ressortent de la dérivation du terme 'sidus' du thème 'sid-', le même que le grec εισω, d'où prend origine le verbe 'video'. L'action de désirer est connectée ici à nouveau avec la vision, l'accent étant mis, toutefois, sur la convoitise : l'acte de désirer est l'acte de "poser les yeux" sur quelque chose afin de la posséder.

Une première recherche étymologique permet donc de déceler une relation entre le désir et les astres, et un manque qui a comme objet ce que nous estimons un bien. Pensons à ce propos à l'importance qu'avaient, dans le monde ancien, l'astrologie et l'art de la divination qui étaient en mesure de prévoir les événements et parfois de les orienter indirectement, mais aussi de mettre en liaison le monde de l'homme avec celui du ciel, mystérieux et incompréhensible.

Toutes ces caractéristiques se retrouvent dans la signification que nous attribuons communément au désir en tant que sentiment de l'âme qui pousse à

1. Forcellini, *Lexicon totius latinitatis*, vol. 2, Patavii, typis seminarii, 1940 (*desiderium* et *desidero*). *Cf.* aussi A. Ernout, A. Meillet, *Dictionnaire étymologique de la langue latine*, Paris, Klinksieck, 1954[4] (*desidero*).

chercher ce que nous estimons être satisfaisant ou, en général, en tant que tendance à posséder ou à obtenir un objet [1], due à la privation de l'objet choisi ou voulu.

Il s'agira maintenant de voir si la notion de "desiderium" chez Thomas répond à cette signification commune et en quels termes et, surtout, si cette valeur assume une signification spécifiquement philosophique. La philosophie en tant que *scientia vespertina*, réflexion seconde sur la vie, ne peut s'empêcher d'utiliser des termes pris de la vie même, communs à tout "jeu linguistique" [2]. Toutefois l'élaboration du sens technique de ces termes les qualifie d'une façon spécifique d'après leur position théorétique dans un ensemble où ils s'insèrent; il est donc nécessaire pour nous de les examiner systématiquement pour reconstruire la pensée de l'auteur.

1. Cf. *Enciclopedia filosofica*, vol. 2, Firenze-Lucarini, Centro di Studi Filosofici di Gallarate, 1982 (*desiderio*).

2. Selon une expression chère à Wittgenstein.

CHAPITRE II

LE LEMME 'DESIDERIUM' CHEZ THOMAS

ANALYSE MORPHOLOGIQUE

En partant de la segmentation morphotématique de 'desider' et après avoir éliminé la désinence verbale et le segment 'de-', on arrive au thème '-sider-', à partir d'où il est possible de reconstruire la totalité de sa famille linguistique. De cette famille nous pourrons considérer, ci-après, les lemmes utilisés par Thomas.

Schéma 1
Dérivations étymologiques (* = lemmes utilisés par Thomas)

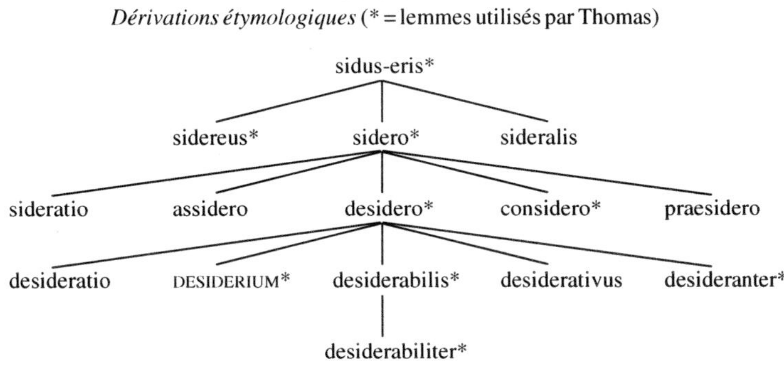

Nous pouvons remarquer que la famille linguistique n'est pas très étendue et qu'il n'existe aucune dérivation directe ultérieure de 'desiderium'; nous nous concentrerons donc sur ce dernier lemme. Sa présence dans les ouvrages de Thomas, si l'on exclut les cas douteux et les *Autographa Deleta*, se retrouve 1663 fois (soit 0,0204%)[1], plus un nom propre qui, en tant que tel, est exclu du nombre[2].

1. Ce pourcentage fournit le rapport entre le nombre total des occurrences et la totalité du *corpus* textuel de Thomas.

2. *Cf.* OCI# ps2 cp5 co. Il s'agit de Desiderius Lombardus, évêque cathare mort en 1235.

Toutes les formes du lemme sont présentes, excepté celles du vocatif; les plus fréquentes sont celles du nominatif, comme l'on peut s'y attendre d'un terme à flexion nominale.

Table 1

Formes du lemme 'desiderium' présentes chez Thomas

	SINGULIER		PLURIEL	
NOM	Desideri-um	498	Desideri-a	36
GEN	-i	147	-orum	33
DAT	-o	32	-is	9
ACC (compl. obj.)	-um	353	-a	74
ABL (s.)	-o	99	-is	19

À ces formes, sont à ajouter celles de l'accusatif et de l'ablatif précédés par des prépositions, qui apparaissent comme étant particulièrement importantes pour établir le rôle du 'desiderium' à l'intérieur de la proposition, comme nous le verrons mieux dans l'analyse syntactique.

Table 2

Occurrences de l'accusatif avec propositions

AD	+	Acc	44	PROPTER	+	Acc	29
IN	+	Acc	13	SECUNDUM	+	Acc	11
PER	+	Acc	46	SUPRA	+	Acc	4
POST	+	Acc	2	CONTRA	+	Acc	9
A	+	Acc	1				
INTER	+	Acc	3				
QUAM	+	Acc	4				
SICUT	+	Acc	2				
CIRCA	+	Acc	4				

Table 3

Occurrences de l'ablatif avec propositions

IN	+	Abl	64	SUPER	+	Abl	1
EX	+	Abl	60	PRAE	+	Abl	3
CUM	+	Abl	22	SUB	+	Abl	3
PRO	+	Abl	2	DE	+	Abl	5
A	+	Abl	31				

Si la structure morphothématique peut nous aider à comprendre la dérivation du lemme, en nous mettant ainsi sur la voie d'une signification possible, cette dernière est toutefois concrètement déterminée dans l'emploi textuel, ce qui nécessite un examen systématique des occurrences.

ANALYSE STATISTIQUE

L'analyse statistique effectuée en observant les différents ouvrages permet d'établir ceux d'entre eux où un lemme est utilisé avec une fréquence particulièrement élevée, en le plaçant préalablement dans un endroit du discours qui en délimitera les contours sémantiques.

En examinant le pourcentage des occurrences[1] dans l'ensemble du *corpus* textuel de Thomas, nous remarquons que le plus élevé se trouve dans les *Reportationes in orationem dominicam* (14 fois, soit 0,1696%), un ouvrage qui reprend le sermon de Thomas sur le *Pater*, laissant ainsi supposer un rapport entre le désir et la prière.

Un pourcentage élevé d'occurrences apparaît aussi dans le *De rationibus fidei* (3 fois, soit 0,1376%), mais l'examen du texte montre qu'il s'agit surtout du verset de la deuxième lettre de Paul aux Corinthiens dans lequel se manifeste la volonté humaine de ne pas perdre, avec la mort, l'habitation corporelle, mais d'acquérir également la céleste[2]. Le même cas se répète dans les *Reportationes super ad Philemonem* (3 occurrences, soit 0,0973%), où Thomas commente le désir de Paul d'être exaucé auprès de Dieu.

Par contre, la fréquence dans le *De regimine principum*, où on expose les devoirs d'un roi (11 occurrences, soit 0,0814%, unies dans le premier livre), apparaît plus significative. Là, le rapport se met entre le désir et l'obtention du bonheur; la plus grande partie des occurrences se rencontre en effet là où Thomas expose cet argument spécifique.

Parmi les commentaires d'Aristote, le pourcentage le plus élevé se trouve dans la *Sententia libri Ethicorum* (31 occurrences, soit 0,0155%); mais le 'desiderium' apparaît plus massivement dans le commentaire *In Dionysii De divinis nominibus* (57 occurrences, soit 0,0589%), qui mérite donc une attention particulière; une telle présence dans le commentaire d'un ouvrage de caractère néoplatonicien nous renseigne sur l'importance que revêt ce courant de pensée dans la définition du "désir" dans la pensée de Thomas. Une importance encore plus grande semblent avoir les *Reportationes in Psalmos* (98 occurrences, soit 0,0506%) et les écrits sur les lettres de Paul, parmi lesquelles se distinguent, outre la lettre *ad Philemonem*, celle écrite aux Philippiens et la deuxième aux Corinthiens; ici aussi il s'agit d'un indice de sources qui ne manque pas d'importance.

D'autres informations importantes peuvent être obtenues en portant notre attention sur ces ouvrages dans lesquels la partition systématique des arguments est plus marquée. Ainsi dans le *Écrit sur les Sentences*, nous pouvons remarquer que le lemme est employé surtout dans le troisième livre où, en particulier, Thomas met en évidence les modalités du retour des créatures vers le principe au moyen

1. Les pourcentages ici repris présentent le rapport entre le nombre d'occurrences du lemme et le nombre total des mots dont l'œuvre est composée, de manière à comprendre dans quelles œuvres on a une utilisation particulièrement significative.

2. *Cf.* 2Cor 5,4. Il conviendra de tenir compte de cette citation lors de l'examen des sources.

d'une analyse de ce qui nous ramène à Dieu en agissant en nous. Par contre, le pourcentage est plus bas dans le quatrième livre, qui argumente sur la fin ultime; il descend encore plus dans le deuxième, qui traite de Dieu en tant que créateur.

Graphique 1

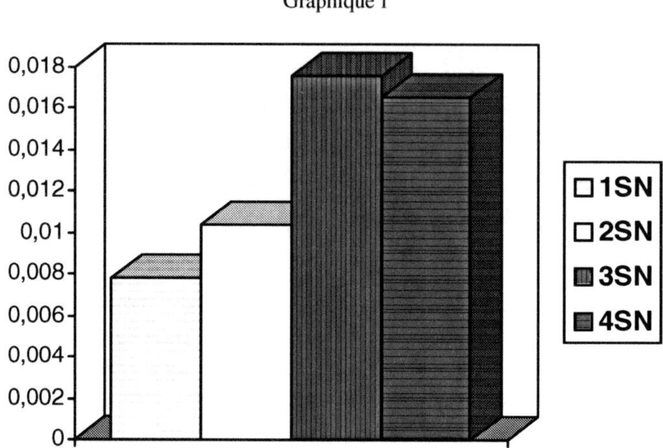

La même tendance se présente dans la *Summa theologiae*, dans laquelle le pourcentage d'occurrences de la *prima secundae* dépasse sensiblement celle des autres parties; ici aussi il est plus élevé quand on discute du mouvement de l'homme vers Dieu, de la fin et des moyens pour l'atteindre; il descend par la suite, dans la *secunda secundae* (les vertus et les charismes, la béatitude), et encore plus drastiquement dans la *prima pars* (Dieu en lui-même et la création) et dans la *tertia pars* (l'Incarnation et les sacrements). Cette tendance constante nous mène à supposer que le désir n'appartient pas proprement à Dieu mais que la créature en est le sujet principal et qu'il joue un rôle important surtout dans le mouvement de *reditus* des créatures vers Dieu considéré comme fin ultime.

Graphique 2

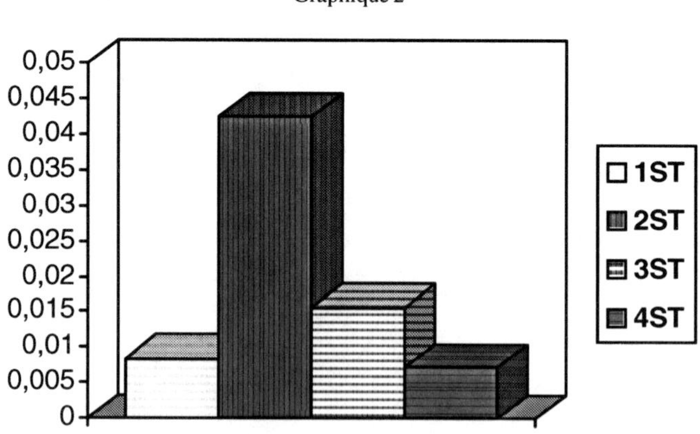

Ces indications, obtenues à partir de données purement numériques, nous fournissent pour le moment des guides provisoires qui devront être confirmés (ou falsifiés) aussi bien par l'analyse syntactique que par l'examen systématique des textes.

ANALYSE SYNTACTIQUE

Il faut passer maintenant de l'axe paradigmatique à l'axe syntagmatique, en considérant le mot comme ayant un sens à l'intérieur d'une proposition. Nous savons que chaque mot en tant que tel possède une signification lexicale non entièrement déterminée, qui ne se précise que par le rôle qu'il joue dans les différentes propositions et par les corrélations grammaticales, auxquelles il est soumis. Pour spécifier la signification du 'desiderium' il est nécessaire d'analyser systématiquement tous les contextes dans lesquels apparaît ce mot, en recensant toutes ses corrélations grammaticales élémentaires directes, à savoir tous les mots et les syntagmes coordonnés régis par le lemme en question ou le régissant.

En général, les sujets du désir sont exprimés par des génitifs possessifs régis par 'desiderium' (table 4). Les objets du désir, au contraire, sont exprimés par un génitif déclaratif régi par 'desiderium', ou bien, si l'objet du désir est l'accomplissement d'une action, par les formes des gérondifs au génitif régis par 'desiderium' (tables 5 et 6). Une fois les sujets et les objets fixés, restent à voir les verbes régissant 'desiderium' et ceux que régit celui-ci (tables 7 et 8). Viendront à la fin les caractéristiques intrinsèques du désir, définies par des adjectifs (table 9).

Table 4

Sujets du désir exprimés par le génitif possessif

Hominum	38	Mulieris	2
Naturae	16	Petentis	2
Naturae creatae	1	Petri	2
Naturae intellectualis	1	Prophetae	2
Animae	15	Sacerdotis	2
Animae separatae	1	Sensus	2
Cordis	15	Turbae	2
Carnis	14	Actus	1
Pauperum	13	Agentis	1
Sanctorum	13	Animalorum	1
Creaturae	2	Artificis	1
Creaturae insensibilis	1	Catechumeni	1
Creaturae intellectualis	1	Congredentium	1
Creaturae rationalis	8	Dei	1
Mentis	6	Demoniorum	1
Iustorum	5	Discipulorum	1
Patris	5	Congregationis sanctorum	1
Voluntatis	5	Expectantium	1

Intellectus	4	Honesti	1
Orantis	4	Indigentis	1
Patrum	4	Infirmi	1
Sustantiae intellectualis	1	Judaeorum	1
Sustantiae separatae	3	Labiorum	1
Mandatorum dei	3	Martyrum	1
Angelorum	2	Nautarum	1
Apostolorum	2	Perfectorum	1
Appetitus	2	Recipientis	1
Caeci	2	Resurgentis	1
		Viri	1

Table 5
Objets du désir exprimés par le génitif déclaratif

Finis	33	Secundae uxoris	2
Finis ultimi	5	Unionis ad deum	2
Boni	19	Visitationis	2
Boni amati	2	Absolutionis	1
Boni futuri	4	Alicuius non habiti	1
Boni non habiti	1	Arctioris vitae	1
Boni proprii	2	Auditus divini	1
Boni universalis	1	Avaritiae	1
Boni summi	6	Caelestis domus	1
Bonorum spiritualium	1	Caelestium	1
Bonorum temporalium	1	Carnalium	1
Pecuniae	23	Carnis	1
Rei	5	Cognitionis	1
Rei amatae	1	Conjunctionis ad christum	1
Rei creditae	1	Conservationis	1
Rei non habitae	5	Contemplationis	1
Rei separatae	1	Copiae	1
Rerum divinarum	1	Decalogi	1
Rerum temporalium	2	Dulcis	1
Gratiae	16	Excellentiae	1
Beatitudinis	6	Habitationis caelestis	1
Pacis	6	Impossibilium	1
Divitiarum	5	Innovationis futurae	1
Salutis	5	Inquisitionis	1
Vindictae	5	Iustitiae	1
Baptismi	4	Liberationis	1
Gloriae	4	Luminis	1
Peccati	4	Maiorum	1
Vitae	2	Mortis	1
Vitae aeternae	1	Mundi	1
Vitae contemplativae	1	Orationis	1
Caritatis	3	Passionis	1
Conditoris	3	Perfectionis	1
Erroris	3	Petitionis	1
Delectationis	2	Poenae	1
Delectationum corporalium	1	Premii	1
Virtutum	3	Promissionis	1

Amati	2	Regni dei	1
Amoris	2	Sanitatis	1
Cibi	2	Sapientiae	1
Concupiscentiae	2	Scientiae christi	1
Consolationis	2	Secundarum coniugum	1
Dei	2	Sensualitatis	1
Escae	2	Spiritus	1
Fruitionis divinae	2	Stillae	1
Honorum	2	Sustentationis	1
Mali	2	Utibilis	1
Perpetuitatis	2	Vanitatum exteriorum	1
		Verbi spiritualis	1
		Visionis	1
		Voluptatum	1

Table 6

Actions objet de désir exprimées par des formes du gérondif au génitif déclaratif

(Dissolvi	23)	Experiendi	1
Sciendi	7	Fugiendi errores	1
Cognoscendi	5	Habitandi	1
Essendi	3	Inquirendi	1
Peccandi	3	Interrogandi	1
Sumendi sacramentum	3	Loquendi	1
Addiscendi	2	Malignandi	1
Audiendi	2	Manifestandi	1
Habendi	2	Orandi	1
Intelligendi	2	Percepiendi	1
Proficiendi	2	Perveniendi ad causam	1
Communicandi	1	Perveniendi ad espiscopatum	1
Congerendi	1	Placendi	1
		Praedicandi	1

Table 7

Actions produites par le "desiderium" exprimées par les verbes régis par 'desiderium'

Quiescit	23	Conquiescit	1
Inest	17	Differt	1
Tendit	15	Ducet	1
Crescit	11	Excitat	1
Sequitur	11	Excludit	1
Pertinet	7	Exigit	1
Remanet	6	Exoritur	1
Praecedit	5	Experitur	1
Facit	4	Ferat	1
Habet	4	Fervet	1
Importat	4	Frigescit	1
Praesupponit	4	Includit	1
Consequitur	3	Inhaeret	1
Movet	3	Intrat	1
Sufficit	3	Minuit	1
Delectat	2	Mitigat	1

Insurgit	2	Molestat	1
Manet	2	Nominat	1
Occidit	2	Obtinet	1
Procedit	2	Obtundit	1
Provenit	2	Ostendit	1
Vincit	2	Parit	1
Adest	1	Ponit	1
Apparet	1	Praeoccupat	1
Auget	1	Requiescit	1
Cadit	1	Restat	1
Causat	1	Sistit	1
Compellit	1	Vertit	1

Passifs

Quietatur	26	Retardatur	2
Impletur	11	Tangitur	2
Datur	10	Accipitur	1
Dicitur	7	Appropriatur	1
Causatur	6	Attribuitur	1
Refertur	6	Comprimitur	1
Completur	4	Contrariatur	1
Excitatur	4	Corrumpitur	1
Frustratur	4	Extenditur	1
Ponitur	4	Fertur	1
Satiatur	4	Inclinatur	1
Significatur	4	Inflammatur	1
Augetur	3	Invenitur	1
Movetur	3	Minoratur	1
Differtur	2	Ordinatur	1
Exauditur	2	Perficitur	1
Exprimitur	2	Praexigitur	1
Incitatur	2	Provocatur	1
Insinuantur	2	Removetur	1
Ostenditur	2	Repletur	1
Requiritur	2	Vocatur	1

Table 8

Actions qui aboutissent au désir, exprimées par des verbes régissant 'desiderium'

Habere	55	Compescere	1
Implere	25	Comprehendere	1
Replere	20	Comprimere	1
Quietare	15	Curare	1
Exprimere	14	Dare	1
Ponere	14	Detinere	1
Exaudire	10	Dimittere	1
Excitare	10	Erigere	1
Causare	9	Exercere	1
Facere	8	Expetere	1
Movere	7	Explicare	1
Ostendere	7	Exponere	1
Sequi	7	Extendere	1
Adimplere	6	Fortificare	1
Praesupponere	6	Gustare	1

Proponere	6	Incitare	1
Excedere	5	Inflammare	1
Accendere	4	Insinuare	1
Praecedere	4	Inspirare	1
Superare	4	Monstrare	1
Frangere	3	Narrare	1
Innotescere	3	Pasci	1
Repraesentare	3	Perducere	1
Audire	2	Perficere	1
Augere	2	Permutare	1
Concipere	2	Possidere	1
Consequi	2	Praemittere	1
Contemnere	2	Praenuntiare	1
Designare	2	Praeostendere	1
Explere	2	Promovere	1
Impedire	2	Prosequi	1
Includere	2	Refraenare	1
Manifestare	2	Repellere	1
Obferre	2	Repetere	1
Ordinare	2	Requirere	1
Referre	2	Retinere	1
Reprimere	2	Sanare	1
Satiare	2	Scire	1
Subiciere	2	Suligere	1
Titillare	2	Sumere	1
Trucidare	2	Supplantare	1
Vitare	2	Tepescere	1
Abferre	1	Tollere	1
Abnegare	1	Tribuere	1
Applicare	1	Vincere	1

Table 9

Caractéristiques du désir exprimées par des adjectifs corrélés

Naturale	95	Supernaturale	2
Omne	31	Supernum	2
Nostrum	30	Vacuum	2
Carnale	28	Accensum	1
Inane	15	Aequum	1
Bonum	9	Amativum	1
Terrenum	9	Ardens	1
Vanum	8	Continuatum	1
Inordinatum	6	Dilatum	1
pium	6	Divisum	1
Sanctum	6	Fluctuans	1
Commune	5	Illicitum	1
Magnum	5	Immoderatum	1
Pravum	5	Immundum	1
Totum	5	Implebile	1
Vehemens	5	Impletum	1
Celeste	4	Inferiore	1
Fervens	4	Innatum	1
Malum	4	Inquietum	1

Nocivum	4	Insatiabile	1
Saeculare	4	Instabile	1
Diversum	3	Intellectuale	1
Completum	3	Intensum	1
Inordinatum	3	Inutile	1
Intimum	3	Nimium	1
Maior	3	Notum	1
Maximum	3	Ordinatum	1
Summum	3	Particulare	1
Varia	3	Parvum	1
Adimpletum	2	Perfectum	1
Amplior	2	Perniciosum	1
Conditionatum	2	Perversum	1
Consiliabile	2	Primum	1
Humanum	2	Puerile	1
Immensum	2	Quiescens	1
nfinitum	2	Rectum	1
Interior	2	Regulatum	1
Iustum	2	Salutare	1
Proprium	2	Speciale	1
Quietatum	2	Spirituale	1
Superfluum	2	Spontaneum	1
		Stultum	1
		Utile	1
		Vitale	1

Schématisation de l'acte du désir

En partant de toutes ces données numériques, il nous est possible maintenant de tirer des conclusions en élaborant un schéma général de l'acte de désirer. Essentiellement, le désir se présente dans les textes de Thomas en tant qu'acte d'un sujet orienté vers un objet en un mouvement qui l'en approche. Le sujet principal du désir, celui auquel le terme se réfère d'une façon prééminente, est l'homme, créature rationnelle qui choisit ce qu'elle veut et le cherche. Pour cette raison nous pouvons parler chez l'homme d'un désir de l'esprit ou bien de la volonté, de l'âme ou des sens.

Toutefois, la signification du désir peut être étendue à toutes les créatures; par conséquent, la nature créée tout entière est en soi sujet de désir, non seulement les créatures rationnelles mais également les sensibles et les corporelles non sensibles.

Tous ces sujets, au moment où ils "désirent", exercent une activité, un mouvement destiné à trouver le repos. Parmi les verbes qui appartiennent au sens du désir, nous rencontrons en effet une tension entre ceux qui expriment le dynamisme de l'acte et ceux qui expriment le repos, moment terminal de l'acte. Ainsi le désir a en soi une tendance: il peut croître ou diminuer et, surtout, il peut s'apaiser; ou plus précisément il peut être apaisé, tout comme il peut être suscité; en fait, le sujet du désir ne l'"autoproduit" pas en soi.

Le mouvement tend vers un objet qui, d'une façon générale, est la fin du sujet, c'est à dire le bien qu'il ne possède pas. Ce bien peut être la totalité du bien, le bien suprême qui comporte la béatitude du sujet; il peut être aussi un bien déterminé, tel qu'un bien temporel, la richesse, le plaisir, la concupiscence, etc. Le même schéma est valable aussi pour les actions objets du désir; il existe en effet un désir positif de connaître ou d'être, et un désir négatif de posséder, qui peut être considéré comme le désir de "pécher". Le désir tel qu'il a été défini reçoit une importance toute particulière dans le cas du désir naturel, qui sera donc étudié séparément. Parmi les adjectifs, nous pouvons noter une tension entre le positif (ou saint) et le négatif (terrien, désordonné, excessif, superflu). Remarquons aussi que le désir peut être vain, à savoir incapable d'atteindre sa fin; cela signifie que l'obtention n'est pas ici obligée.

En tenant compte de ce qui précède nous pouvons élaborer un schéma qui nous guidera dans l'analyse des textes.

Schéma 2
Structuration du désir

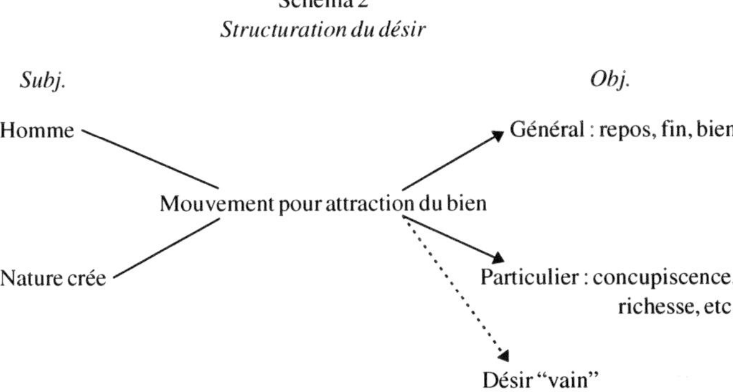

CHAPITRE III

CITATIONS ET SOURCES

LES CITATIONS EXPLICITES

Dans le traitement lexicographique des sources et, en particulier, lors de la recherche sur les différents lemmes qui viennent dans les citations, il est nécessaire de distinguer trois sortes d'utilisations fondamentales : la citation explicite (citations *ad litteram*), l'expression tirée d'autres auteurs sans citations explicites (citations *ad sensum*), l'élément doctrinal tiré indirectement d'un autre auteur. Nous examinerons ici les deux premiers cas, pour lesquels nous utiliserons directement l'*Index*[1], tandis que le troisième (qui donnera un tableau des rapports conceptuels prêtés par les auteurs antérieurs à Thomas) sera traité dans les chapitres suivants.

Les citations *ad litteram* sont nombreuses chez Thomas, et indiquées directement par l'auteur. Pourtant, au Moyen Âge, les citations précises sont plutôt rares. Même si Thomas, particulièrement scrupuleux pour son époque, représente une exception, nous devons considérer aussi avec grande attention les citations *ad sensum*, à savoir celles qui se réfèrent à des expressions d'un autre auteur sans les citer de manière précise. Les tables de l'*Index* nous permettent de connaître le nombre d'occurrences des citations *ad sensum* et *ad litteram* et leurs pourcentages. Il peut toutefois s'avérer plus intéressant de connaître le pourcentage total des citations (*ad sensum* + *ad litteram*) par rapport au nombre total des occurrences de certains lemmes significatifs de la même famille. C'est ainsi que nous pourrons nous rendre compte si un lemme appartient ou non au langage propre de Thomas. Par exemple, nous pouvons considérer le cas paradigmatique de 'sum', lemme en absolu le plus utilisé chez Thomas, cité environ dans 22% des occurrences : nous pouvons déduire de là que le pourcentage représente, plus ou

1. Une présentation plus complète de la méthodologie d'utilisation de l'*Index* en vue de la recherche sur les sources peut être trouvée chez E. Portalupi, « L'uso dell'*Index Thomisticus* nello studio delle fonti di Tommaso d'Aquino : considerazioni generali e questioni di metodo », *Rivista di Filosofia neo-scolastica*, 1994, p. 573-585.

moins, la moyenne des occurrences en citations dans la totalité de l'œuvre de Thomas. Un lemme qui descend très en dessous de ce pourcentage pourra donc être considéré, en première approximation, comme étant non conforme à la tradition et propre au langage de Thomas, tandis qu'un lemme qui dépasse ce pourcentage reflétera plutôt le langage traditionnel.

Table 10

Citations des lemmes principaux de la famille

	ad sensum	*ad litteram*	%
'desiderium'	76	386	27,78
'desidero'	71	370	29,75
'desiderativus'	3	1	40
'desiderabilis'	11	40	43,96

Dans cette table, on remarque que 'desiderativus' et 'desiderabilis' ont un pourcentage plutôt élevé d'occurrences dans les citations : ces lemmes sont puisés dans la tradition précédente et utilisés par rapport à celle-ci. Le lemme 'desiderativus' est par exemple emprunté à Jean Damascène, en particulier à sa définition de la crainte comme *virtus desiderativa*, autant qu'à Grégoire de Nysse et à sa partition de l'âme. 'Desiderabilis', au contraire, se réfère essentiellement à Dieu et est tiré du langage aristotélicien et dionysien.

'Desiderium' et 'desidero', par contre, apparaissent dans des citations avec un pourcentage de 25 à 30 % ; il s'agit donc de lemmes qui, tout en étant utilisés dans la tradition précédente, sont toutefois repris par Thomas à l'intérieur de son propre discours. Nous devrons donc examiner aussi la façon dont Thomas reprend ces concepts de la tradition philosophique et théologique pour les proposer sous une forme nouvelle, à l'intérieur de son propre système conceptuel[1].

En ce qui concerne les auteurs de référence quant à la notion de "desiderium", le support numérique nous aide puissamment. En utilisant les fonctions de recherche, nous pouvons en effet trouver toutes les occurrences où le lemme est cité en compagnie d'un autre et en spécifiant la distance entre eux deux. Ainsi, en couplant le lemme 'desiderium' aux noms de quelques auteurs, nous pouvons nous rendre compte approximativement de la fréquence avec laquelle ces auteurs sont cités en liaison avec ce lemme particulier. En cherchant 'desiderium' à distance 10 nous trouvons 26 occurrences référées à 'augustinus', tandis que 11 se réfèrent à Aristote (à travers les lemmes 'aristoteles' et 'philosophus'), 9 à 'damascenus', 3 à 'dionysius', 2 à 'boethius'. Augustin est donc l'auteur le plus fréquemment cité; en ce qui concerne Boèce, Thomas se réfère uniquement au quatrième livre de *De consolatione*, qui traite du désir du bien suprême commun à toutes les entités.

1. Dans les paragraphes suivants nous allons vérifier la tradition reprise par Thomas ; par contre, l'analyse des textes nous permettra de considérer plus attentivement l'utilisation qu'il en a faite personnellement.

ARISTOTE

De l'aristotélisme, Thomas recueille beaucoup de nuances importantes quant au désir, la première étant que le désir humain est une passion de l'âme. Aristote traite du problème surtout dans son *De Anima*, où il expose la tripartition de l'âme en végétative, sensitive et rationnelle, en faisant remonter cette distinction aux philosophes précédents. Mais dans le même texte on trouve aussi une critique de la subdivision de la partie sensitive en appétit et résistance, ce qui deviendra par la suite la division entre concupiscible et irascible[1]. C'est la raison pour laquelle Thomas semble attribuer à Aristote une opinion que le même Stagirite laisse entendre platonicienne, et dont il ne paraît pas convaincu[2].

L'éthique aristotélicienne joue au contraire un rôle important dans le rapport entre le désir et la volonté, et entre le désir et le but de l'homme. La volonté s'oriente nécessairement vers le bien, mais le bien de l'homme, à savoir son but, c'est le bonheur. Le bonheur parfait ne se trouve que dans l'exercice de l'activité propre à l'homme, celle qui lui appartient intrinsèquement, c'est-à-dire l'activité intellectuelle, la contemplation; cette activité possède tous les caractères du bien, puisqu'elle est toujours un but et jamais un moyen; suffisante en soi pour tout ce que l'homme peut désirer, elle procure un état de repos[3].

Pour pouvoir atteindre cet état, l'homme doit agir selon la vertu, c'est-à-dire vouloir le bien; mais cela n'est possible que s'il a un désir, qu'on entend comme une impulsion empruntée à l'entendement vers l'action concrète: "propter quod vel appetitivus intellectus eleccio, vel appetitus intellectivus. Et tale principium, homo"[4].

L'homme a comme désir spécifique de connaître, puisque "tous les hommes, par leur nature, tendent au savoir"[5]. Thomas estime avec Aristote que la vraie connaissance est la connaissance des causes, puisque "nescimus verum sine causa"[6] et que le savant doit rechercher, en particulier, les causes premières[7]. En cela, de toute façon, l'homme ne cherche pas à réaliser quelque chose de pratique, comme le montre la naissance même de la philosophie[8].

1. Aristoteles, *De anima*, III, 8, 432b3-6, textus Aristotelis in Sancti Thomae de Aquino *Sentencia libri De anima*, dans *Opera omnia* iussu Leonis XIII P.M. edita, tomus XLV. 1, Paris, Vrin, 1984.

2. *Cf.* CAN lb2 lc5 n10; 3SN ds17 qu1 ar1b ag3; ST1 qu82 ar5 sc; ST3# qu129 ar1 ag1; QDV qu25 ar2 sc3; CSS lc1 n10.

3. RSR n12 ps2.

4. Aristoteles Latinus, XXI. 3, *Ethica Nicomachea*, VI, 3, 39b4-5, translatio Roberti Grosseteste Lincolniensis [Recensio Pura], R.A. Gauthier (ed.), Bruxelles-Leiden, Desclée de Brouwer-Brill, 1972.

5. CMP lb1 lc1 n1.

6. Aristoteles Latinus, XXV. 3.2, *Methaphysica*, 993b23-24, recensio et translatio Guillelmi de Moerbeke, G. Vuillemin-Diem (ed.), Leiden-New York-Köln, Brill, 1995; *cf.* CMP lb12 lc4 n22; ST2 qu32 ar8 co.

7. ST1 qu12 ar1 co.

8. SCG# lb3 cp25 n11; ST2 qu3 ar8 co.

Mais Thomas emprunte également à Aristote une conception métaphysique entrelacée à son tour avec la physique, une conception attribuant une sorte de "désir" à chaque être, selon la doctrine des lieux naturels, orienté vers ce qui lui est naturel. Aristote remarquait que chaque chose tend à se déplacer vers un lieu particulier; il en situait la cause dans l'essence corporelle qui a la capacité de mener les corps lourds vers le bas et les corps légers vers le haut[1]. En outre, les corps peuvent être simples ou composés, ce qui donne lieu à des mouvements simples ou composés. Le principe du mouvement des corps réside donc dans leur nature même, de telle sorte qu'à chacun correspond un mouvement qui est pour lui, justement, "naturel".

Ce mouvement peut être rectiligne ou circulaire. Le mouvement rectiligne peut être à son tour ascendant ou descendant, mais il est, en tout cas, un mouvement qui se produit entre contraires (par exemple entre haut et bas ou vice-versa), tandis que le mouvement circulaire est un mouvement continu où la distance du centre est toujours la même; de ce fait, il est plus parfait que le mouvement rectiligne[2]. C'est pour cette raison que le mouvement des cieux est rotatoire : les cieux cherchent, par ce moyen, à imiter l'immobilité divine.

Tout mouvement naturel, en outre, a comme but la réalisation entière de sa propre forme : chaque chose est disposée naturellement à cela, à condition que rien ne l'en empêche[3]. En ce sens, ce qui n'atteint pas son propre but est défini comme "vain" puisque "tanquam hoc sit frustra quod aptum natum est alterius causa, cum non perficiat illud cuius causa erat aptumque erat"[4]. La constatation d'une fin innée à la nature dérive chez Aristote de ses observations biologiques sur les plantes et sur les animaux; le Stagirite remarque que l'araignée construit sa toile dans le but de capturer des insectes et que la plante dispose ses feuilles de façon à protéger ses fruits; il en déduit, à l'exemple des produits humains, que tout est disposé dans la nature en fonction de l'utilité.

Autre élément fondamental pour comprendre la conception aristotélicienne du désir, telle qu'elle arrive à Thomas, c'est la conception de Dieu comme moteur immobile. Le Dieu aristotélicien, en effet, anime le désir parce qu'il est lui-même désiré; le premier moteur "movet autem ut amatum, moto vero alia movet"[5].

Le premier ciel, tout en mouvant d'un mouvement continu et éternel, ne meut pas lui-même; il est donc mû et mouvant en même temps. Par conséquent, il faut qu'il existe un premier principe qui meuve sans être mû, c'est-à-dire qui meuve comme objet de désir, comme fin : "movet autem sic appetibile et intellegibile; movent non mota"[6]. Dieu est désiré de façon directe par le premier ciel, lequel

1. Aristoteles, *Physica*, VIII, 4, 791, textus Aristotelis in Sancti Thomae Aquinatis *In octo libros Physicorum Aristotelis expositio*, Roma, Marietti, 1954; *cf.* CPY# lb4 lc1 n7.

2. Aristoteles, *De caelo*, I, 2, 24, textus Aristotelis in Sancti Thomae Aquinatis *In Aristotelis libros De caelo et mundo expositio*, Roma, Marietti, 1952.

3. Aristoteles, *Physica*, II, 6, 157.

4. *Ibid.*, II, 6, 157; *cf.* CTC# lb1 lc2 n3; CTE# cpd; CMP lb1 lc1 n4.

5. Aristoteles, *Metaphysica*, XII, 7, 1072b 3-4.

6. *Ibid.*, XII, 7, 1072a26-27.

tend à acquérir dans son mouvement rotatoire la plus grande similitude possible avec lui, et (dans un certain sens, indirectement) par toute la réalité naturelle, qui dans sa tendance vers la perfection tend aussi vers l'immobilité. Ce mouvement, qui peut être défini comme un mouvement d'attraction, ne se réalise pas à cause d'un désir sensible, mais du fait d'un désir intellectif, parce que "concupiscibile quidem enim ipsum apparens bonum, voluntabile autem primum ipsum existens bonum. [...] principium enim est intelligentia"[1].

La tradition biblique

La tradition biblique constitue un point de repère indispensable, ce qui est normal pour un philosophe du Moyen Âge appartenant à l'ordre des Frères Prêcheurs.

En général, les livres sapientiaux ont une importance remarquable, en particulier les *Psaumes*, dans lesquels sont soulignées d'une part l'aspiration de l'homme vers Dieu, sa prière ardente, et d'autre part l'infinie miséricorde de Dieu qui vient à la rencontre des demandes de l'homme. Ainsi Thomas fait sienne l'analogie du *Psaume* 41 entre le désir humain et la soif : l'âme a soif de Dieu tout comme le cerf languit après la source[2]. Seul Dieu peut être la source d'où jaillit l'eau qui rassasie définitivement; en lui seul peut reposer l'espoir d'obtenir la *delectatio*, la joie finale[3] : dans sa miséricorde infinie, Dieu guérit toutes les infirmités et comble tous les désirs de l'homme[4].

Il est donc nécessaire de s'adresser à Dieu afin que notre âme vive[5]. Le désir des pauvres qui se confient en lui sera satisfait, et leur patience recompensée[6], parce que la sagesse divine s'étend partout *fortiter* et dispose tout *suaviter*[7].

Mais, comme le souligne le livre de *Job*, la vie sur la terre est dominée par la souffrance, à un tel point que Job lui-même la ressent comme une *militia*, comme

1. Aristoteles, *Metaphysica*, XII, 7, 1072a27-30; *cf.* CCM# lb2 lc13 n5.

2. *Biblia sacra iuxta vulgatam versionem*, Stuttgart, Württembergische Bibelanstalt, 1969, *Ps* 41,2-3 : « quemadmodum desiderat cervus ad fontes aquarum / ita desiderat anima mea ad te Deus / sitivit anima mea ad Deum fortem : vivum » ; *cf.* R2C cp5 lc2.

3. *Ps* 15,10 : « quoniam non derelinques animam meam in inferno / non dabis sanctum tuum videre corruptionem / notas mihi fecisti vias vitae / adimplebis me laetitia cum vultu tuo / *delectatio* in dextera tua usque in finem ».

4. *Ps* 102,3-5 : « qui propitiatur omnibus iniquitatibus tuis / qui sanat omnes infirmitated tuas / qui redimit te de interu vitam tuam / qui coronat te in misericordia et miserationibus / *qui replet in bonis desiderium tuum* / renovabitur ut aquilae iuventus tua » ; *cf.* ST2 qu2 ar8 co.

5. *Is* 55,3 : « inclinate aurem vestram et venite ad me / audite et vivet anima vestra » ; *cf.* ST3# qu83 ar1 ra1.

6. *Ps* 9,19 : « quoniam non in finem oblivio erit pauperis / patientia pauperum non peribit in finem » ; *Ps* 9,38 : « desiderium pauperum exaudivit / Dominus / praeparationem cordis eorum audivit auris tua » ; *cf.* RPS ps37 n5 ; RPS ps9 n24.

7. *Sap* 8,1 : « adtingit enim a fine usque ad finem fortiter et disponit omnia suaviter ».

les jours d'un salarié en attente de sa rémunération : l'homme sur la terre est comparable à un serviteur qui recherche l'ombre, à savoir la paix et le repos[1].

Les pages des *Proverbes* font espérer en l'accomplissement de la promesse de Dieu à l'homme. C'est en elles en effet que se révèle le dessein providentiel : alors que l'impie reçoit la punition qu'il mérite, le sage verra réalisés ses désirs et son âme se remplira de délices[2].

L'espoir déposé en Dieu de voir satisfaits nos désirs est renouvelé, selon les Évangiles, par le Christ. Celui-ci invite les hommes à demander et à rechercher, parce que celui qui demande recevra et trouvera un réponse auprès de Dieu[3]; il promet à la Samaritaine le genre d'eau que recherchait aussi le cerf du *Psaume*, l'eau qui donne la vie éternelle et qui est différente de l'eau "terrestre" qui étanche la soif pour un seul moment en laissant insatisfaits[4].

L'espoir dans la promesse divine fait ainsi que l'homme peut raisonnablement formuler ses désirs les plus profonds, ce qu'exprime l'apôtre Paul. Avant tout, il y a le désir de monter au ciel et de disposer de l'habitation que Dieu nous a préparée. Cependant, cette aspiration est contrebalancée par une autre : même si la vie sur terre nous laisse insatisfaits, nous ne voulons pas être privés de notre corps terrestre, mais recevoir en supplément le corps céleste, de sorte que ce qui est mortel soit conservé dans la vie éternelle. Même si nous ne voyons pas clairement la façon dans laquelle cela pourrait se réaliser, nous avons confiance en la grâce[5]. Paul lui-même est souvent poussé par ces deux désirs juxtaposés, celui d'abandonner la vie actuelle pour joindre le Christ, de sorte que même la mort devienne souhaitable, et celui de rester sur la terre pour continuer le travail apostolique auquel il se sent appelé[6].

1. *Job* 7,1-4, « militia est vita hominis super terram / et sicut dies mercennarii dies eius / sicut servus *desiderat* umbram et sicut mercennarius praestolatur finem operis sui / sic et ergo habui menses vacuos et noctas laboriosas enumeravi mihi » ; *cf.* CIO# cp7.

2. *Prv* 10,3 : « non adfliget Dominus fame animam justi et insidias impiorum subvertet » ; *Prv* 10, 24 : « quod timet impius veniet super eum / *desiderium* suum iusti dabitur » ; *Prv* 13, 19 : « *desiderium* si compleatur delectat animam detestantur stulti eos qui fugiunt mala » ; *cf.* RPS ps20 n2.

3. Se manifeste ainsi la certitude que la recherche exprimée par le désir n'est pas inutile. Cf. *Mt* 7,7-8 : « petite et dabitur vobis quaerite et invenietis pulsate et aperietur vobis omnis enim qui petit accipit et qui quaerit invenit et pulsanti aperietur » ; *cf.* aussi RPS ps26 n8 ; REI cp5 lc1.

4. *Gv* 4,13-14 : « ... omnis qui bibit ex aqua hac sitiet iterum qui autem biberit ex aqua quam ego dabo ei non sitiet in aeternum sed aqua quam dabo ei fiet in eo fons aquae salientis in vitam aeternam » ; *cf.* aussi REI cp4 lc2.

5. *2Cor* 5,1-4 : « scimus enim quoniam si terrestris domus nostra huius habitationes dissolvatur / quod aedificationem ex Deo habeamus / domum non manufactam aeternam in caelis / nam et in hoc ingemescimus / habitationem nostram quae de caelo est superindui cupientes / si tamen vestiti non nudi inveniamur / nam et qui sumus in tabernaculo ingemescimus gravati / *eo quod nolumus expoliari sed supervestiri* / ut absorbeatur quod mortale est a vita » ; *cf.* 4SN ds43 qu1 ar4 ag2 ; R2C cp5 lc2.

6. *Phil* 1,21-23 : « mihi enim vivere Christus est et mori lucrum / quod si vivere in carne hic mihi fructus operis est / et quid eligam ignoro / coartor autem e duobus / desiderium habens dissolvi et cum Christo esse ... » ; *cf.* 4SN ds49 qu1 ar1d ra4 ; ST3# qu185 ar4 co ; QDW qu2 ar11 ra6 ; OCG# cp9 ; OCI# ps4 cp7 co ; OAP# cp23 ; OSS ps1 ; CRO cp9 lc1 ; RSV ar3 ; RPS ps27 n9 ; RPS ps41 n1 ; REM cp28 lc0 ; REI cp14 lc1 ; REI cp21 lc4 ; R2C cp5 lc2 e RHE cp2 lc4 ; REP cp5 lc9 ; RPL cp1 lc3 ; R1T cp4 lc2 ; RT1 cp1 lc1 ; QDL n4 qu12 ar1 ra2.

Toutefois, au-delà de ces désirs élévés, il y en a d'autres dans l'homme qui dérivent de la lourdeur de la chair. Paul constate en fait les excès dans lesquels l'homme peut tomber quand il cède aux désirs que nous avons sur la terre, comme celui d'accumuler des richesses démesurées en tombant dans le piège d'un désir nuisible. La *cupiditas*, entendue comme le désir de posséder, peut d'ailleurs être considérée comme la source de tous les péchés [1].

LES PÈRES

Augustin [2]

Les citations augustiniennes sont concentrées sur le désir entendu comme passion charnelle que nous devons repousser. Pour Augustin, en effet, la cause de la "lourdeur" du corps ne réside pas dans le corps lui-même qui est crée par Dieu et ne peut pas être mauvais, mais dans sa corruption [3].

Augustin, dans le sillage de Paul, avait parlé de la *cupiditas* en la définissant comme le penchant qu'on a au moment où, *appetendo* ce qu'on désire, on y cède en penchant vers l'objet. La volonté, en effet, traverse ses diverses émotions en suivant la diversité des objets qui l'attirent ou la repoussent; nous éprouverons ainsi la *cupiditas* quand il y a une convergence avec l'objet dès que la volonté tend vers lui, *laetitia* si la convergence se manifeste au moment de la jouissance, *timor* s'il y a divergence par rapport à ce que nous ne voulons pas, *tristitia* si la divergence concerne ce qui est déjà arrivé [4]. A la racine de toutes les passions il y a l'amour, pour qui "... mala sunt ista, si malus amor est; bona, si bonus" [5]. L'amour qui désire l'objet aimé est donc *cupiditas*; il sent la *laetitia* quand il le possède, le *timor* quand il fuit le contraire de ce qui est aimé, et la *tristitia* s'il vérifie ce qu'il est contrasté. Signalons que Thomas n'est pas d'accord avec Augustin pour qui la *cupiditas* est l'une des quatre passions principales, étant donné que, d'après lui, l'auteur des *Confessions* aurait confondu la *cupiditas* (où le *desiderium*, puisque Thomas les superpose) et la *spes*.

Le Christ aussi s'est servi de toutes ces passions, puisque nous ne pouvons pas penser qu'il pouvait être exempt des affects humains [6], ayant un vrai corps humain

1. *1Tim* 6,9-10 : « qui volunt divites fieri incidunt in temptationem et laqueum et *desideria* inutilia et nociva quae mergunt homines in interitum et perditionem radix enim omnium malorum est *cupiditas* ... » ; *cf.* RSU ar6 ; RAC ar11.

2. Sur le thème de désir chez Augustin, *cf.* P. Sessa, *"Cercherò il tuo volto" : questi tre, un solo Dio, desiderio di Sant'Agostino*, Milan, Tesi PUG (850), 1991.

3. Augustinus, *De Civitate Dei*, 13, 3, dans *Corpus Christianorum*, « Series Latina » (48), Turnhout, Brepols, 1955.

4. *Ibid.*, 14, 6 ; *cf.* ST2 qu5 ar3 co ; ST2 qu25 ar4 ra1 ; ST2 qu40 ar1 ag1.

5. *Ibid.*, 14, 7 ; *cf.* 2SN ds1 qu2 ar1 co ; QDV# qu8 ar1 ag3 ; QDV qu26 ar5 ra1.

6. *Ibid.*, 14, 9 : « neque enim, in quo verum erat hominis corpus et verus hominis animus, falsus erat humanus affectus ».

et une vraie âme humaine : ainsi il se contrista, il jouit, il pleura et il eut des désirs, tel que celui de manger le Pain avec ses disciples lors de la Pâque[1].

Thomas est au contraire d'accord avec Augustin pour ce qui est de l'universalité de la recherche du bonheur en laquelle, pour l'évêque africain comme pour Aristote, les hommes se rapprochent les uns des autres. Augustin souligne l'impossibilité de nier que le bonheur soit la fin de l'homme : tous les hommes sont liés entre eux par une communauté de nature et de sentiments d'où dérivent certains désirs spécifiques communs. Ces désirs, puisqu'ils sont communs, nous pouvons les connaître tous, à l'instar de ce mime, qui disait savoir ce que tous voulaient et avait promis de le révéler en public, surprenant tout le monde quand il déclara que sûrement tous voulaient acheter à bas prix pour revendre à un prix plus élevé. Ce mime aurait pu dire de même que nous voulons tous être heureux[2]. Le problème se déplace alors : il ne s'agit plus de savoir si les hommes ont une fin, mais où ils peuvent chercher la béatitude. Pour Augustin elle ne peut être trouvée qu'en Dieu, puisqu'elle ne peut pas être liée aux biens de ce monde qui laissent toujours une sensation d'insatisfaction[3], ni à la vie actuelle que frappent des maux physiques et des douleurs psychiques.

Denis l'Aréopagite

La tradition néoplatonicienne est fortement présente chez Thomas. Le lemme 'desiderium' vient souvent dans le commentaire du *De divinis nominibus* que Thomas considère une œuvre du converti de l'Aréopage, là surtout où il est question de la légitimité des noms attribués à Dieu par les textes sacrés. Thomas fixe particulièrement son attention sur Dieu en tant que Bien[4]. Denis avait affirmé que Dieu est bon de par son être même, et, par conséquent, la cause de tous les existants. Voilà aussi pourquoi tous les existants le désirent, au sens où ils tendent vers lui, les êtres intellectuels par la connaissance, les autres par la sensibilité ou le simple mouvement vital[5].

Dans le commentaire de Thomas un bon nombre d'occurrences de 'desiderium' viennent justement du quatrième chapitre, là où Denis traite du Bien comme premier attribut de Dieu et de l'amour. C'est le bien qui donne une forme à ce qui n'en a pas et c'est le désir du bien qui permet à ce qui n'est pas de tendre vers l'être[6] : Thomas comparera cette tendance à la propension de la matière première

1. *De Civitate Dei*, 14, 9.

2. Augustinus, *De Trinitate*, XIII, III, 6, dans *Corpus Christianorum*, « Series Latina » (50), Turnhout, Brepols, 1968 ; *cf.* RSR n7 ps2.

3. Augustinus, *In Iohannis Evangelium Tractatus*, dans *Corpus Christianorum*, « Series Latina » (36), Turnhout, Brepols, 1954.

4. CDN cp1 lc3.

5. Dionysius, *De divinis nominibus*, I, sect. 4, dans Ph. Chevallier, *Dionysiaca*, vol. I, Bruges, Desclée de Brouwer, 1937. Thomas suit la traduction de Jean le Sarazin (1167 ca), la seule qui utilise le verbe *desidero* au lieu de *appeto* ; on peut ainsi supposer qu'il s'agisse de deux lemmes differents et liés.

6. Dionysius, *De divinis nominibus*, IV, sect. 6, *op. cit.*

vers sa propre forme[1]. La bonté divine est alors en même temps le principe constituant et la fin de toute créature; mieux, cette bonté est fin justement parce qu'elle est principe constituant; tout le monde est constitué par le bien et tout le monde tend vers lui[2]. La bonté divine opère en ce sens comme la lumière qui consent de voir chaque chose en l'éclairant et qui chauffe et fait tout mouvoir; tout comme tous désirent le soleil pour voir, bouger ou se chauffer[3], ainsi toutes les entités aiment et désirent le bien, ce qui explique aussi pourquoi les choses inférieures tendent vers les supérieures de telle sorte que les supérieures pourvoient aux inférieures et les inférieures communiquent avec les supérieures[4].

Si l'amour détermine le cercle en lequel toutes les choses dérivent du bien et tendent vers lui, il reste à expliquer le problème du mal : comment est-il possible de considérer le mal comme un bien[5]? Chaque action a le bien pour principe et pour fin; ceux qui désirent mener une vie mauvaise le font donc parce qu'elle leur apparaît bonne : ils participent en cela au bien[6]. Chez les démons aussi existe le bien, puisqu'ils existent, vivent et pensent[7]; ils désirent en effet le bien puisqu'ils désirent être, vivre, comprendre; toutefois, ils ne cherchent pas le bien puisqu'un défaut inné dans leur désir les amène vers le non être[8] : ce qui leur manque, c'est la réalisation du bien. Lorsqu'on se trompe, c'est donc à cause d'une *infirmité*, d'une incapacité à disposer du bien, soit en le connaissant mais en n'étant pas capable de le chercher, soit en se trompant sur le bien lui-même : le mal n'est pas une réalité en soi, mais seulement un défaut du bien[9].

Le rapport de ressemblance et de diversité entre Dieu et les créatures constitue un élément fondamental dans le contexte de l'attribution des noms à Dieu. Pour Thomas, ce discours deviendra central non seulement dans le domaine de la connaissance de la réalité divine, mais aussi dans celui de l'adhésion de la créature à Dieu, puisque la créature ne peut se diriger vers Dieu qu'à l'intérieur d'une certaine communauté établie par le rapport cause-effet.

Selon Denis, Dieu ne ressemble à rien, mais il offre sa ressemblance à ceux qui se “convertissent” à lui : ce qui est créé par Dieu n'acquiert une certaine ressemblance qu'en s'orientant vers lui. Alors que les choses qui sont à un même niveau peuvent être considérées semblables entre elles, entre la cause et ce qui est causé ne peut exister aucune réciprocité, car c'est l'effet qui dépend toujours de la cause et non le contraire. La similitude entre Dieu et sa créature s'établit pour la seule volonté divine et est comparable à la ressemblance entre l'homme et

1. CDN cp4 lc2.

2. Dionysius, *De divinis nominibus*, IV, sect. 6, *op. cit.*; *cf.* CDN cp4 lc3.

3. *Ibid.*, IV, sect. 6; *cf.* CDN cp4 lc3.

4. *Ibid.*, IV, sect. 18; *cf.* CDN cp4 lc9. Thomas met toutefois en evidence comme, en ce cas, l'on ne devrait pas parler de désir, mais plus proprement d'amour comme effet du désir.

5. *Ibid.*, IV, sect. 20; *cf.* CDN cp4 lc13.

6. *Ibid.*; *cf.* CDN cp4 lc16.

7. *Ibid.*; *cf.* CDN cp4 lc19.

8. *Ibid.*; *cf.* CDN cp4 lc23.

9. *Ibid.*; *cf.* CDN cp4 lc22.

son image réfléchie. Dieu seul peut concéder que ses créatures lui ressemblent[1]. En ce contexte, le mouvement de la créature est orienté vers la réalisation du repos; Dieu lui-même est immobile, mais celui qui confie sa vie au flux des événements, à cause desquels il est continuellement perturbé, ne pourra jamais parvenir à cette paix[2].

Jean Damascène

Parmi les Pères grecs, Jean Damascène est le plus cité dans les passages que nous avons examinés.

Thomas reprend de lui la définition de la passion, considérée comme un mouvement de l'âme irrationnelle causé par une certaine connaissance du bien ou du mal; mais Thomas reprend surtout la division de l'appétit sensitif en appétit de l'âme concupiscible et appétit de l'âme irascible, ce que le père grec défend plus vivement qu'Aristote.

Selon le Damascène, en effet, c'est la possibilité concrète d'obtenir le bien qui pousse vers la concupiscence, alors qu'un soupçon de mal engendre la colère[3].

En traitant des passions, Thomas reprend la définition de la crainte que propose le Damascène : « secundum naturam timor est virtus secundum systolen (id est contractionem) essentiae desiderativa »[4]. Selon cette définition, le *timor naturalis* surgit pour éviter la séparation de l'âme et du corps, c'est-à-dire la mort : si Dieu a créé toute chose à partir du non-être vers l'être, le désir des choses vers l'être leur est intrinsèque. Le Christ eut également le *timor naturalis* et des désirs humains comme de boire, manger ou dormir : « et Deus Verbum igitur, homo factum, habuit hoc desiderium, in systaticis (id est in constitutivis) naturae promotionem monstrans, escam et potum et somnum desiderans ... »[5].

Le Damascène est en outre cité par Thomas sur la question de la *cognitio dei* : la connaissance de l'existence de Dieu se trouve naturellement en tous; il en suit que nous ne sommes pas complètement ignorants à son sujet[6].

1. Dionysius, *De divinis nominibus*, IX, sect. 31 ; *cf.* CDN cp9 lc3.

2. *Ibid.* ; *cf.* CDN cp11 lc3.

3. Johannes Damascenus, *De fide orthodoxa*, cap. 36.2, versions of Burgundio and Cerbanus, E.M. Buytaert (ed.), New York, The Franciscan Institute St. Bonaventure, 1955 : « ... passio est motus appetitivae virtutis, sensibilis in imaginatione boni vel mali. Et aliter : passio est motus irrationali animae, per suspicionem boni vel mali. Suspicio enim boni concupiscentiam movet; suspicio vero mali iram ». Damascène, de son cote, fait sienne la définition de Némésius de Émèse, que Thomas prend pour Grégoire de Nysse ; *cf.* 3SN ds17 qu1 ar1b ag3 ; ST1 qu82 ar5 sc ; ST2 qu46 ar3 ag3. Sur *timor*, *cf.* R. Quinto, « Per la storia del trattato tomistico *de passionibus animi*. Il *timor* nella letteratura teologica fra il 1200 e il 1230 ca », dans *Thomistica*, E. Manning (ed.), Leuven, Peeters, 1995, p. 35-87.

4. Johannes Damascenus, *De fide orthodoxa*, *op. cit.*, cap. 67.1 ; *cf.* 3SN ds34 qu2 ar1a ag1/ra1 ; ST2 qu41 ar2 ra3.

5. *Ibid.*, cap. 36.2 ; le Christ n'a pas eu toutefois la crainte *praeter naturam*, qui dérive de l'incrédulité, de l'ignorance ou de pensées corrompues.

6. *Ibid.*, cap. 1.2 : « non dereliquit tamen nos a Deus in omnimoda ignorantia. Omnibus enim cognitio existendi Deum ab ipso naturaliter inserta est » ; *cf.* 3SN ds23 qu1 ar4c ag1 ; CMT cp26 lc10.

Deuxième partie

ANALYSE DES TEXTES

CHAPITRE PREMIER

LE DÉSIR EN TANT QUE PASSION HUMAINE

LE DÉSIR DANS LE CLASSEMENT DES PASSIONS

Le rapport concupiscible/irascible

Les passions de l'âme humaine peuvent être classées d'après Thomas à partir de trois distinctions différentes [1].

Elles diffèrent entre elles avant tout d'après le genre, c'est-à-dire selon leur appartenance aux deux puissances de l'âme, la concupiscible et l'irascible. Par la concupiscible, l'âme humaine s'oriente vers ce que les sens perçoivent comme plaisant, tandis que par l'irascible elle s'efforce d'obtenir un plaisir également difficile à atteindre. Un effort continu exprime, en même temps, l'activité de l'âme et sa résistance à la corruption.

Mais nous pouvons aussi distinguer les passions selon leur spécificité, c'est-à-dire à l'intérieur d'une même puissance de l'âme. Ainsi, intérieurement au concupiscible, nous pouvons procéder à une différenciation ultérieure : statiquement, en tenant compte des rapports de contrariété entre les puissances en elles-mêmes (comme dans le cas, par exemple, du *gaudium* et de la *tristitia*), ou dynamiquement, en considérant les différents états dans lesquels se trouve l'âme dans son mouvement visant à atteindre l'objet. Dans ce dernier cas, il y aura une subdivision entre *amor*, *desiderium* et *gaudium*. Par l'amour, l'objet est compris comme convenant au sujet : de ce fait, l'âme s'unira à son objet. Par le désir, elle cherche une union réelle et effective avec l'objet; par la joie, elle perçoit que l'objet est obtenu et elle s'en réjouit.

Nous pourrions enfin considérer les passions de l'âme selon la gradation d'intensification et d'affaiblissement, mais cela nous renverrait fondamentalement à une considération morale que nous n'envisagerons pas ici.

1. *Cf.* QDV qu26 ar4 co. Sur les passions chez Thomas *cf.* en particulier L. Mauro, *Umanità della passione in S. Tommaso*, Florence Le Monnier, 1974; R. Quinto, « Per la storia del trattato tomistico *de passionibus animi*. Il *timor* nella letteratura teologica fra il 1200 e il 1230 circa », art. cit.

Nous nous intéresserons avant tout à la distinction entre le concupiscible et l'irascible, en quoi se qualifie le rapport entre les passions et le bien. Alors que le concupiscible concerne le *bonum et malum absolute*, donc directement la relation entre le sujet qui se meut et le bien vers lequel il tend, l'irascible concerne *aliquam mensuram boni vel mali*, donc la qualification de ce rapport en train de s'instaurer[1]. Les passions du concupiscible, dans leur façon d'entrer en relation avec l'objet, exigent en premier lieu une *habitudo* envers l'objet lui-même, c'est-à-dire une certaine conformité entre les deux éléments de la relation, ensuite un mouvement du sujet vers l'objet et enfin une *impressio* de l'objet, une "empreinte" qui modifie le sujet.

L'objet de la relation est perçu comme un bien, ce qui amène à un schéma de ce type: 1) tout d'abord, l'amour qui *importat habitudinem concupiscibilem ad bonum*, qui détermine la conformité de l'âme humaine au bien, 2) ensuite, le désir, le mouvement même vers le bien, moment de tension active, 3) la *delectatio* (ou *gaudium*), résultat que l'obtention du bien apporte au sujet.

Ceci signifie que le mouvement du désir suit l'appréhension préalable d'un intérêt pour l'objet à saisir. La sensibilité permet de saisir quelque chose comme utile ou nuisible: dans le premier cas il y aura un plaisir, dans le deuxième une tristesse. Vient ensuite le désir de ce qui aura été saisi comme délectable, ou la fuite de ce qui se sera imposé comme nuisible.

Dans l'intellect les choses se passent différemment, puisque le désir ou la fuite suivent immédiatement l'appréhension, sans participation préliminaire à la bonté de l'objet. Cette différence est due au fait que le sensible ne peut pas saisir le bien universel, mais doit se mouvoir à chaque fois vers un bien déterminé et particulier[2].

Au cœur du mouvement de l'âme vers le bien comme fin, il y a avant tout l'amour qui s'oriente vers le but, donc le désir, *quasi motus in finem* et la *delectatio*[3];

Schéma 2
Les passions d'après les puissances de l'âme

CONCUPISCIBILE		IRASCIBILE	
amor	odium	spes	desperatio
desiderium	fuga	timor	audacia
gaudium	tristitia	ira	/

À partir de ces passions nous pouvons arriver aux autres, en précisant encore davantage:

> et ideo enumerando passiones, dicit quod passiones sunt concupiscentia, quam nominavimus DESIDERIUM, et ira et timor et audacia, et invidia quae continetur sub tristitia, et gaudium quod continetur sub delectatione (est enim delectatio non corporalis, sed in interiori apprehensione consistens), et amicitia et odium, et

1. *Cf.* 3SN ds26 qu1 ar3 co.
2. *Cf.* CAN lb3 lc12 n5.
3. *Cf.* OTT lb1 cp7.

> DESIDERIUM. quod differt a concupiscentia: eo quod concupiscentia est delectationis corporalis, DESIDERIUM autem cuiuscumque alterius delectabilis. [CTC# lb2 lc5 n6]

L'importance du désir apparaît en examinant les définitions d'autres passions, telles que la colère et le désespoir [1]. Quand le désir s'adresse à quelque chose qui apparaît impossible à atteindre, se manifestent la frustration et la tristesse. Désir et tristesse, toutefois, n'agissent pas comme simples parties composantes, mais comme causes. L'impossibilité d'atteindre ce qu'on désire fortement, jointe au sentiment intime de découragement que cette impossibilité détermine, engendrent un conflit entre le bien que l'on cherche et le manque inévitable dans lequel on se trouve, conflit qui déchaîne le mouvement de colère. La passion du concupiscible, comme le désir, engendre donc la passion de l'irascible, ce qui représente une règle générale, comme nous le verrons mieux par la suite dans le cas de l'espoir.

Une situation semblable se présente dans le cas de la *desperatio*, puisqu'elle suppose elle aussi le désir:

> ... *desperatio* non importat solam privationem spei; sed importat quendam recessum a re desiderata, propter aestimatam impossibilitatem adipiscendi. unde *desperatio* praesupponit DESIDERIUM, sicut et spes, de eo enim quod sub DESIDERIO nostro non cadit, neque spem neque desperationem habemus. [ST2 qu40 ar4 ra3]

Le désespoir n'est donc pas seulement la négation de l'espoir, son opposé: il demande également un éloignement de la chose désirée, mais qu'on considère comme impossible à atteindre; ce qui était désiré et qu'on espérait se présente soudain comme impossible à obtenir. C'est la raison pour laquelle le désespoir, au même titre que l'espoir, suppose un désir préalable: nous ne pouvons espérer ou désespérer que par rapport à ce que nous pouvons désirer.

En général, l'appétit dépend de l'appréhension intellective, mais la ferveur de l'acte volitif peut parfois dépasser la *claritas cognitionis*: nous parlons, dans ce cas, d'*intensio*. À chaque passion correspond un degré d'*intensio*, de telle sorte que le schéma précédent peut être complété [2]:

Schéma 3
Les passions et de leurs intensiones

CONCUPISCIBILE

Passio	*Intensio*
amor	zelus
desiderium	concupiscentia
gaudium	exultatio

1. ST2 qu 46 ar333 ra3: « ... *ira* dicitur componi *ex tristitia* et DESIDERIO, non sicut ex partibbuus, sed sicut *ex causis* »; CDN cp4 lc11: « per hoc differt amor ab *ira* quae est motus compositus ex tristitia provocante et DESIDERIO vindictae ».

2. *Cf.* aussi QDV qu26 ar4 co et RPS ps 36 n6 pour le *furor* et 3SN ds4 qu1 ar 1c ra3 pour la *praesumptio*. Pour l'*intensio* en général *cf.* QDM quu16 ar3 rc4.

IRASCIBILE

Passio	*Intensio*
spes	praesumptio
timor	/
ira	furor

Désir et concupiscence

Le tableau est maintenant plus précis et complexe : il apparaît le rapport entre la *concupiscentia* et le *desiderium*. Ceux-ci ne sont pas identifiables, mais ils doivent être distingués sur la base de l'objet vers lequel ils s'orientent. La concupiscence se réfère essentiellement à une délectation de l'appétit sensitif, tandis que le désir est orienté vers tous les types de plaisir.

La possibilité d'une confusion pourrait dériver d'une association de noms :

> ponit [...] iram pertinentem ad vim irascibilem, et DESIDERIUM pertinens ad concupiscibilem; a quibus duabus passionibus, tamquam a manifestioribus, praedictae duae vires denominantur. *concupiscibilis* enim denominatur a DESIDERIO, *irascibilis* autem ab *ira*. [CSS lc1 n10]

Les noms des deux forces de l'âme sont attribués sur la base des noms des passions principales qui en font partie : la colère porte à la dénomination de l'"irascible", le désir, ou mieux son expression comme concupiscence, porte à la définition du "concupiscible". Pour une spécialisation linguistique, un des hyponymes devient, dans ce cas, hyperonyme des autres. Toutefois, le concupiscible acquiert sa dénomination non pas d'une passion mais d'une composante encore plus spécifique, laquelle, en devenant hyperonyme, étend sa signification à la totalité de la passion du désir, en provoquant ainsi le risque d'une identification.

Thomas tend toutefois à rétablir la distinction, étant donné que la concupiscence et le désir ne peuvent pas être considérés comme des synonymes puisque

> ... DESIDERIUM magis pertinere potest, proprie loquendo, non solum ad inferiorem appetitum, sed etiam ad superiorem. non enim importat aliquam *consociationem in cupiendo*, sicut *concupiscentia*; sed simplicem motum in rem desideratam. [ST2 qu30 ar1 ra2]

En général, la concupiscence peut être naturelle ou non naturelle : dans le premier cas, nous recherchons ce qui convient à notre nature animale, par exemple la nourriture, alors que dans le deuxième, nommée habituellement *cupiditas*, entre en jeu le jugement de la raison qui saisit quelque chose comme convenable [1]. Dans les deux cas, on se trouve toutefois à l'intérieur de l'appétit sensitif, tandis que le désir peut concerner également l'appétit supérieur, intellectif, en indiquant simplement le mouvement en lui-même, sans spécifier si l'on y adhère ou non.

En tant qu'appartenant à l'appétit sensitif, la concupiscence comporte une participation intérieure au mouvement, ce qui fait que nous sommes en quelque

1. *Cf.* ST2 qu30 ar4 co.

sorte "entraînés" par l'objet[1] : l'homme ne peut pas diriger son acte puisque l'objet s'est emparé de lui. Nous agissons alors à cause d'un *impetus* de l'appétit[2], qui entrave le jugement de l'appétit supérieur intellectif et qui empêche de parvenir à l'accomplissement d'un acte pleinement volontaire[3] : ce qui nous guide là, ce sont les sensations instantanées que l'objet procure.

Puisque c'est l'appétit sensitif qui l'emporte, nous pouvons définir la concupiscence comme une *intensio desiderii*, c'est-à-dire une augmentation hors mesure de l'attraction normale que l'objet agréable devrait produire. Pour cette raison, en théologie, le péché originel se définit matériellement comme *concupiscentia* : en lui se produit une dégénérescence de l'attraction vers un bien muable qui comporte un désordre[4].

> ... concupiscentia dicit intensionem DESIDERII : zelus intensionem amoris, non patiens consortium in amato : [...] exultatio intensionem gaudii [...] ; praesumptio autem intensionem spei : [...] furor autem intensionem irae. [3SN ds26 qu1 ar3 co]

La concupiscence se caractérise ainsi négativement par un excès par rapport au désir : tandis que le désir représente un mouvement pour s'approcher d'une chose quelconque que l'on estime délectable, la concupiscence est plus exactement un mouvement démesuré en vue d'une délectation corporelle spécifique. Par exemple, l'interdiction de désirer un bien d'autrui, tel qu'une maison, dérive justement du caractère d'*intensio*[5] que ce désir acquiert, en indiquant quelque chose qui est voulu pour une pure jouissance, démesurée par rapport aux néces-

1. La même distinction se retrouve chez Augustin qui part d'une citation de l'Écriture, « concupivit anima mea desiderare iudicia tua » (*Ps* 118,20) et la renverse, en faisant remarquer qu'il vaudrait mieux de dire « desideravit anima mea concupiscere iudicia tua » : le verbe *desiderare* définit en effet le simple mouvement, alors que *concupiscere* définit la participation active ; il est nécessaire de souligner que l'âme a voulu désirer les décrets divins pour y participer, comme lorsqu'il s'agit pour l'organisme de quelque chose de vital.

2. ST3# qu141 ar3 ra2 : « ... *concupiscentia* importat *impetum* quendam appetitus in delectabile ... ».

3. 2SN ds43 qu1 ar1 co : « ... propter *impetum passionis*, rationis judicium obruitur ... ». Pour les corps naturels, nous pouvons définir *impetum* leur inclination naturelle vers la fin, tandis que, pour les êtres rationnels cette inclination est empruntée à la raison : CMP lb5 lc6 n3 : « in naturalibus quidem est *impetus*, sive *inclinatio ad aliquem finem* cui respondet voluntas in natura rationali ... ».

4. Formellement, commettre le péché originel c'est contrevenir à la justice divine, mais ceci comporte, matériellement, un désordre des puissances de l'âme qui amène à un défaut dans l'exercice du choix. Quand l'homme désobéit à la justice divine et veut dépasser les limites de sa raison, automatiquement il surmonte sa propre nature ; *cf.* ST2 qu82 ar3 co.

5. Il faut distinguer les deux lemmes 'intensio', qui concerne une intensité, et 'intentio', qui indique une tendance. *Cf.* à ce propos J. Hamesse, E. Portalupi, « Approche lexicographique de l'intentionnalité et de la finalité dans l'œuvre de Thomas d'Aquin », dans *Finalité et Intentionnalité : doctrine thomiste et perspectives modernes*, J. Follon, J. McEvoy (éds.), Leuven-Paris, Peeters-Vrin, 1992. Pour une histoire du terme *intentio*, en particulier concernant Augustin et les Arabes voir A. Hayen, *L'intentionnel selon Saint Thomas*, Bruges-Bruxelles-Paris, Museum Lessianum, 1954.

sités effectives[1]. Suite à cet excès, le désir, en lui-même positif, se transforme un désir pervers.

Désir et crainte

Toutes les passions sont référées au bien puisqu'à travers elles l'âme tend vers la réalité par sa force appétitive qui perçoit les choses comme bonnes ou mauvaises[2]. Par conséquent l'on peut classer les passions d'après leur rapport avec le bien, ce qui fait ressortir les rapports entre le bien, le désir et les autres passions.

Grégoire de Nysse et Jean Damascène les ont classées grâce à une subdivision temporelle (passions qui concernent le présent et passions qui concernent le futur) et selon leur orientation au bien ou au mal :

> damascenus et gregorius nyssenus, distinguunt passiones animae *per praesens et futurum*, et *per bonum et malum* : ut de bono futuro sit *spes* vel DESIDERIUM; de bono praesenti *voluptas vel delectatio sive laetitia*; de malo futuro *timor*, de praesenti *tristitia*. [QDV qu26 ar4 ag3]

C'est ainsi que, suivant les classifications des Pères, l'espoir et le désir concernent un bien futur, tandis que la *delectatio* (ou *voluptas* ou *laetitia*) concerne un bien présent; la crainte concerne un mal futur, la tristesse se réfère à un mal présent. Si le bien perçu est absent, on le désire; s'il est présent, on en jouit; si l'on perçoit un mal comme imminent, on le craint; si on le vit dans le présent, on est triste[3].

Nous remarquons donc une première différence entre la crainte et le désir[4] : alors que la crainte est la peur du mal, le désir est l'envie d'un bien. Thomas, à ce point, tient à préciser la définition donnée par Jean Damascène d'après laquelle « timor est DESIDERIUM *secundum systolem movens* »[5].

La définition du Damascène, en effet, ne doit pas être comprise comme une identification entre le désir et la crainte : puisque le désir appartient au concupiscible et la crainte à l'irascible, ils ne peut pas s'agir de la même chose. Fidèle à la méthode scolastique, ici comme dans le cas de la concupiscence, Thomas cherche à préciser les termes par rapport à une tradition linguistique, qui avait parfois superposé des éléments différents, sans les différencier suffisamment.

1. 4SN ds4 qu3 ar3b co : « ... non simpliciter prohibetur concupiscentia domus, sed concupiscentia domus proximi, cum ipsum *concupiscentiae nomen*, quia *intensionem* desiderii dicit, *in quamdam superfluitatem* sonare videatur, et ita *in malum* ».

2. D'après la définition de Némésius (Damascéne), la passion est un mouvement non rationnel de l'âme à cause d'une appréhension de bien ou mal.

3. SCG# lb1 cp91n7 : « gaudium enim et desiderium non est nisi *amati boni*; timor et tristitia non est nisi de malo quod contrariatur bono amato ... ».

4. Pour une exposition complète de l'histoire du lemme 'timor' et pour ses implications théoriques *cf.* R. Quinto, « Per la storia del trattato tomistico *de passionibus animi*. Il *timor* nella letteratura teologica fra il 1200 e il 1230ca », art. cit.

5. *Cf.* 3SN ds34 qu2 ar1a ag1.

Cette tentative doit toutefois tenir compte de la prudence due à la confrontation avec une autorité; par conséquent Thomas ne rejette pas entièrement la version de Damascène, mais il cherche à la définir en précisant les termes :

> sic igitur patet intellectus definitionis damasceni : quia dixit DESIDERIUM ad significandum *genus timoris*, qui est actio, vel motus appetitus. quod autem dixit, *secundum systolem movens*, differentiam propriam assignavit, quae a causa materiali ejus sumitur. [3SN ds34 qu2 ar1a co]

La crainte ne peut être définie comme désir que si elle naît comme mouvement de l'appétit[1]; elle peut s'appeler *secundum systolem movens*, puisque nous attribuons ainsi une différence propre à la crainte elle-même, à savoir cette contraction qui ressemble au mouvement physiologique de systole et qui provoque un recueillement en soi et un manque d'action. Le désir est considéré ici d'une façon générale et signifie la totalité de la faculté appétitive, donc aussi bien le concupiscible que l'irascible[2].

De manière plus précise, la crainte dérive proprement de l'imagination d'un mal futur, susceptible de détruire ou de provoquer un déplaisir :

> *timor* procedit ex phantasia futuri mali corruptivi vel contristativi. similiter et DESIDERIUM attribuitur a damasceno timori, quia, sicut spes oritur a DESIDERIO boni ita timor *ex fuga mali*; fuga autem mali oritur ex DESIDERIO boni, ut ex supra dictis patet. [ST2 qu41 ar2 ra3]

L'extension du nom pourrait dériver aussi d'une translation linguistique. La crainte dérive en effet de la fuite d'un mal, mais le mal en lui-même doit être référé à un bien, étant un "non-être". La crainte peut être référée indirectement au désir; nous fuyons le mal, donc nous avons une crainte puisque nous désirons le bien. En outre, dans le fait même de fuir, existe un désir, celui de fuir[3] : ici aussi l'élément central est le bien.

La crainte comme l'espoir sont considérés ici comme la passion principale puisque tous deux accomplissent le mouvement de l'appétit. Par rapport au bien, en effet, le mouvement commence avec l'amour, passe par le désir et se conclut dans l'espoir, alors que par rapport au mal le mouvement commence par la haine, passe par la fuite et se termine dans la crainte. Ce qui contribue à éclaircir de quelle façon *motus respicit futurum, sed quies est in aliquo praesenti*[4]. S'esquisse, donc, un schéma de ce type :

Schéma 4

Les passions principales par rapport au bien

	Présent	Futur
BIEN	*gaudium*	*spes*
MAL	*tristitia*	*timor*

1. Aujourd'hui, nous dirions qu'il appartient à la même "famille linguistique".
2. *Cf.* 3SN ds34 qu2 ar1a ra1.
3. 3SN ds34 qu2 ar1a ra3 : « ... etiam in fuga est *appetitus fugiendi*, qui hic desiderium dicitur ».
4. *Cf.* ST2 qu25 ar4 co.

Désir et espoir

Le désir et l'espoir s'adressent tous deux à un bien futur que l'on ne possède pas; cette caractéristique commune, d'après Thomas, a amené à les confondre[1], par exemple chez Augustin[2]. En se référant au chapitre XIV de *De civitate Dei*, Thomas remarque en effet qu'Augustin place la *cupiditas* parmi les passions principales[3] où lui-même place l'espoir.

Mais désir et espoir ne peuvent pas être considérés comme identiques, avant tout parce qu'ils appartiennent à deux puissances différentes de l'âme, comme nous l'avons déjà remarqué : alors que l'espoir se trouve dans l'irascible, le désir appartient au concupiscible[4].

À cette première différence essentielle s'en ajoute une deuxième, si on compare les modalités d'après lesquelles les deux passions réalisent leur mouvement vers le bien. Si toutes deux sont des mouvements de la vertu appétitive vers le *bonum assequendum*, elles ne sont pas, toutefois des mouvements dans le même sens :

> differt [...] *spes* a DESIDERIO in duobus. primo quidem, quia DESIDERIUM est *communiter cuiuscumque boni*, et ideo attribuitur concupiscibili : *spes* autem est *boni ardui*, quod difficile est assequi, et ideo attribuitur irascibili. secundo, quia DESIDERIUM est *alicuius boni absolute*, absque consideratione possibilitatis et impossibilitatis illius. [QDW qu4 ar1 co]

Le désir est commun à tous les biens, et donc il est attribué au concupiscible, tandis que l'espoir s'adresse à un bien considéré difficile à atteindre; il est donc attribué à l'irascible[5]. L'espoir comporte un effort qui n'est pas considéré dans la

1. Notre attention se concentre ici sur l'espoir entendu comme *passio* et non comme *virtus theologica*. Nous verrons toutefois que le discours sur ces deux termes se développe en parallèle, puisque tous deux s'orientent vers un bien, même si pour la passion il s'agisse d'un bien sensible et par vertu d'un bien intelligible, en particulier de Dieu. Nous pouvons donc prendre aussi en considération les textes qui se réfèrent à la *virtus*. Sur l'argument de l'espoir *cf.* ST2 qu25 ar4 ra1 : « ... augustinus ponit desiderium vel *cupiditatem* loco *spei* », dans J.A. Izquierdo Labeaga, *La visión analógica de la esperanza según Santo Tomás*, Rome, Tesi PUG (605), 1981.

2. ST2 qu25 ar4 ra1 : « ... augustinus ponit desiderium vel *cupiditatem* loco *spei*, inquantum ad idem pertinere videntur, scilicet ad bonum futurum ». *Cf.* aussiQDV qu26 ar5 ra1 : « augustinus vero ponit desiderium vel *cupiditatem* loco *spei*, propter similitudinem quamdam quae est inter ea : nam utraque passio est respectu boni nondum habiti ».

3. ST2 qu40 ar1 ag1 : « videtur quod spes sit idem quod desiderium sive cupiditas. spes enim ponitur una quatuor principalium passionum. sed augustinus, enumerans quatuor principales passiones, ponit cupiditatem loco spei, ut patet in xiv de civ. dei ergo spes est idem quod cupiditas sive desiderium ».

4. ST2 qu40 ar1 sc : « ... diversarum potentiarum sunt diversae passiones specie differentes. Sed spes est in irascibili; desiderium autem et cupiditas in concupiscibili. ergo spes differt specie a desiderio seu cupiditate ».

5. *Cf.* QDV qu26 ar4 co : « et sic apparet differentia inter desiderium et spem : nam desiderium dicitur, secundum quod appetitus movetur in aliquid delectabile; spes autem dicit quamdam elevationem appetitus in aliquod bonum, quod aestimatur arduum » ; QDM qu8 ar3 ra1 : « sic autem se habet spes ad bonum arduum futurum, sicut se habet desiderium ad bonum absolute sumptum ».

simple notion de désir. Mais de ce fait dérive une différence ultérieure. Si le désir fait abstraction de tout caractère du bien, l'espoir, outre à l'effort, *importat securitatem adipiscendi* : par son entremise nous estimons que le bien peut être atteint, et donc qu'il vaut la peine d'en accomplir l'effort[1].

Toutes ces différences indiquent que le désir s'adresse également à ce qu'il est possible d'obtenir et à ce qu'il ne l'est pas. Je peux désirer quelque chose que je sais ne pas pouvoir obtenir; je peux rêver pouvoir l'atteindre, même si je sais n'avoir aucun espoir. C'est ainsi qu'on peut distinguer un désir *complet* et un désir *conditionné*, donc un désir qui s'adresse à ce que l'on estime pouvoir atteindre et un autre qui s'oriente vers ce que l'on estime extrêmement difficile à obtenir ou dont, au moins, on doute[2]. Le désir complet concerne ce que l'on estime possible, tel, par exemple, le désir d'Ève par rapport aux promesses du diable.

Le domaine des objets du désir apparaît donc bien plus étendu que celui de l'espoir, ce qui comporte aussi une succession temporelle entre eux deux :

> ... spes DESIDERIUM praesupponit : unde ad hoc quod aliquid sit sperandum, primo requiritur quod sit desideratum. quae enim non desiderantur, sperari non dicuntur, se timeri vel etiam despici. secundo oportet quod id quod speratur, possibile esse aestimetur ad consequendum, et hoc spes supra DESIDERIUM addit : potest enim homo desiderare etiam ea quae non aestimat se posse adipisci, sed horum spes esse non potest. [OTT lb2 cp7]

Ce que nous espérons est avant tout désiré, puisque nous ne pouvons espérer obtenir que ce que nous désirons : par conséquent, le désir précède l'espoir, qui y ajoute la possibilité de l'obtention. Toutefois, l'espoir rend, pour ainsi dire, plus "consistant" le désir; il le fortifie en lui laissant entrevoir la possibilité d'atteindre un terme : nous désirons plus intensément ce qui nous paraît être à notre portée[3]. Voilà pourquoi le désir se place sur un plan différent, mais il est en même temps une condition pour qu'on puisse espérer, tout comme les passions irascibles qui sont enracinées dans les passions concupiscibles[4].

Nous pouvons à ce point nous demander comment on parvient à désirer et à espérer, comment se complète le processus qui amène le sujet au bien sensible; si

1. ST2 qu40 ar1 co : « tertio, requiritur quod sit aliquid arduum cum difficultate adipiscibile, non enim aliquis dicitur aliquid sperare minimum, quod statim est in sua potestate ut habeat. et per hoc differt *spes* a desiderio vel cupiditate, quae est *de bono futuro absolute*, unde pertinet ad *concupiscibilem*, *spes* autem ad *irascibilem*. quarto, quod illud arduum sit possibile adipisci, non enim aliquis sperat id quod omnino adipisci non potest ».

2. 2SN ds22 qu1 ar3 ra1 : « ... quod enim creditur esse possibile, *completum* desiderium habet, id vero quod impossibile creditur esse, vel de cujus possibilitate dubitatur, habet desiderium *conditionatum* tantum : quia homo illud vellet si possibile foret ».

3. ST2 qu27 ar4 ra3 : « ... spes desiderium fortificat, non enim ita intense desideramus quae non speramus ».

4. ST2 qu40 ar1 co : « ... spes differt a desiderio, sicut differunt passiones irascibilis a passionibus concupiscibilis. et propter hoc, spes praesupponit desiderium, sicut et omnes passiones irascibilis praesupponunt passiones concupiscibilis, ut supra dictum est ».

nous désirons quelque chose et nous espérons l'obtenir, cela signifie que nous avons expérimenté une certaine relation mutuelle.

Ce que nous percevons est notre convenance avec l'objet, que nous pouvons qualifier comme un amour imparfait, c'est-à-dire qui n'est pas encore entièrement réalisé. Mais l'amour ne peut exister si l'on ne possède pas l'espoir de pouvoir l'amener à son accomplissement. Le problème est alors de comprendre si c'est l'amour qui cause l'espoir, ou si au contraire il lui succède : si, en effet, le désir peut être provoqué par l'amour, ce dernier précède l'espoir [1]. Apparemment, nous sommes dans un cercle vicieux : je ne peux aimer que ce que j'espère atteindre, mais je n'espère que ce que j'aime déjà.

Thomas répond en considérant l'objet de l'espoir, qui peut être le bien en tant qu'espéré, mais aussi le moyen qui nous permet d'obtenir ce bien. Par exemple, si nous aimons quelqu'un, s'ensuit l'espoir d'obtenir le bien que cet amour nous procurera. L'espoir d'être aimés provoque l'amour. L'espoir est causé par l'amour au sens où le bien, pour être espéré, doit d'abord être aimé. Mais il provoque aussi l'amour : quand nous avons besoin de quelqu'un pour arriver au bien, nous nous dirigeons vers lui et nous l'aimons d'un amour qui s'adresse directement à lui. Si nous sommes aimés en retour, nous en serons gratifiés et s'ensuivra l'espoir d'obtenir le bien que cet amour même nous procurera. L'espoir du bien que nous avons en étant aimés provoque à son tour l'amour : l'espoir d'être aimés provoque l'amour. L'espoir est donc causé par l'amour au sens où le bien, pour être espéré, doit être d'abord aimé; mais l'espoir provoque aussi l'amour quand nous avons besoin de quelqu'un pour arriver au bien, de telle sorte que nous nous mouvons vers lui et l'aimons [2].

À ce point nous pouvons considérer d'une façon plus claire l'ordre des passions qui se produit dans la volonté au moment d'obtenir l'objet :

> … sed quia spes non est nisi boni, et primus motus appetitus in bonum, est DESIDERIUM; ideo *spes* praesupponit DESIDERIUM, et est media inter *amorem* et DESIDERIUM. Et hoc rationabiliter accidit : quia enim irascibilis est propter concupiscibilem, ideo actus irascibilis a concupiscibili incipit, et in concupiscibili terminatur. *amor* enim et DESIDERIUM in concupiscibili sunt; *spes* autem in irascibili; et similis est eorum ordo secundum quod est in voluntate. unde patet quod actus fidei praecedit DESIDERIUM, quia omnis actus affectivae praesupponit actum cognitivae; DESIDERIUM autem praecedit spem, spes autem amorem…. [3SN ds26 qu2 ar3b co]

Considérons ici directement le mouvement du sujet. L'amour pour ce qu'on n'a pas, suppose l'espoir d'obtenir ce qu'on aime. Mais le même espoir se réfère à quelque chose qui est désiré; il est toujours orienté vers le bien, et le premier mouvement de l'appétit vers le bien est le désir.

1. ST2 qu40 ar7 ag2.

2. *Cf.* ST2 qu40 ar7 co; QDV qu25 ar2 co : « … *spes* incipit a desiderio vel *amore*, et terminatur in *delectatione* ».

Voici l'ordre des passions : l'objet est d'abord désiré, viennent ensuite l'espoir de pouvoir l'obtenir, et enfin l'amour qui unit d'une certaine façon à l'objet, et qui ne peut exister s'il n'a pas l'espoir de l'obtenir. Ceci répond à la subordination causale de l'irascible envers le concupiscible, puisque chaque passion de l'irascible commence par une passion du concupiscible et se termine par une autre passion du concupiscible. En suivant sa partie irascible l'âme est amenée à agir, à s'activer pour obtenir le bien ardu; en suivant sa partie concupiscible, elle s'apprête à recevoir, à accueillir le bien agréable, de telle sorte que l'acte de l'irascible prépare l'acte du concupiscible. Le désir amène à l'espoir (passion de l'irascible) qui, à son tour se conclut dans l'amour (passion du concupiscible).

Une articulation analogue entre le désir et l'espoir se remarque en considérant l'espoir comme *virtus theologica*. Il s'agit de quelque chose de différent de la passion de l'espoir, puisque son objet comme passion de l'irascible est le bien sensible ardu mais accessible, tandis que l'objet de l'espoir comme *virtus* est le bien intelligible ardu et possible grâce à la seule aide divine. Toutefois la *virtus* de l'espoir requiert aussi un certain amour : non pas l'amour de charité, mais l'amour imparfait, adressé à son propre perfectionnement[1]. Ainsi, en suivant la *via generationis* qui va de l'imparfait au plus parfait, l'espoir précède l'amour, puisque nous arrivons à aimer Dieu à travers l'espoir d'éviter la punition, ou à travers celle d'obtenir un bien (il s'agit donc d'un amour imparfait, puisque nous aimons en vue de quelque chose d'autre). Dans l'ordre des perfections, toutefois, la charité précède l'espoir, puisque nous aimons Dieu pour lui-même et non pour autre chose, et l'espoir est rendu ensuite plus fort[2].

Cette double solution de Thomas sera mieux élucidée par la suite, lorsqu'il sera question de l'ordre des passions du concupiscible, en particulier le rôle de l'amour comme cause et comme effet des autres passions.

LE DÉSIR PARMI LES PASSIONS DU CONCUPISCIBLE

Le double ordre et le schéma circulaire

À la partie concupiscible de l'âme appartiennent l'*amor*, le *desiderium* et le *gaudium*. D'après l'*ordo consecutionis*, c'est-à-dire l'ordre temporel que le sujet suit dans le mouvement qui l'amène à l'objet, ils se trouvent dans cette même succession : l'agent doit avoir avant tout une *aptitudo* ou *proportio* par rapport au but, donc être apte à obtenir ce but particulier; par la suite il doit se déplacer vers le but pour chercher à l'obtenir et atteindre à la fin le repos. Dans ce cas l'*amor*, en tant que *complacentia boni*, précède le *desiderium* et le *gaudium*[3]. L'amour

1. *Cf.* QDW qu4 ar3 ra4.

2. *Cf.* ST3# qu17 ar8 co.

3. ST2 qu25 ar3 co : « et si ordinem omnium passionum *secundum viam generationis*, scire velimus, primo occurrunt *amor* et odium; secundo, desiderium et fuga; tertio, spes et desperatio;

précède le désir puisqu'il est considéré comme le changement qui oriente l'appétit vers ce qu'il considère comme appétible. Il se complaît dans le bien d'où prend origine son mouvement et d'où il attend, à la fin, le repos dans la jouissance :

> prima ergo immutatio appetitus ab appetibili vocatur *amor*, qui nihil est aliud quam *complacentia appetibilis*; et ex hac complacentia sequitur motus in appetibile, qui est DESIDERIUM; et ultimo *quies*, quae est *gaudium*. [ST2 qu26 ar2 co] [1].

C'est avant tout l'appétible qui agit sur l'appétit par une action qui peut être comparée à l'acte générateur. Quand l'objet appétissant est reconnu comme tel, il laisse dans l'appétit une certaine conformité à lui, telle une forme ; de la même façon, lors de la génération naturelle, le générant communique au généré sa spécificité de corps en communiquant la forme de la gravité qui agira par après en lui en le faisant tomber vers son lieu naturel. Ainsi que le corps se dirige vers son lieu naturel puisqu'il a reçu la forme de la *gravitas*, l'appétit se dirige vers l'appétible parce qu'il a subi son action.

Toutefois, si l'on considère l'ordre que les trois passions acquièrent dans les intentions du sujet agissant, il faut remarquer que les positions s'inversent, puisque c'est le plaisir qui attire en tant que but et qui cause ainsi le mouvement du désir. Le sujet se meut puisqu'il vise avant tout l'obtention de la délectation :

> et ideo secundum hunc ordinem [scilicet ordinem consecutionis], amor praecedit DESIDERIUM, et DESIDERIUM praecedit delectationem. sed secundum *ordinem intentionis*, est *e converso*, nam delectatio intenta causat DESIDERIUM et amorem. [ST2 qu25 ar2 co]

L'*ordo intentionis* nous amène à considérer ce qui se produit dans les intentions du sujet, c'est-à-dire ce vers quoi le sujet s'adresse, son but intentionnel primaire, et non pas dans l'ordre effectif à suivre pour l'obtenir. En ce sens, la *ratio finis* est représentée par le plaisir, puisque le mouvement ne commence qu'en vue du plaisir qu'il peut procurer :

> ... amor et DESIDERIUM sunt priora delectatione in via generationis. sed delectatio est prior *secundum rationem finis*, qui in operabilibus habet rationem principii ... [ST2 qu34 ar4 ra1]

Se produit ici le même processus que dans le cas de la tristesse : le plaisir provoque le mouvement d'approche du désir, de la même manière que la *tristitia*, en opposition au *gaudium*, provoque ce mouvement d'éloignement qu'est la fuite. C'est ainsi que la *delectatio* agit en tant que "mouvant", en se plaçant subjectivement à l'origine du mouvement[2]. Dans l'*ordo intentionis* l'amour sera également une conséquence de la *delectatio*, puisque j'aimerai ce qui, dans mon imagination,

quarto, timor et audacia ; quinto, ira ; sexto et ultimo, *gaudium* et tristitia, quae consequuntur ad omnes passiones ... ».

1. QDV qu26 ar4 co : « sic ergo primum quod est in motu concupiscibilis est amor ; secundum, desiderium ; et ultimum, gaudium ». *Cf.* aussi ST3# qu28 ar4 co.

2. *Cf.* J. de Finance, *Essai sur l'agir humain*, Rome, PUG, 1962, chap. I, « Le motif ».

me procurera du plaisir en étant possédé et en me donnant par là le repos : l'amour se manifeste comme une *conversio in amatum*[1] pour obtenir le repos, c'est à dire la *quietatio appetitus*.

Nous sommes donc en présence d'une double causalité, à deux différents niveaux. Sur le plan temporel, l'amour provoque le désir, puisque, en tant qu'adhésion à l'objet, il doit le précéder; mais, sur le plan des intentions, c'est le plaisir qui attire et qui provoque le désir. D'un côté, l'objet agit intentionnellement sur le sujet en le rendant en quelque sorte conforme à soi-même; de l'autre, le sujet agit sur l'objet en cherchant à s'en emparer.

Il se produit ainsi une sorte de mouvement circulaire :

> ... appetitivus motus *circulo* agitur, ut dicitur in iii de anima, *appetibile* enim *movet appetitum*, faciens se quodammodo *in eius intentione*; et *appetitus tendit in appetibile realiter consequendum*, ut sit ibi finis motus ubi fuit principium. Prima ergo immutatio appetitus ab appetibili vocatur *amor*, qui nihil est aliud quam complacentia appetibilis; et ex hac complacentia sequitur motus in appetibile, qui est DESIDERIUM; et ultimo quies, quae est *gaudium*. [ST2 qu26 ar2 co]

L'appétible est ce qui, au début, meut en attirant en tant que cause finale, et ce qui est obtenu à la fin du mouvement[2]. La même articulation du texte se meut d'après ce schéma circulaire :

Schéma 5
Mouvement circulaire de l'appétit

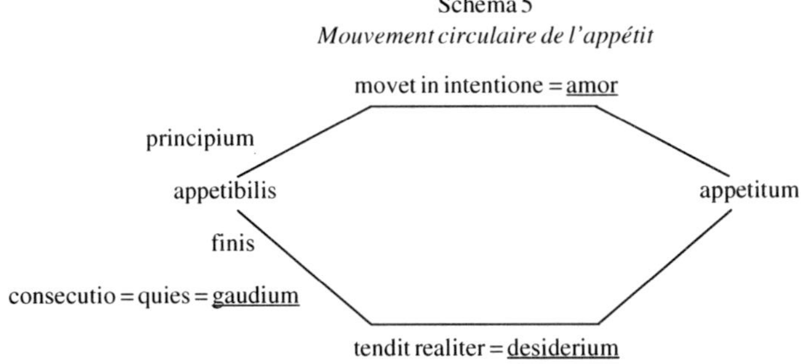

Si je pars de la considération du mouvement du sujet qui désire, j'aurai en premier lieu l'amour, puis après la tension du désir, et à la fin la délectation; mais si je considère le principe de la circularité, ce principe se retrouve dans l'appétible comme appétible pour le sujet, c'est-à-dire en tant que capable de procurer du plaisir.

1. *Cf.* 3SN ds27 qu1 ar3 ra5.

2. ST3# qu34 ar6 ra1 : « ... quia vis appetitiva, sicut et apprehensiva, reflectitur super suos actus, sequitur quod in motibus appetitivae virtutis sit quaedam circulatio. secundum igitur primum processum appetitivi motus, ex amore consequitur desiderium, ex quo consequitur delectatio, cum quis consecutus fuerit quod desiderabat ». La circularité est examinée en particulier par Thomas dans QDV qu1 ar2; *cf.* J. de Finance, « Le "cercle" de la connaissance et du vouloir. À propos d'un texte de Saint Thomas », dans *L'ouverture et la norme. Questions sur l'agir humain*, Città del Vaticano, Libreria Ed. Vaticana, 1989, p. 1-17.

Pour cette raison, le plaisir final procuré par l'obtention de l'objet peut également être défini comme un amour complet, différent de l'amour considéré comme une simple *aptitudo*[1]. La tension, le mouvement réel de l'appétit débute par le désir, puisque l'amour se présente en premier lieu comme une simple présence intentionnelle de l'objet désiré, mais un tel mouvement se termine dans l'amour complet, dans le *gaudium* final.

L'amour et l'antinomie désir/délectation

La circularité trouve donc son moment initial dans l'amour. Ceci est naturel, du moment que toutes les passions sont provoquées par l'amour : elles dérivent toutes du mouvement ou du repos de l'appétit, mais le mouvement ou le repos dérivent d'une *connaturalitas* ou d'une *coaptatio*, comme nous l'avons déjà vu, de la *complacentia boni* que Thomas a défini *proportio* ou *habitudo*, une sorte d'attraction formelle qui engendre le désir d'une réunion réelle. L'élément déterminant est donc cette union particulière qui lie le sujet et l'objet, l'appétit et l'appétible, une union qui, considérée différemment, peut être définie en même temps cause et effet de l'amour, mais qui peut être vue également comme l'amour lui-même. Avant tout, l'union est la cause de l'amour dans le sens que nous avons déjà vu : l'union substantielle cause, par exemple, l'amour de soi-même, puisque nous cherchons à subsister dans notre propre substance, tandis que l'union d'après *proportio* (*habitudo*) cherche l'amour vers l'autre, en qui l'on perçoit une ressemblance formelle qui pousse naturellement vers une réunion effective. Cette réunion représente l'effet de l'amour puisque le but ultime est exactement l'union réelle, matérielle.

L'union en tant que cause, qui représente la racine (*ratio*) de l'amour, peut être expliquée encore mieux par un dernier terme, synonyme de *proportio* et d'*habitudo*, c'est-à-dire *similitudo*. En effet nous pouvons déclarer semblable ce que deux êtres ont en acte au même moment mais également ce que l'un possède en puissance et l'autre possède en acte puisque, d'après la théorie aristotélicienne, dans la puissance se trouve déjà l'acte en un certain sens. Dans le premier cas, nous avons l'union substantielle dont nous venons de parler et qui engendre, outre l'amour pour soi-même, l'amour d'amitié dans la *conformitas*, la communauté de forme. Dans le deuxième cas, nous avons l'amour de concupiscence, celui que justement nous considérons ici, puisque nous cherchons à posséder ce que nous désirons pour en jouir, c'est-à-dire à l'attirer vers nous-même.

La comparaison utilisée par Thomas dans ce cas est celle du récipient qui se dilate pour accueillir le contenu : le moment de la "dilatation" est exactement celui du désir et du mouvement. La jouissance[2], c'est-à-dire la joie de la possession, est au désir ce que le repos est au mouvement :

1. 3SN ds26 qu2 ar3b co : « ... desiderium autem importat motum in ipsum amabile nondum habitum ; unde motus appetitus incipit in desiderio, et terminatur in *amore completo* ... ».

2. *Delectatio* et *gaudium* ne peuvent être considérés comme parfaitement synonymes, bien que Thomas les emploie souvent ensemble. La *delectatio* se produit lors de la simple union à la chose,

> *gaudium* autem comparatur ad DESIDERIUM sicut *quies* ad *motum* [...] est autem quies plena cum nihil restat de motu. unde tunc est gaudium plenum quando iam nihil desiderandum restat. [ST3# qu28 ar3 co]

Par conséquent, si le repos plein se manifeste par l'absence totale de mouvement, le plaisir plénier se manifestera seulement par l'apaisement total du désir. Si le désir est un mouvement de l'appétit vers le bien, la jouissance sera le repos dans le bien possédé[1].

Au même titre que l'amour était la cause du désir, le désir sera la cause de la jouissance définie comme *impletio desiderii*, une sorte d'accomplissement et de remplissage du vide. Par le désir, je me dirige à la recherche de quelque chose que je perçois comme proche de moi-même, et qui me manque; une fois cette chose obtenue, le mouvement se termine, et s'ensuit le repos et la joie:

> hic ponitur causa gaudii, quae est *impletio* DESIDERII: prov. 13: DESIDERIUM si compleatur, delectat animam. Sicut se habet DESIDERIUM ad *gaudium*, sic *motus* ad *quietem*, ad quam per motum pervenitur. [RPS ps20 n2]

Thomas cite ici *Proverbes* 13,19, où on affirme justement que la satisfaction du désir délecte l'âme, en confirmation du caractère de plénitude que le *gaudium* prend par rapport au manque propre du désir[2]: c'est la satiété du désir qui provoque le plaisir, cette satiété qui, d'après *Isaïe* 55,3 et le *Psaume* 41, doit être cherchée en Dieu. Le désir précède chronologiquement la jouissance, qui en est toutefois la raison finale, le motif de la mise en mouvement[3].

La différence entre délectation et désir consiste alors dans la présence où dans l'absence du but, c'est-à-dire du bien, puisque l'absence détermine le mouvement

dans la *conjunctio rei per partecipationem* (3SN ds27 qu1 ar3 co) qui amène à l'union avec la chose même, tandis que le *gaudium* amène de cette même union effective à l'affection: *cf.* QDV qu26 ar4 ra5: «... delectatio et gaudium eodem modo differunt sicut tristitia et dolor [...] delectatio utrabique incipit a conjunctione reali, et perficitur in ejus apprehensione; gaudium vero incipit in apprehensione, et terminatur in affectu; unde delectatio est interdum causa gaudii sicut dolor tristitiae». Le plaisir de l'union réelle amène donc au plaisir dans l'union affective, la *delectatio* amène au *gaudium*. La *delectatio* couvre donc un domaine plus ample que celui du *gaudium*, comme nous pouvons aussi le vérifier en considérant la distinction entre le plaisir que nous éprouvons d'après la nature et celui que nous éprouvons d'après la raison. Au moyen de la raison, l'homme peut désirer ce qu'il désire d'abord d'après la nature; pour chaque chose dont nous éprouvons une *delectatio* (d'après nature) nous pouvons éprouver aussi un *gaudium* (rationnellement): ST2 qu31 ar3 co: «unde omnibus de quibus est delectatio, potest esse gaudium in habentis rationem. et secundum hoc, patet quod delectatio est in plus quam gaudium».

1. REI cp16 lc6: «cum enim desiderium sit *motus appetitus in bonum* et *gaudium quies* eius in eo, tunc gaudet homo quando quiescit in bono iam habito, ad quod desiderium movebatur».

2. RPS ps21 n22: «satietas autem desiderii causat delectationem: isa. 55: delectabitur in crassitudine anima vestra, idest in spirituali pinguedine: psal. 41: in voce exultationis et confessionis sonus epulantis».

3. QDV qu26 ar5 ra1: «... cupiditatem vel desiderium praecedit alia passio in eadem potentia, scilicet *gaudium*, quod est *ratio desiderandi* ...»; ST2 qu33 ar1 ra2: «... magis praebet se animus rei iam delectanti, quam rei non habitae desideratae, cum *delectatio* sit *finis* desiderii».

et la présence le repos[1]. Le bien en tant que but est encore une fois l'élément central et déterminant, puisqu'il attire le mouvement du sujet et le complète dans le plaisir et dans le repos.

En distinguant les mouvements de la joie et du désir, on fait distinction entre la *consecutio finis* et le *desiderium finis*[2]. La délectation n'est pas un acte de la volonté, parce qu'elle dérive de la présence de l'objet, tandis que la volonté agit quand l'objet est absent : le sujet éprouve du plaisir quand son but est présent, alors que le contraire n'est pas vrai ; il n'est pas suffisant d'éprouver de la joie pour que le but se présente. Les buts sensibles en sont une preuve : si nous pouvions obtenir de l'argent seulement par un acte de la volonté, il serait suffisant de vouloir l'argent pour éprouver du plaisir à l'avoir alors que, en réalité, nous devons mettre en acte une action pour pouvoir nous en emparer et, par la suite, en jouir[3].

La délectation en tant que telle réside donc dans l'obtention d'une stabilité de la volonté, en une *quietatio voluntatis*.

> *delectatio* nihil aliud esse videtur quam *quietatio voluntatis* in aliquo bono convenienti, sicut DESIDERIUM est *inclinatio voluntatis* in aliquod bonum consequendum. [SCG# lb3 cp26 n15]

Alors que tout le mouvement de la volonté s'arrête dans la jouissance, le désir est une *inclinatio* de la volonté vers un bien encore à atteindre. Désir et plaisir ne s'opposent donc pas tellement sur leur objet, qui est toujours le bien, mais plutôt sur l'état du sujet qui, d'un côté, fait effort vers lui mais qui, de l'autre, en jouit[4].

La *delectatio* qui termine le mouvement du désir et s'oppose à lui peut être définie comme parfaite. L'état de repos de la volonté dans la *delectatio perfecta* due à l'obtention complète du bien est une des caractéristiques de la béatitude, que nous examinerons plus en détail par la suite[5]. Dans le désir en lui-même, la *delectatio perfecta* ne peut pas être présente, puisque le désir comporte un mouvement vers Dieu et non un contact, cette adhésion spirituelle qui est nécessaire pour qu'on puisse parler de béatitude.

1. CDN cp4 lc9 : « … *bonum amatum* totaliter est *absens* amanti et sic causatur in amante desiderium amati ; quandoque autem est totaliter *praesens* ei et sic causatur in eo *delectatio vel gaudium* de amato … ».

2. ST2 qu3 ar4 co : « voluntas enim fertur in finem et absentem, cum ipsum desiderat ; et praesentem, cum in ipso requiescens delectatur. manifestum est autem quod ipsum desiderium finis non est *consecutio* finis, sed est *motus* ad finem. *delectatio* autem advenit voluntati ex hoc quod finis est praesens, non autem e converso ex hoc aliquid fit praesens, quia voluntas delectatur in ipso ».

3. Il en est de même pour l'intellect : il ne suffit pas de penser quelque chose pour que cela soit présente où existe. Cette considération est à la base de la critique du soit-disant argument ontologique d'après lequel on déduit l'existence de Dieu de son absence. Kant affirmera encore qu'il n'est pas suffisant de penser cent thalers pour que ceux-ci existent dans la réalité.

4. ST2 qu33 ar2 ag2 : « … delectatio quodammodo desiderio opponitur, ex parte obiecti, nam desiderium est *boni non habiti*, *delectatio* vero *boni iam habiti* ».

5. QDW qu4 ar1 ra6 : « … delectatio ponitur una de dotibus beatitudinis. desiderium autem importat quidem *motum in futurum*, sed sine aliqua praesenti inhaesione vel spirituali contactu ipsius dei … ».

Toutefois il existe également une *delectatio* imparfaite lorsque le mouvement ne se termine pas complètement :

> ... quando delectatio est *perfecta*, tunc habet omnimodam quietem, et cessat motus DESIDERII tendentis in non habitum. Sed quando *imperfecte* habetur, tunc non omnino cessat motus DESIDERII tendentis in non habitum. [ST2 qu33 ar2 ra1]

La délectation dans sa pleine actualité comble définitivement et ne provoque aucun désir ultérieur; mais le bien peut être possédé également de façon imparfaite, quand on ne possède pas l'objet en entier et quand donc on désire ce qui reste en plus, ou bien quand l'objet est acquis par tranches successives; dans ces deux cas, la *delectatio* et le *desiderium* coexistent ensemble[1].

La *delectatio* parfaite est nommée aussi *fruitio*[2]. Dans la même dérivation étymologique, reprise par Thomas, suivant laquelle *fruitio* dériverait de *fructus*, ressortent les caractéristiques de la *delectatio*. En effet le fruit est cueilli en conclusion d'un processus, au même titre que la *delectatio* n'est atteinte qu'après l'amour et le désir et provoque du plaisir lors de sa consommation, ce qui est propre à la nature même de la *delectatio*[3]. Ainsi le plaisir représente l'aboutissement du désir, qui atteint le repos dans son propre but.

Toutefois, on ne parvient pas à bénéficier de tout ce qu'on obtient, soit parce que nous n'éprouvons aucune délectation pour cela, soit parce que cet objet n'est pas le dernier but, en mesure de procurer le repos définitif[4]. Cela se produit en particulier pour ce qui est des biens créés, dont on ne peut pas obtenir de satisfaction qui puisse combler notre désir[5]. En effet, le plaisir est proportionné au bien qui le provoque; par conséquent, les biens créés, qui en tant que tels sont limités, ne pourront pas étendre leurs effets autant que le bien dans sa totalité. En ce sens, leur jouissance ne peut être que finie et non définitive.

LA MÉTAPHORE DE LA FAIM ET DE LA SOIF

Le désir peut être assimilé à une privation, orientée toutefois vers la plénitude et vers un plaisir prévu, au même titre que la matière première qui est orientée vers l'acte qui l'informe, de telle sorte qu'on peut dire qu'elle "désire" le bien :

1. *Cf.* ST2 qu33 ar2 co.

2. 1SN ds1 qu4 ar1 ag1 : « *fruitio* dicit desiderium quietatum in fine ».

3. *Cf.* ST2 qu11 ar1 co : d'après Thomas le nom *fruitio* dérive de *fructus*, puisque « ... id quod magis est manifestum, prius etiam fuerit nominatum ». Aussi dans ST2 qu11 ar3 co : « ... ad rationem fructus duo pertinent, scilicet quod sit ultimum; et quod appetitum quietet quadam dulcedine vel delectatione » ; *cf.* f aussi ST2 qu11 ar3 ra2.

4. ST1 qu12 ar7 ra1 : « neque iterum omnibus quae habemus, fruimur, *vel quia non delectamur in eis ; vel quia non sunt ultimus finis* desiderii nostri, ut desiderium nostrum impleant et quietent ».

5. REI cp16 lc6 : « ... gaudium proportionatur bono habito : et *de bono creato* non potest haberi gaudium plenum, quia non quietat plene desiderium et appetitum hominis : tunc ergo gaudium nostrum erit plenum quando habebimus bonum illud in quo superabundanter sunt omnia bona quae desiderare possumus. et hoc bonum est solum *deus*, qui replet in bonis desiderium nostrum ... ».

> ... materia prima desiderat bonum, secundum quod DESIDERIUM nihil aliud esse videtur quam *privatio*, et ordo ipsius ad actum. [CDN cp4 lc2]

La privation n'est donc pas absolue : elle doit être comblée. À l'état de manque, s'oppose l'aptitude de *receptio* de la part du sujet. En effet, pour que le bien puisse être obtenu, il faut que le sujet se mette dans les conditions nécessaires pour l'obtenir, qu'il soit donc en mesure de s'ouvrir pour recevoir.

Cet aspect de privation orientée, de manque spécifique, est exprimé par Thomas grâce à la métaphore des besoins corporels les plus immédiats, tels que la faim et la soif :

> ... sicut fames in corpore, sic DESIDERIUM in mente ... [REM cp11 lc3]

On dit en effet que le corps a faim aussi longtemps qu'il ressent le besoin de nourriture : cette sensation ne s'apaise que quand le besoin est satisfait ; il en est de même pour le désir humain qui n'accède au repos que s'il est comblé.

Les images métaphoriques de la faim et de la soif dérivent clairement de la Bible et Thomas le souligne au travers des citations auxquelles il se réfère. L'image la plus claire se trouve dans le *Psaume* 41, où l'âme désireuse de Dieu est comparée au cerf qui languit après l'eau[1]. Thomas, en général divise ce *Psaume* en deux parties : la première exprime le désir de Dieu, et la seconde la tristesse qui dérive de l'absence de Dieu et qui pousse à l'invoquer. À son tour, la première partie est divisée en trois : elle propose d'abord le désir *sub similitudine*, sous forme de métaphore ; elle explique ensuite la métaphore elle-même ; à la fin, elle explicite l'objet du désir.

> dividitur [...] psalmus in duas partes. In prima enim ponit suum DESIDERIUM. In secunda ponit tristitiam incitantem DESIDERIUM, ibi, fuerunt mihi. Circa primum tria facit. Primo proponit DESIDERIUM sub similitudine. Secundo rationem similitudinis assignat, ibi, sitivit. Tertio exponit rem desideratam, ibi, quando veniam. [RPS ps41 n1]

De la métaphore biblique, Thomas récupère la figure du cerf, présenté depuis l'antiquité romaine comme l'ennemi acharné des serpents : en effet, dans les textes de Pline, de Lucrèce, de Martial et de Plutarque, le cerf chasse les serpents

1. Les métaphores corporelles, en particulier celles qui rapprochent d'une part la recherche et l'expérience de Dieu et de l'autre la sensibilité physique appartiennent à la longue tradition chrétienne. Augustin a exprimé au moyen des cinq sens le rapport qui le lie à Dieu (*Confessiones*, X, XXVII, 38 : « vocasti et clamasti et rugisti surditatem meam, coruscasti, splenduisti et fugasti caecitatem meam, flagrasti, et duxi spiritum et anhelo tibi, gustavi et esurio et sitio, tetigisti me, et exarsi in pacem tuam ») ; Dieu est une source, comme l'origine qui, en dispensant la lumière, éclaire l'intelligence (*Enarrationes in Psalmos*, XLI). En reprenant du *Psaume* 41 la métaphore du cerf, Augustin compare le serpent aux vices : comme le cerf, une fois le serpent tué, court plus rapidement vers la source, ainsi l'homme, une fois tué le péché qui est en lui, peut courir plus vite vers Dieu. Anselme a repris la métaphore de la faim et de la soif pour montrer l'écart entre la condition présente, faite de privation et d'attente, et la condition future qui jouira de Dieu (*Orationes* II). Thomas pouvait trouver ces interprétations du cerf dans des œuvres comme les *Etymologiae* de Isidore de Sevillle (XII, I, 18) ou la *Summa Britonis*.

pour les écraser sous ses sabots. Ces éléments légendaires sont repris par le christianisme qui fait du cerf un symbole du Christ qui écrase le péché. Mais dans le *Psaume* 41, le cerf représente également la soif de l'âme qui veut s'approcher de Dieu à travers le baptême; d'ailleurs, dans les œuvres des premiers siècles, le cerf est représenté dans les baptistères en train de boire, symbole, en particulier, de la figure du catéchumène[1]. Thomas qui connaissait évidemment cette tradition symbolique, affirme non seulement que le cerf a la caractéristique d'écraser le serpent, mais également qu'en le mangeant il en assimile le venin, ce qui provoque le "bouillonnement" qui le pousse vers l'eau[2].

Cette métaphore s'adapte à tous les fidèles, mais d'une façon différente suivant qu'il s'agit des catéchumènes ou des "parfaits", c'est-à-dire de ceux qui sont déjà perfectionnés par le baptême[3]; de même que le cerf sent en lui le bouillonnement du venin et que le catéchumène sent l'intensité de la concupiscence entrée en lui par l'intermédiaire du péché originel, désirant par conséquent que l'eau baptismale le libère, ainsi l'homme parfait est "ferme sur le rocher", comme le cerf du *Psaume* 17. Le catéchumène et le parfait désirent donc boire à la source de la vie, le premier pour être libéré du péché et le second pour accéder à la vie éternelle. C'est pourquoi le *Psaume* est chanté tant au moment du baptême que lors des services funèbres.

L'explication de la métaphore se base sur l'image de Dieu source des eaux : de Lui jaillit en effet l'eau qui sauve du péché et qui donne la vie éternelle. L'âme a donc soif de Dieu au sens où elle souffre l'angoisse de son éloignement en même temps que les maux du péché :

> anima mea sitivit ad eum. Sitis designat DESIDERIUM cum anxietate. Ita iste designat se pati anxietatem, non solum ex dilatione rei desideratae, sed propter mala quae hic affligunt. [RPS ps41 n1]

Cette ambiguité détermine aussi la double symbologie de l'objet désiré. Alors que le catéchumène veut le baptême et que son invocation en exprime le désir intense, le parfait veut jouir de la vie éternelle et son invocation devient une requête pour être auprès de Dieu et pouvoir le voir "face à face" :

> sed de hoc fonte desiderat hoc, scilicet, quando veniam. Haec verba desiderantis sunt, et exprimunt DESIDERIUM catechumeni ad baptismum; et sic est sensus: quando veniam ad sacrum christi baptisma? [...] item convenit viris perfectis : et est sensus, quando veniam et apparebo, idest ut videam te facie ad faciem, quia modo sum procul a te, quia video te per fidem? Sed quando videbo te per speciem, tunc ero prope. [RPS ps41 n1]

1. *Cf.* L. Charbonneau-Lassay, *Le bestiaire du Christ*, Bruges, Desclée de Brouwer, 1940, vol. 1, chap. 30.

2. RPS ps41 n1 : « similitudinem sumit ex cervo, qui specialiter habet hanc proprietatem, quod pede conterit serpentem : et quando vult mutari, comedit serpentem : et sic aestuat prae veneno, et tunc currit ad aquam, et sic renovatur. sicut cervus in generali desiderat aquas, ita fidelis desiderat deum ».

3. La subdivision reprend celle du Pseudo-Denys, en fait néoplatonicienne en général.

Le processus suivi pour expliquer la métaphore qui régit le *Psaume* met l'accent sur deux aspects : d'une part l'état de péché qui provoque chez l'homme la tendance à aller au-delà de ses propres possibilités, et de l'autre une aspiration vers un état de purification et, au bout du compte, vers Dieu. Ces deux aspects ont en commun la force et la fougue du désir humain que la métaphore de la soif parvient bien à rendre :

> vehemens autem DESIDERIUM consuevimus exprimere per *sitim*; ps. xli, 3 : sitivit anima mea ad deum vivum. [REI cp19 lc5]

La soif corporelle exprime la nécessité, qui ne peut pas être différée, d'absorber des liquides, une situation d'indigence vitale. En un certain sens, le désir assume la même importance primaire pour l'homme : au même titre que l'indigence physique appartient à la condition humaine corporelle, ainsi le caractère d'entité "désirante" appartient à l'homme dans sa totalité[1].

Il ne faut pas oublier, toutefois, que cette représentation demeure analogique ; il est donc nécessaire de repérer aussi les différences, en plus des aspects communs, pour ne pas risquer une assimilation du désir au besoin physique pur. Par conséquent, si d'une part nous avons souligné la genèse commune du besoin et du désir depuis la privation et la force qui les caractérise tous deux, de l'autre il est nécessaire de séparer le désir du besoin physique et de distinguer pour cela les désirs charnels et spirituels.

À la question de savoir si le plaisir, une fois obtenu, engendre ou non un désir ultérieur, Thomas répond en distinguant le plaisir en acte de celui qui est seulement objet de recherche, et le désir, considéré comme recherche de ce que l'on n'a pas, du désir qui tend à l'élimination de quelque chose de répugnant[2]. Le plaisir en acte n'engendre aucun désir ultérieur de ce qu'il n'a pas, sauf dans le cas où l'on ne possède pas du tout l'objet qui procure le plaisir, comme c'est le cas pour la connaissance de Dieu dans ce monde. Mais le plaisir actuel des biens spirituels engendre un désir ultérieur au sens où il élimine la contrariété : en effet, alors que pour les biens matériels on arrive à une limite naturelle, qui ne peut être dépassée sans provoquer de la répugnance, les biens spirituels n'excéderont jamais la nature puisqu'ils la perfectionnent sans cesse. Les biens spirituels, au contraire des biens matériels, une fois qu'on en a joui, engendrent le désir d'aller plus loin qu'eux-mêmes mais non pas vers autre chose[3]. Cette différence est fondamentale

1. Le Christ lui-même a utilisé ces métaphores pour exprimer le désir de justice ; Thomas lie la faim et la soif de justice au désir de boire puisque le manque de justice est le manque d'un bien que l'homme recherche ; cf. *Mt* 5,6 ; ST3# qu139 ar.

2. ST2 qu33 ar2 co : « ... *sitis*, vel desiderium, potest dupliciter accipi, uno modo, proprie, secunndum quod importat *appetitum rei non habitae* ; alio modo, communiter, secundum quod importat *exclusionem fastidii* ».

3. ST2 qu33 ar2 co : « ... sicut in mundo isto, percipientes aliquid imperfecte de divina cognitione, delectamur ; et ipsa delectatio excitat *sitim* vel desiderium perfectae cognitionis ; secundum quod potest intelligi quod habetur eccli. xxiv, qui bibunt me, adhuc sitient. si vero per *sitim* vel desiderium intelligatur sola intensio affectus tollens fastidium, sic delectationes spirituales maxime faciunt *sitim* vel desiderium sui ipsarum. delectationes enim corporales, quia augmentatae, vel etiam

puisqu'elle nous pousse vers la recherche spirituelle, la seule qu'elle puisse satisfaire.

Donc, fondamentalement, la soif de l'homme devrait devenir une "soif spirituelle", dans une élévation vers Dieu de la capacité de désirer. Le Christ lui-même s'est montré l'objet de cette soif, en disant : "que ceux qui ont soif viennent à moi et boivent" (*Gv* 7,37), parce que ceux qui boivent de lui boivent de la source elle-même[1].

continuatae, faciunt superexcrescentiam naturalis habitudinis, efficiuntur fastidiosae ; ut patet in delectatione ciborum ».

1. REI cp7 lc5 : « potus enim iste est spiritualis refectio in cognitione divinae sapientiae et veritatis ; etiam in impletione desideriorum ».

CHAPITRE II

LE DÉSIR NATUREL

LA DOUBLE SIGNIFICATION DE "NATUREL"[1]

Le syntagme 'desiderium naturale' vient 78 fois dans l'ensemble du corpus textuel de Thomas, à savoir un pourcentage de 4,69% (par rapport aux occurrences du lemme). Il s'agit là d'un pourcentage remarquable, mais qui n'est pas tel qu'il fasse penser à une synonymie entre 'desiderium' et 'desiderium naturale'. Le 'desiderium naturale' ne recouvre pas la totalité du domaine sémantique du désir, bien qu'il y joue un rôle important; pour s'en rendre compte, il suffit de considérer qu'un autre adjectif fréquent comme 'carnalis' est associé 63 fois à 'desiderium' dans l'ensemble de l'œuvre (2,78%), en obtenant donc un pourcentage nettement inférieur.

Thomas part de la constatation que, chez les êtres naturels, existe un mouvement vers leur terme naturel respectif, analogue à l'*appetitus finis* possédé par les êtres capables de volonté[2]. C'est pourquoi, comme l'appétit de la volonté cesse quand est atteint ce qu'elle cherche, les êtres naturels cessent aussi leur mouvement, lorsqu'elles parviennent à leur fin naturelle[3].

1. Sur l'évolution du problème, *cf.* P. Bastable, *Desire for God*, London-Dublin, Oates-Washbourne, 1947; pour les développements plus récents: A. Vanneste, « Saint Thomas et le problème du surnaturel », *Ephemerides Theologicae Lovanienses*, 6 (1988), p. 348-370. On trouvera un parcours en même temps historique et philosophique sur le désir naturel, à partir des Grecs et jusqu'à Thomas en passant par Plotin et Augustin, chez W. O'Connor, *The natural desire for God*, Milwaukee, Marquette University Press, 1948; il y a un parcours identique pour l'appétit naturel chez G. Gustafson, *The theory of natural appetency in the philosophy of St. Thomas*, Washington, The Catholic University of America Press, 1944.

2. Un tel mouvement découle, aussi au vu de ce qu'on a constaté auparavant, d'un état de *connaturalitas* avec la fin du mouvement : ST2 qu26 ar1 co : « in appetitu autem naturali, principium huiusmodi motus est connaturalitas ad id in quod tendit ... ». Cette considération nous situe en outre sur la voie d'une identification possible de l'appétit naturel et du désir naturel.

3. *Cf.* 4SN ds49 qu1 ar1d co.

La recherche d'un état de repos est essentiellement la recherche de la perfection : toute chose tend vers sa propre perfection en tant que son propre bien. Le désir naturel répond précisément à cette finalité :

> in rebus enim naturalibus videmus quod quaelibet *res naturalis* naturaliter *tendit ad suam perfectionem*, ad quam habet *naturale* DESIDERIUM. [R2C cp13 lc2]

Le désir est donc en fonction du perfectionnement de la nature propre. L'adjectif "naturel" indique, dans ce cas, la constitution intrinsèque de l'entité, son essence [1], de sorte que ce qui s'oppose au désir naturel s'oppose également à la *lex naturae*, à savoir à ce que Dieu a inscrit dans l'essence qui forme l'entité elle-même [2]. Pour cette raison, on peut distinguer, dans le mouvement naturel, le principe d'où ce mouvement découle, c'est-à-dire l'*informatio mobilis* contenue dans la forme substantielle, et le mouvement lui-même qui provient de cette forme [3].

Néanmoins, ce mouvement se manifeste de façon différente selon la nature des différentes entités :

> ... *locus* habet quandam *virtutem conservandi* locatum : et propter hoc *locatum* tendit in suum locum DESIDERIO *suae conservationis*. [CPY# lb4 lc1 n7]

Les corps naturels ont le désir de préserver leur essence; de ce fait, ils tendent vers leur lieu naturel parce que celui-ci a la caractéristique de pouvoir les préserver en les maintenant dans leur existence. Les plantes, par contre, expriment leur propre désir en tendant vers le bien divin à partir du mouvement naturel que leur impose leur tendance vitale en les poussant à se développer :

> ... *plantae* quae sunt expertes sensus, desiderant bonum divinum *naturali motu vitalis* DESIDERII, quia et ipsum *bonum* est ad quod *naturali inclinatione* tendunt per opera vitae *in similitudinem* aliquam *summi boni*. [CDN cp4 lc3]

La tendance vers le bien particulier peut être également vue comme une tendance à la similitude avec le bien suprême : on tend en effet vers le bien universel dès l'exercice du bien particulier.

Les animaux possèdent une tendance encore plus spécifique :

> ... quia *alia animalia* habent determinatas vias et instrumenta, quibus sua DESIDERIA expleant; et ideo quam cito in eis fit DESIDERII motus, tam cito *membra ad actum applicant*, nisi sit aliquid prohibens per violentiam ... [4SN ds15 qu4 ar1a co]

1. *Cf.* 1SN ds25 qu1 ar1 ra5; 3SN ds5 qu1 ar2 co; QDP qu9 ar2 ra11 ; ST4# qu2 ar1 co; CMP lb5 lc5 n15. Pour le contenu du concept de "nature" en général dans Thomas d'Aquin, voir A. Ghisalberti, « La concezione della natura nel commento di Tommaso d'Aquino alla Metafisica di Aristotele », dans *Tommaso d'Aquino nel suo VII centenario*, vol. 9, Naples, Ed. Domenicane Italiane, 1978, p. 222-228; en particulier, pour le contexte qui nous concerne : A. Finili, « Natural Desire », *Dominican Studies*, I (1948), p. 313-359; V. Cauchy, *Désir naturel et béatitude chez Saint Thomas*, Montréal, Éditions Fides, 1958.

2. 4SN ds33 qu1 ar1 ag9 : « ... quidquid est *contra naturale* desiderium, est *contra legem naturae* ».

3. *Cf.* QDW qu4 ar3 co.

Les animaux sont doués de la capacité autonome de satisfaire leurs désirs. En effet, quand le désir leur donne une impulsion, ils meuvent leurs membres de façon à réaliser l'action qui va les satisfaire, du moins s'ils ne sont pas contrés par des empêchements extérieurs.

Il y a donc dans toutes les entités une tendance innée, provenant d'une orientation naturelle propre à l'essence, qui les pousse à chercher leur bien pour y demeurer[1]. Mais, comme nous l'avons vu pour les plantes, chercher le bien veut dire pour l'essentiel essayer d'acquérir quelque chose de Dieu, qui est la source du bien[2]; c'est la raison pour laquelle le désir de la perfection est en même temps une tendance vers Dieu[3].

Il est nécessaire à ce stade de distinguer la double signification de l'adjectif *naturalis*: est considéré naturel aussi bien ce qui est commun à toutes les entités, comme le désir de préserver sa propre entité, que ce qui appartient à une essence spécifique.

En termes généraux, la signification de "natura" chez Thomas constitue l'indice d'un approfondissement terminologique progressif lié au dogme trinitaire que l'Église approfondissait à l'époque après avoir assumé les termes de la philosophie ancienne tels que substance et, justement, nature. Semblablement, les définitions de Boèce[4] ont été reprises formellement durant la dernière partie du Moyen Âge, mais leur application a été adaptée à une réalité conceptuelle qui dans l'entre-temps était devenue historiquement plus complexe et différenciée. C'est ainsi qu'on peut retrouver chez Thomas plusieurs significations de nature. La nature indique, avant tout, l'origine, ce qui détermine l'essence d'une chose; elle est en ce sens synonyme de *generatio*. Mais elle est aussi ce qui est déterminé par l'origine, à savoir la façon d'être propre à l'entité. En outre, elle peut être entendue en un sens constitutif. La nature est alors identifiée avec l'essence, dans la perspective de la réalité concrète : à ce plan, elle est la substance individuelle ou, dans un sens collectif, le genre ou l'espèce. D'autres significations de la nature sont obtenues en considérant des termes qui s'y opposent. La nature représente ce qui est commun à toutes les entités et est donc communicable, en opposition à la *res* qui n'est pas communicable. On peut aussi entendre la nature corporelle comme opposée à la nature spirituelle libre; dans cette optique, elle s'oppose à *ratio* (ce qui existe dans la réalité *vs* ce qui existe dans l'intellect), à *voluntas* (nécessité *vs*

1. CTC# lb1 lc15 n10 : « desiderat enim unusquisque naturaliter firmiter permanere in bono quod habet ».

2. CIO#cp38 : « ... quaelibet *res naturalis* suo desiderio, in hoc ipso quod aliquod *bonum appetit*, quasi intendit aliquid a deo acquirere qui est auctor bonorum ».

3. On peut remarquer une structure similaire dans le problème de l'espoir, qui peut être également attribué par analogie aux entités qui ne sont pas pourvues de connaissance : *cf.* J.A. Izquierdo Labeaga, *La visión analógica de la esperanza según Santo Tomás*, *op. cit.*

4. Boèce (*De duabus naturis*, 1) avait distingué quatre significations différentes de nature : 1) ce qui, puisqu'il existe, peut être saisi par l'intelligence; 2) ce qui peut agir ou pâtir; 3) le principe du mouvement; 4) la diversité spécifique.

libre choix), à *ars* (ce qui découle de la génération naturelle *vs* ce qui est construit par l'homme). Finalement, la nature se réfère à *supranatura*[1].

Comme on le voit, la nature peut indiquer soit ce qui est commun aux différentes entités à cause des caractéristiques communes de leur être, soit ce qui les différencie en vertu de la diversité des connotations qu'elles assument et qui déterminent leurs différents aspects propres : l'entité dans son unicité (la *res* non communicable) ou le genre et l'espèce (communicables). Le désir peut être naturel dans les deux sens, parce que chaque entité tend à chercher sa perfection propre (aspect commun) mais en suivant ses particularités (aspect propre).

LE "DESIDERIUM ESSENDI" COMME DÉSIR COMMUN

Ce qui est commun à toutes les entités, le désir en lequel elle se ressemble toutes, est la tendance commune à continuer sa propre existence[2]. Néanmoins, même à l'intérieur de ce désir commun, se manifestent des différences. Les entités qui existent uniquement du fait de leur réalité corporelle vont manifester ce désir au moyen d'une résistance à la corruption :

> ... inest rebus *naturale* DESIDERIUM *essendi* : cuius signum est quia et ea quae cognitione carent, *resistunt corrumpentibus* secundum virtutem suorum principiorum naturalium ... [SCG# lb2 cp55 n13]

Les principes naturels intrinsèques des corps, à savoir les *virtutes* qui dérivent de leur forme substantielle, leur confèrent la capacité de s'opposer aux agents qui tentent de les désagréger.

La différence entre les corps naturels et les êtres qui possèdent la faculté de connaissance apparaît dès ce stade :

> hanc igitur differentiam oportet et in his inveniri quibus DESIDERIUM *essendi* cum cognitione inest : ut scilicet *illa quae non cognoscunt esse* nisi ut nunc, desiderant esse ut nunc ; non autem semper, quia esse sempiternum non apprehendunt [...] *illa igitur quae ipsum esse perpetuum cognoscunt et apprehendunt*, desiderant ipsum naturali DESIDERIO. hoc autem convenit omnibus substantiis intelligentibus. Omnes igitur substantiae intelligentes naturali DESIDERIO appetunt esse semper. [SCG# lb2 cp55 n13]

Ceux qui ont la perception de leur être uniquement dans l'instant actuel, ne pouvant pas apprécier la continuité de l'être, ne peuvent le désirer que dans leur réalité actuelle ; par contre, ceux qui sont en mesure d'avoir la connaissance de l'être et de sa perpétuité peuvent le désirer même pour l'avenir. Ainsi le désir d'être des êtres irrationnels est "ponctuel" : en d'autres mots, il est simplement un

1. Pour les différentes significations de "natura", *cf.* SCG# lb3 cp64 n9 ; SCG# lb2 cp46 n6 ; QDM qu9 ar1 co ; SCG# lb1 cp50 n9 ; 3SN ds5 qu1 ar2 co ; QDP qu9 ar2 ra11 ; ST4# qu2 ar1 co ; CMP lb5 lc5 n15.

2. *Cf.* ST1 qu63 ar3 co.

désir d'"être encore". Par contre, celui des êtres rationnels s'étend jusqu'à l'éternité : il s'agit pour eux du souhait d'"être toujours". Il en est ainsi parce que, dans le cas des substances intelligentes, le désir dérive d'un acte de connaissance, alors que le désir des êtres non rationnels n'est pas intrinsèque mais simplement dû à l'activité en eux du premier moteur[1]. C'est donc l'activité de la raison qui distingue l'appétit, qui a la capacité d'étendre universellement le désir de se préserver et l'appétit qui ne le peut pas, parce que dans le premier cas l'entité elle-même comprend sa perfection au moyen d'un acte de réflexion et peut ainsi la rechercher constamment[2].

Le désir, concernant toutes les entités, sera également commun aux hommes[3], et donc aussi au Christ pour ce qui est de son humanité. Pour cette raison, Jésus, en tant qu'homme, éprouva lui aussi tous les désirs qui lui permettaient de préserver sa propre vie, comme le désir de manger et celui de dormir, même si en lui, par différence avec les autres hommes, les passions surgissaient uniquement sous la poussée de la raison du fait de la parfaite obéissance de ses puissances inférieures aux supérieures[4].

Outre le désir d'être, commun à tous, il y a dans l'homme un désir qu'il ne peut avoir en commun qu'avec les entités qui possèdent la perception au moyen des sens, comme les animaux : la capacité de se rapporter à l'extérieur à partir de la sensibilité le pousse à retenir comme bonnes toutes les sensations qui lui apportent du plaisir[5]. De cette façon, apparaît la tendance commune aux entités sensibles qui, outre à vouloir être, veulent aussi "être bien"[6].

LE "DESIDERIUM COGNOSCENDI" EN TANT QUE DÉSIR SPÉCIFIQUE DE L'HOMME

La tendance naturelle vers la vérité

L'homme n'a pas seulement des désirs qui sont communs aux êtres vivants, il a aussi des désirs spécifiques qui appartiennent exclusivement à sa forme substan-

1. 1SN ds1 qu4 ar1 ra1 : « ... quamvis omne desiderium consequatur cognitionem, desiderium tamen creaturae insensibilis non sequitur cognitionem in ipsa existentem, sed cognitionem motoris primi ... ».

2. RSR n12 ps2 : « naturaliter enim inest cuilibet rei *appetitus ut conservet se in esse et in sua perfectione*. sed hoc interest, quia *res que carent racione ad universale* non extenduntur nec eorum appetitus tendit ad hoc ut eorum perfectio conservetur, *racionalis vero natura universale cognoscens* perfectionis sue conservacionem in omne tempus naturaliter appetit ».

3. SCG# lb3 cp63 n5 : « est etiam et *naturale* desiderium, omnibus rebus commune, per quod *conservationem sui desiderant*, secundum quod possibile est ... ».

4. CMT cp26 lc10 : « ... omnia quae non ante ad esse deducta sunt a conditore, *existendi naturaliter* desiderium habent, et non existere naturaliter fugiunt. deus igitur verbum homo factus habuit hoc desiderium, quo desideravit escam et potum et somnum, quibus scilicet conservatur vita ... ».

5. SCG# lb3 cp63 n4 : « est [...] *hominis* desiderium, quod est sibi et *aliis animalibus* commune, ut *delectationibus perfruatur* ... ».

6. OTT lb2 cp9 : « ... *naturale* desiderium *hominis* non tendat nisi in *bonum proprium* ... ».

tielle, qui poursuit son bien au moyen des opérations caractéristiques de sa nature. L'opération propre à l'homme se trouve dans la connaissance intellectuelle :

> est enim quoddam DESIDERIUM *hominis* inquantum intellectualis est, *de cognitione veritatis*: quod quidem DESIDERIUM homines prosequuntur *per studium contemplativae vitae*. [SCG# lb3 cp63 n2]

Puisqu'il possède une nature intellectuelle, l'homme essaie de connaître la vérité, et il poursuit cet objectif surtout grâce à l'étude qui est propre à la vie contemplative. Thomas reconnaît cependant que cette étude pour l'homme n'est pas l'unique moyen de réaliser sa tendance; à côté de la faculté intellectuelle, la faculté rationnelle permet en effet à l'homme d'ordonner, au moyen de son engagement dans la vie active et civile, les entités qui lui sont inférieures :

> est etiam quoddam *hominis* DESIDERIUM secundum quod habet *rationem*, qua *inferiora disponere potest*: quod prosequuntur homines per studium activae et civilis vitae. [SCG# lb3 cp63 n3]

La différence entre l'*intellectus* et la *ratio* se situe dans l'appréhension. Alors que l'*intellectus* concerne la forme de la vérité saisie intuitivement dans les principes premiers, la *ratio* arrive à la vérité en dialoguant, en allant des principes aux conclusions.

Tandis que l'*intellectus* saisit la vérité de manière absolue, la *ratio* l'apprend *cum collatione*, au moyen du raisonnement[1]. L'intellect et la raison manifestent ensemble la prédisposition naturelle de l'homme, ce qui caractérise sa nature spécifique et le rend différent des autres entités[2]. Il s'agit de la capacité à *intelligere*, terme qui signifie, en même temps, l'activité de l'intellect ou de la pensée en elle-même et son rapport avec la réalité, c'est-à-dire l'acte de la connaissance en tant qu'orienté vers elle.

Le désir de l'homme est donc "naturel" au sens où il tend à actualiser cette capacité constitutive de sa nature :

> propria autem operatio hominis inquantum homo, est *intelligere*. Per hoc enim ab omnibus aliis differt. Unde *naturaliter* DESIDERIUM *hominis* inclinatur *ad intelligendum*, et per consequens *ad sciendum*. [CMP lb1 lc1 n3]

La capacité d'*intelligere*, de percevoir la vérité, devient le point de départ d'une analyse ultérieure, qui passe par la recherche argumentative : l'*intelligere* devient alors, graduellement, un *scire*, un savoir possédé. Par principe, chaque entité recherche sa propre perfection; semblablement, puisque l'intellect se réalise en possédant la science, il est amené à la rechercher. En outre, la perfection d'une entité est atteinte quand elle rejoint son principe propre. Mais les principes de l'intellect humain auxquels il se réfère comme l'imparfait au parfait sont les

1. *Cf.* 3SN ds35 qu1 ar3b sc1 : « ... *intueri* est *intellectus*, *inquirere* autem *rationis* ... ».

2. CMP lb1 lc1 n1 : « ... omnibus hominibus naturaliter desiderium inest ad sciendum »; REI cp14 lc2 : « ... homo autem duo praecipue desiderat : primo quidem veritatis cognitionem, quae est sibi propria; secundo sui esse continuationem ... ».

substances séparées; celles-ci, précisément, se joignent à l'homme en tant qu'intellect[1].

L'expérience nous apprend ainsi que le désir de l'homme va naturellement vers ce qui satisfait la raison, à savoir la vérité[2]. Pour cette raison, comme la recherche du bien exprime en même temps la fuite du mal, le désir de vérité exerce aussi le désir de s'éloigner de l'erreur[3].

Entre recherche philosophique et première cause

La recherche de la vérité est entendue, dans l'optique aristotélicienne, comme une recherche des causes, parce que l'homme a le désir naturel de connaître les causes de ce qu'il observe[4] :

> *naturaliter* inest omnibus *hominibus* DESIDERIUM *cognoscendi causas* eorum quae videntur: unde propter admirationem eorum quae videbantur, quorum causae latebant, homines primo philosophari coeperunt, invenientes autem causam quiescebant. [SCG# lb3 cp25 n. 11]

Sur base de ce désir, les hommes ont commencé à philosopher. En fait, on a souvent fait remonter l'origine historique de l'investigation philosophique à l'émerveillement. Devant ce qui l'étonne, l'homme découvre son ignorance[5] et subit une poussée initiale pour rechercher la vérité : c'est la raison pour laquelle la définition d'*admiratio* conduit explicitement à la tendance naturelle de connaître la cause une fois vu l'effet[6]. Il faut remarquer que l'*admiratio* anime le désir de connaître la cause, même si celle-ci se situe au-delà de la capacité humaine de connaître[7], ce qui veut dire, comme nous le verrons plus tard, que l'homme peut avoir un désir naturel même par rapport à la connaissance de Dieu.

1. *Cf.* CMP lb1 lc1.

2. REP cp4 lc7 : « natura autem hominis est, ut desiderium eius tendat ad id quod est secundum rationem. perfectio autem et bonum rationis est veritas ».

3. OCA cp-p : « sicut omnes homines naturaliter scire desiderant veritatem, ita *naturale* desiderium inest *hominibus fugiendi errores* ... ».

4. *Cf.* aussi ST2 qu3 ar8 co.

5. *Cf.* ST4# qu15 ar8 ag1 ; CMP lb1 lc3 n4 ; CMP lb1 lc3 n1.

6. SCG# lb3 cp50 n3 : « ex cognitione effectuum incitatur desiderium ad cognoscendum causam : unde homines philosophari incoeperunt causas rerum inquirentes » ; ST1 qu12 ar1 co : « inest enim homini naturale desiderium cognoscendi causam, cum intuetur effectum ; et ex hoc admiratio in hominibus consurgit » ; REM cp5 lc2 : « naturale autem desiderium est, quod homo videns effectus inquirat de causa : unde etiam admiratio philosophorum fuit origo philosophiae, quia videntes effectus admirabantur, et quaerebant causam » ; REI cp1 lc7 : « ... *admiratio* autem est *passio animae rationalis et intellectivae*, cum sit desiderium *cognoscendi* causam occultam effectus visi » ; REI cp1 lc11 : « ... quia *naturale* desiderium *intellectus* est scire et cognoscere causas omnium effectuum cognitorum ab eo ... » ; ST1 qu12 ar8 ra1 : « ... *naturale* desiderium *rationalis creaturae* est ad sciendum omnia illa quae pertinent ad perfectionem intellectus ».

7. ST2 qu32 ar8co : « est autem *admiratio* desiderium *quoddam sciendi*, quod in homine contingit ex hoc quod videt effectum et ignorat causam, vel ex hoc quod causa talis effectus excedit cognitionem aut facultatem ipsius ».

Le désir exprimé par l'*admiratio* doit néanmoins être distingué du *stupor*. Celui qui est frappé d'émerveillement se garde de donner un jugement sans avoir réfléchi au sujet de ce qu'il voit : il est amené à entreprendre une analyse rationnelle. Par contre, celui qui s'étonne, non seulement a peur d'exprimer un jugement en craignant de se tromper, mais il se retrouve paralysé en face de l'événement : dans l'avenir, il évitera toute recherche. Pour cette raison l'*admiratio* est *principium philosophandi*, alors que le *stupor* constitue un empêchement qui affecte la philosophie elle-même[1].

L'*admiratio* peut trouver en son origine un double caractère : l'ignorance totale de la cause dont on voit l'effet[2], ou l'observation de quelque chose qui suppose quelque chose d'autre, la constatation d'un effet qui ne manifeste pas totalement et de façon adéquate sa cause[3]. D'un coté, on remonte de l'effet à la cause, mais de l'autre on comprend la relation qui les lie. La source principale de Thomas est sur ce point Aristote qui, dans le premier livre de la *Métaphysique*, soutient que "propter admirari homines et nunc et primum inceperunt philosophari"[4].

Néanmoins l'état d'émerveillement ne doit pas pousser la recherche de l'homme jusqu'à l'excès, dégénérer en vaine curiosité. À ce risque correspond la vertu de *studiositas*, qui concerne l'intellect aussi bien que l'affection grâce à laquelle l'intellect peut s'appliquer à la recherche, mais en la modérant et en l'orientant correctement[5].

Le désir de connaissance qui est propre à la philosophie est infini en puissance, parce qu'il y a toujours quelque chose de plus qui est connaissable, mais il tend actuellement vers une fin déterminée[6]. Son mouvement progressif d'acquisition doit toutefois parvenir à un terme. L'intellect de la créature rationnelle doit pouvoir arriver, en remontant la succession des causes, jusqu'à la cause première. Au cas contraire, son désir se révélerait vain et le procédé causal s'effondrerait[7]. Cela signifie que le désir de trouver la cause qui est intérieure à chaque effet

1. ST2 qu41 ar4 ra5 : « ... *admirans* refugit in praesenti dare judicium de eo quod miratur, timens defectum, sed in futurum inquirit. *stupens* autem timet et in praesenti iudicare, et in futuro inquirere. unde *admiratio* est *principium philosophandi*, sed *stupor* est *philosophicae considerationis impedimentum* ».

2. ST1 qu 105 ar7 co : « admiratio autem consurgit, cum effectus sunt manifesti et causa occulta ». *Cf.* anche 2SN ds18 qu1 ar3 co.

3. RPS ps8 n1 : « dupliceter est ergo aliqua causa admirabilis : vel quia ignota totaliter, vel quia non producit effectum manifestantem causam perfecte ».

4. Aristoteles, *Metaphysica*, 1, 2, 982b12 ; ST2 qu3 ar8 co : « ... *naturaliter homini* desiderium, cum cognoscit effectum, et scit eum habere causam, ut etiam sciat de causa quid est. et illud desiderium est *admirationis*, et *causat inquisitionem, ut dicitur in principio metaphys* ».

5. CTC# lb10 lc6 n. 13 : « ... mens inclinatur studiose circa huiusmodi propter desiderium et admirationem ... » ; *cf.* anche ST3# qu166.

6. SCG# lb3 cp25 n13 : « tendit igitur desiderium *naturale hominis* in sciendo *ad aliquem determinatum finem* ».

7. ST1 qu12 ar1 co : « si igitur intellectus rationalis creaturae pertingere non possit ad primam causam rerum, remanebit inane desiderium naturae ».

s'arrête seulement au niveau de la cause *prima* qui est en mesure d'expliquer la totalité, c'est-à-dire à Dieu :

> innatum est enim homini ut ex causatis DESIDERIO quodam moveatur ad inquirendum causas; *nec quiescit* istud DESIDERIUM quousque perventum fuerit *ad primam causam*, quae *deus* est. [QDW qu1 ar10 co]

Alors que tous les autres désirs atteignent leur terme dans leur objet respectif, le désir de comprendre la vérité ne trouve de repos qu'en parvenant à Dieu, *summum rerum cardinem et factorem*. La raison de l'existence des choses se trouve en effet en Dieu en tant que créateur qui, "pivot", constitue la possibilité pour la totalité des entités de rester dans l'existence[1].

Toutefois le seul type de connaissance qui peut donner du repos au désir de l'intellect est la connaissance qui part de l'essence, de sorte que la connaissance de la cause première elle-même doit être une connaissance par essence[2] :

> tale est autem in nobis sciendi DESIDERIUM, ut cognoscentes effectum, desideremus cognoscere causam, et in quacumque re cognitis quibuscumque eius circumstantiis, non quiescit nostrum DESIDERIUM, quousque eius *essentiam cognoscamus*. non igitur naturale DESIDERIUM sciendi potest quietari in nobis, quousque *primam causam* cognoscamus, non quocumque modo, sed *per eius essentiam*. [OTT lb1 cp104]

La créature rationnelle est amenée à connaître ce qui perfectionne l'intellect lui-même, à savoir les espèces et les genres, et non les singuliers ou ce qui est seulement possible[3]. Toutefois, les espèces et les genres ne sont connus parfaitement que dans l'essence divine, parce que Dieu est la source de l'être et de la vérité[4]. La connaissance de l'essence divine est le principe suffisant pour connaître tout ce qui concerne la perfection de l'univers crée, en excluant naturellement tout ce que Dieu connaît seulement en lui-même. En fait nous ne pouvons connaître ni ce que Dieu peut faire mais ne fera jamais, ni les raisons intimes des choses créés, ni non plus les choses qui dépendent directement de sa seule volonté, parce que tout cela équivaudrait à une compréhension totale de sa bonté et de sa sagesse, ce que nous ne pouvons pas renfermer dans notre intelligence.

1. SCG# lb3 cp50 n9 : « omnia namque nostra desideria vel delectationis, vel cuiuscumque alterius quod ab homine desideratur in aliis rebus quiescere possunt : desiderium autem praedictum (scilicet intelligendae veritatis) non quiescit nisi *ad summum rerum cardinem et factorem deum pervenerit* ».

2. *Cf.* aussi REM cp5 lc2 : « istud ergo desiderium (scilicet inquirendi causam) non quietabitur, donec perveniat ad primam causam, quae deus est, scilicet ad ipsam divinam essentiam ».

3. ST1 qu12 ar8 ra4 : « … naturale desiderium rationalis creaturae est ad sciendum omnia illa quae pertinent ad perfectionem intellectus; et haec sunt species et genera rerum, et rationes earum, quae in deo videbit quilibet videns essentiam divinam. cognoscere autem alia singularia, et cogitata et facta eorum, non est de perfectione intellectus creati, nec ad hoc eius naturale desiderium tendit, nec iterum cognoscere illa quae nondum sunt, sed fieri a deo possunt ».

4. ST1 qu12 ar8 ra4 : « si tamen solus deus videretur, qui est fons et principium totius esse et veritatis, ita repleret naturale desiderium sciendi … » ; OTT lb1 cp106 : « … essentia divina […] est sufficiens principium omnia cognoscendi … ».

"IMPOSSIBILE EST NATURALE DESIDERIUM ESSE VANUM"

Nous avons rappelé que le désir de connaître à partir des causes est vain s'il ne trouve pas de terme dans la première cause. L'adage selon lequel le désir naturel ne peut pas être vain se retrouve souvent dans les œuvres de Thomas, afin d'indiquer que le désir doit avoir la possibilité d'atteindre la fin à laquelle il est destiné[1].

Thomas confère au terme *vanum* trois significations. Ce mot assume avant tout et en même temps une valeur ontologique et gnoséologique, parce que tout ce qui n'a pas un sens propre est vain; dans cette optique, les affirmations fausses peuvent être estimées vaines[2]. Une autre signification, différente, est obtenue en considérant la stabilité d'une chose : à ce plan, est vain ce qui n'a pas de solidité ni de consistance parce qu'il est soumis à la variabilité des évènements[3]. Enfin, et il s'agit de la signification qui nous intéresse le plus directement, peut se dire vaine une chose qui n'atteint pas le but auquel elle est destinée : de ce fait, est dite vaine l'action de celui qui agit en se fiant au hasard et sans viser un but déterminé[4].

Si un désir est donc "naturel" parce qu'il dérive de la substance même de l'entité, il ne peut pas rester vain puisque la nature ne fait rien inutilement. En effet, la nature dérive de Dieu qui, intellect, agissant donc en vue d'une finalité déterminée, n'a rien pu créer qui soit inutile[5] :

> impossibile est *naturale* DESIDERIUM esse *inane* : natura enim nihil facit frustra. [SCG# lb3 cp48 n12]

1. ST1 qu75 ar6 co : « naturale autem desiderium non potest esse inane » ; SCG# lb3 cp51 n1 : « cum autem impossibile sit naturale desiderium esse inane ... » ; OTT lb1 cp104 : « *impossibile* est autem *naturale* desiderium esse *vanum* » ; *cf.* aussi CTC# lb1 lc2 n3 ; CTC# lb1 lc16 n16.

2. QDM qu9 ar1 co : « quandoque enim accipitur vanum pro eo quod non habet subsistentiam, secundum quod res falsae dicuntur vanae ... ».

3. QDM qu9 ar1 co : « quandoque vero accipitur vanum pro eo quod non habet soliditatem vel firmitatem ... ».

4. QDM qu9 ar1 co : « quandoque vero dicitur vanum quando aliquid non consequitur finem debitum ... » ; 1SN ds2 qu1 ar4 ra3 : « ... vanum est quod est ordinatum ad finem quem non consequitur » ; 2SN ds1 qu2 ar1 sc1 : « ... omne agens quod non agit propter finem aliquem, opus ejus est vanum ». Cette signification est attribuée à Aristote dans 1SN ds3 qu1 ar1 sc2 et, de façon plus explicite, dans 3SN ds37 qu1 ar6. Parfaitement équivalente semble être la signification de *frustra* : ST1 qu25 ar2 ra2 : « *frustra* est quod ordinatur ad finem, quem non attingit » ; ST1 qu88 ar1 ra4 : « illud autem otiose et *frustra* esse dicitur, quod non consequitur finem ad quem est » ; ST3# qu68 ar4 co : « *frustra* autem est quod non pertingit ad finem ad quem est ordinatum ».

5. *Cf.* aussi 2SN ds25 qu1 ar1 co : « ... rerum enim naturalium actiones non sunt frustra ... » (la même chose SCG# lb2 cp55 n13) ; CCM# lb1 lc8 n14 : « omne quod est in natura vel est a deo, sicut primae res naturales ; vel est a natura sicut a secunda causa, puta inferiores effectus. sed deus nihil facit frustra quia, cum sit agens per intellectum, agit propter finem. similiter etiam natura nihil facit frustra, quia agit sicut mota a deo velut a primo movente ; sicut sagitta non moveetur frustra, inquantum emittur a sagittante ad aliquod certum. relinquitur ergo quod nihil in natura sit frustra » ; SCG# lb3 cp156 n6 : « in operibus dei non est aliquid frustra, sicut et in operibus naturae : hoc enim et natura habet a deo ».

Le désir naturel est donc une prédisposition qui dérive directement de l'ordre que Dieu a inséré dans les choses. Un tel ordre ne peut pas être orienté vainement parce qu'il est un indice du bien suprême[1] :

> ... lex enim dei est cuilibet creaturae infixa naturalis *inclinatio* ipsius *ad agendum id quod convenit ei secundum naturam*; et ideo, sicut omnia tenentur a DESIDERIO divino, ita tenentur a legibus eius, secundum illud psalmi 148 : praeceptum posuit et non praeteribit super aliqua creatura. Et propter hoc etiam dicitur sap. 8 de divina sapientia, quod *suaviter* omnia disponit. [CDN cp10 lc1]

Chaque créature agit spontanément en conformité à la nature que Dieu lui a donnée. Selon le *Psaume* 148, la prédisposition naturelle est l'œuvre de Dieu. En outre, conformément à *Sagesse* 8,1 et à son usage de l'adverbe *suaviter*, la bonté qui dirige cette prédisposition fait que son orientation ne se meut pas éternellement, mais qu'elle est orientée vers une fin. En exprimant cela en langage aristotélicien, on dira que la prédisposition provient du premier moteur :

> sed hoc DESIDERIUM est naturale : dictum enim est supra quod bonum est, quod naturaliter omnia desiderant; ergo sequetur quod naturale DESIDERIUM sit inane et vacuum. Sed hoc est impossibile. quia *naturale* DESIDERIUM nihil aliud est quam *inclinatio inhaerens rebus ex ordinatione primi moventis*, quae non potest esse supervacua; ergo impossibile est quod in finibus procedatur in infinitum. [CTC# lb1 lc2 n3]

Toutes les créatures désirent le bien de par leur nature, selon la disposition divine. Cela signifie que la tendance à rejoindre la perfection est incluse dans l'acte créateur divin lui-même, de sorte que *hic status desiderii naturalis est a deo*[2]. Si un tel état contenait en lui-même l'impossibilité d'arriver à sa fin, on retrouverait une contradiction dans la bonté divine : si Dieu crée le désir, sa propre bonté doit permettre de le satisfaire[3].

Pour cette raison, le désir naturel est conforme, d'un côté, à la prédisposition divine et, de l'autre, à l'exigence qu'a chaque créature de s'approcher de la bonté divine qui est son propre bien mais tout en respectant sa nature[4].

1. *Cf.* 3SN ds20 qu1 ar1a sc1 : « ... non decet divinam sapientiam ut aliqua creatura suo fine frustraretur : quia tunc vane facta esset » ; ceci vaut en particulier aussi pour l'homme : *cf.* 4SN ds44 qu1 ar1b co.

2. R2C cp5 lc1.

3. SCG# lb3 cp95 n10 : « ... ex hoc quod *deus* ad desiderandum *movet*, ostensum est conveniens esse quod desideria *impleat* ».

4. On peut penser aussi en ce sens à une invocation des animaux vers Dieu, comme le suggère le *Psaume* 146, qui interprète l'invocation de l'animal comme désir naturel de la bonté divine : ST3# qu83 ar10 ra3 : « ... pulli corvorum dicuntur deum invocare, propter naturale desiderium quo omnia suo modo desiderant consequi bonitatem divinam ».

CHAPITRE III

LA DYNAMIQUE DU DÉSIR

LE DÉSIR COMME MOUVEMENT

Mouvement physique et "ontologique"

À la suite d'Aristote, Thomas définit le mouvement comme finalisé à l'acquisition des choses qui sont à l'extérieur du sujet, lequel se meut vers elles[1]. Cette tendance générale peut dériver d'un principe intrinsèque ou extrinsèque : s'il est extrinsèque, le mouvement peut être qualifié de violent; par contre, si le principe est intrinsèque, le mouvement peut être naturel ou volontaire. Le mouvement naturel peut provenir entièrement du principe, comme dans le cas des corps qui se meuvent mais qui ne sont pas mus par eux-mêmes, ou il peut être dû à une simple disposition naturelle et, dans ce cas, l'appréhension du terme se fait comme dans le mouvement animal. Le mouvement corporel est intrinsèque à l'être, car il est dû à la forme que l'être a et qui lui a été transmise par celui qui l'a engendré; mais il s'agit d'un mouvement pré-ordonné et non autonome, puisque voulu par un intellect supérieur[2].

Le mouvement est attribué à toutes les réalités existantes, en partant du mouvement corporel et en allant jusqu'au mouvement volontaire, en passant par celui de l'animal. Toutefois cette terminologie s'applique principalement aux corps; on ne peut parler de mouvement spirituel que par l'intermédiaire d'une "dérivation" :

> ... *motus* proprie acceptus sit *corporum*, tamen nomen motus etiam *ad spiritualia* derivatur dupliciter. Uno modo, secundum quod *omnis operatio motus dicitur*, sic enim et divina bonitas quodammodo movetur et procedit in res, secundum quod se eis communicat, ut dionysius dicit, ii cap. de div. nom. Alio modo, DESIDERIUM *in aliud tendens quidam motus dicitur*. [ST1 qu73 ar2 co]

1. QDP qu6 ar6 co : « motus [...] est ad acquirendum aliquid extrinsecum aliquo modo ».

2. *Cf.* 2SN ds39 qu2 ar1 co : « ... motus naturalis a forma progreditur secundum conditionem formae ».

Il est possible ainsi d'appliquer la catégorie de mouvement à la réalité divine, en signalant que la bonté divine se meut en direction des choses crées pour communier avec elles. On peut encore définir le désir comme mouvement. Dans ce cas, on effectue un déplacement sémantique en constituant une opposition : si le désir s'applique en premier lieu à l'homme, et de manière seconde aux corps, le mouvement s'attribue par contre aux corps et secondairement à l'homme spirituel.

Ce qui est commun à tous les mouvements, c'est l'acquisition de quelque chose d'extrinsèque, donc la recherche d'une finalité, ce qui peut être affirmé même pour les corps naturels dépourvus d'intellect :

> quanto aliquid est fini propinquius, tanto maiori DESIDERIO tendit ad finem : undeu videmus quod *motus naturalis corporum in fine intenditur*. [SCG# lb3 cp50 n7]

On parle donc correctement du mouvement pour les corps naturels, comme mouvement local et comme orientation, mais ce terme s'applique aussi indirectement au "mouvement ontologique" de l'esprit et du libre arbitre. Le mouvement des corps se déroule nécessairement entre deux extrêmes, à partir du point d'où le corps provient (*terminus a quo*) et en allant jusqu'à celui vers lequel il se dirige (*terminus a quo*). De même l'esprit humain se meut entre deux extrémités, par exemple quand il se meut depuis le péché jusqu'à la justice par grâce divine[1].

L'attraction du bien et le "moteur premier"

Nous avons plusieurs fois remarqué que le désir est lié à un mouvement de volonté dont l'objectif est de rejoindre le repos. Il est donc opportun de fixer notre attention sur le rapport entre le lemme 'desiderium' et les lemmes 'motus' et 'quies'.

Le désir implique un mouvement de l'appétit[2] vers le bien, en particulier vers un bien qui n'est pas présent mais qu'il faut acquérir. Le mouvement se dirige donc vers le futur[3]. Le bien remplit une fonction d'attraction envers la part appétitive de l'esprit; de même, le mal provoque un mouverment de répulsion :

> in *motibus* autem *appetitivae partis*, *bonum* habet quasi *virtutem attractivam*, malum autem virtutem repulsivam. Bonum ergo primo quidem in potentia appetitiva causat quandam *inclinationem*, seu *aptitudinem*, seu *connaturalitatem* ad bonum, quod pertinet ad passionem amoris. Cui per contrarium respondet odium, ex parte mali. Secundo, si bonum sit *nondum habitum*, dat ei *motum* ad assequendum bonum amatum, et hoc pertinet ad passionem DESIDERII vel concupiscentiae. Et ex opposito, ex parte mali, est fuga vel abominatio. Tertio, cum *adeptum* fuerit

1. ST2 qu113 ar5 co : « oportet igitur quod humana mens se habeat ad utrumque extremorum secundum motum liberi arbitrii, sicut se habet corpus localiter motum ab aliquo movente ad duos terminos motus. manifestum est autem *in motu locali corporum* quod corpus motum recedit *a termino a quo*, et accedit *ad terminum ad quem* ».

2. *Cf.* CTC# lb2 lc5 n5; QDW qu4 ar1 ra6; ST2 qu33 ar2 ra1 ; ST2 qu3 ar4 co ; ST2 qu26 ar2 co ; RPS ps20 n2 ; REI cp16 lc6 ; ST3# qu28 ar3 co ; QDV qu28 ar4co ; 3SN ds26 qu2 ar3b co.

3. *Cf.* QDW qu4 ar1 ra6.

bonum, dat appetitus *quietationem* quandam in ipso bono adepto, et hoc pertinet ad *delectationem vel gaudium*. [ST2 qu23 ar4 co]

Nous retrouvons ici les éléments fondamentaux que nous avons examinés dans le chapitre sur les passions, mais en mettant, dans ce cas, un accent particulier sur l'attraction du bien. C'est en effet le bien qui est à l'origine du penchant, de l'*aptitudo* et, s'il n'est pas possédé, il détermine le mouvement jusqu'à ce que le résultat soit atteint et l'appétit apaisé. Pour cette raison, on peut parler de désir comme d'une *inclinatio voluntatis*, qui fait jaillir le mouvement et de la *delectatio* comme d'une *quietatio*[1].

La centralité du bien est essentielle, même pour celui qui semble poursuivre le mal. En effet celui qui conduit sa vie au bas niveau, le fait parce qu'il croit que c'est la bonne manière pour lui de la mener. Qui fait le mal participe au bien pour ce qui est du mouvement du désir et de la recherche d'une vie bonne. Dans ce cas, le désir considère comme un bien ce qui n'en a que l'apparence. On ne choisit une vie mauvaise que parce qu'elle paraît bonne[2].

En reprenant la métaphore de la faim, on peut alors affirmer que le bien remplit la fonction de cause finale qui attire, un peu comme la nourriture attire l'homme qui a faim :

> ex parte autem obiecti, potest intelligi quod aliquid *moveat voluntatem* tripliciter. Uno modo, ipsum *obiectum propositum*, sicut dicimus quod *cibus* excitat DESIDERIUM hominis ad comedendum. [ST2 qu80 ar1 co]

La volonté peut être motivée par l'objet en soi, par la proposition de l'objet, ou par la simple persuasion qu'il est bon. Alors que dans le deuxième et dans le troisième cas, l'intellect intervient en exprimant un jugement sur l'objet et sur son intérêt, dans le premier cas c'est l'objet même qui est à l'origine du mouvement qui attire vers lui comme la nourriture qui provoque chez l'homme le désir de manger. De même le bien, à travers le désir qu'il provoque d'être acquis, pousse le sujet à se mouvoir pour l'obtenir.

Le désir constitue par conséquence un mouvement finalisé qui court sur l'axe décrit par deux termes extrêmes (un initial et un final) et qui perçoit à son horizon son union avec l'objet désiré. Pour cette raison l'objet ne peut être seulement et toujours un moyen en vue d'en obtenir un autre, de sorte que chaque objet serait désiré *propter aliud*; il faut poser un dernier terme, un objet qui est désiré *propter se* :

1. SCG# lb3 cp26 n15.

2. CDN cp4 lc16 : « ... et dicit quod ille qui pessimam vitam desiderat quae tamen sibi optima videtur, ut dicitur, *participat bono*, quantum ad ipsum *motum* desiderii et quantum ad hoc quod respicit optimam vitam, quia malam vitam eligit inquantum sibi apparet bona ». L'argument, purement socratique, est abordé chez P. Courcelle, *Connais-toi toi-même de Socrate à Saint Bernard*, Paris, Études Augustiniennes, 1974.

> …in eo quod *propter se* desideratur, et nunquam propter aliud, stat *motus* DESIDERII. Sed illud in quo stat motus DESIDERII, est *ultimus finis*. [4SN ds49 qu1 ar3d sc1]

Il s'agit d'évaluer maintenant la possibilité d'une fin ultime du désir, désirée en soi et non pas en vue d'autre chose[1]. S'il n'y avait pas de terme semblable, le mouvement du désir serait sans fin car il resterait toujours quelque chose d'autre à désirer, au-delà de ce qui aura été rejoint[2]. Ce qui a été dit du désir naturel est valable aussi dans ce cas : on ne peut proceder à l'infini, car on retomberait dans la vacuité, incompatible avec le concept de Dieu bien suprême[3].

Si le désir se meut vers un bien posé par Dieu, qui est essentiellement bon et source de tout bien, cela veut dire que Dieu meut ses créatures au moyen de ses biens, tout en restant d'une certaine manière passif; en suivant fidèlement Aristote, on dira qu'il agit comme "moteur immobile"[4].

Toutefois Thomas précise la possibilité d'affirmer que Dieu meut de lui-même, car la fin de sa volonté, étant sa propre bonté, ne lui est pas extérieure. On peut alors affirmer que Dieu n'est pas mû dans le sens où il n'est pas mû *ab alio*, tandis que pour tout autre mouvement, y compris le mouvement naturel, on doit distinguer le mobile et ce qui est mû et rapporter en dernier lieu chaque mouvement au moteur premier immobile[5]. Thomas peut ainsi s'approprier la doctrine du moteur immobile, en l'assumant toutefois de façon critique et en considérant l'immobilité non pas comme un état statique passif et dépourvu d'intérêt pour les évènements du monde, mais comme une caractéristique de l'immutabilité divine, car on ne peut rien ajouter à Dieu de l'extérieur.

Reste par contre, de la conception aristotélicienne, l'état d'attraction que l'action divine engendre dans ses créatures, qui se meuvent à la mesure du désir qui les pousse envers le moteur premier. Une telle attraction se réalise non pas comme un désir sensible, mais à travers un désir "intellectif"[6] :

> ostendit autem quod non sicut desiderabile DESIDERIO concupiscentiae, quod est DESIDERIUM sensus, sed sicut desiderabile *intellectuali* DESIDERIO : unde dicit quod *primum movens* non motum est *desiderabile et intellectuale*. Igitur id quod ab eo movetur, scilicet *caelum*, est *desiderans et intelligens*. [SCG# lb2 cp70 n4]

La thèse s'éclaircit ici sur la base d'immutabilité et de perfection divine. Le moteur premier est "pensée de pensée" car, en étant parfait, il ne peut que penser

1. SCG# lb3 cp26 : « haec autem est conditio ultimi finis : ut scilicet propter se quaeratur ».

2. CTC# lb1 lc9 n12 : « … alioquin non terminaret motum desiderii, si extra ipsam remaneret aliquid, quo homo indigeret. omnis enim indigens desiderat adipisci id quo indiget ».

3. ORP lb1 cp9 : « neque enim desiderii motus usque in infinitum procedit; esset enim inane naturale desiderium, cum infinita pertransiri non possint ».

4. 1SN ds45 qu1 ar1 ag3 : « *deus immobilis manens* dat cuncta moveri ; unde etiam in 9 metaph. dicitur quod *movet sicut desideratum*. desideratum autem non motum movet desiderium ».

5. *Cf.* 3SN ds27 qu1 ar3 co.

6. CCM# lb2 lc13 n5 : « dicit enim in xii metaphys. quod *primum movens* movet caelum sicut *desideratum*, non quidem desiderio sensus, sed desiderio *intellectus* ».

à la perfection, c'est-à-dire à soi-même. En lui, l'intellect et l'intelligible coïncident; on peut donc le qualifier d'*intellectuel.* Le moteur du premier ciel est par contre "désirant", car il est attiré par le premier moteur, et intelligent, c'est-à-dire attiré par le désir de l'intellect.

Il est pourtant évident que la similitude entre les deux conceptions n'est qu'apparente. On ne doit pas en effet oublier que le moteur immobile d'Aristote est profondément différent du Dieu chrétien de Thomas, créateur et providence. Dans la conception chrétienne, le mouvement dans le monde n'a pas comme chez Aristote le but de parvenir à une simple immobilité physique, mais à une amélioration graduelle de sa propre nature, au rythme d'un mouvement progressif d'assimilation à Dieu. Les concepts philosophiques de causalité et d'attraction sont repris par Thomas pour expliquer le mouvement des créatures comme un mouvement de retour vers Dieu, en étant ainsi utilisés dans un contexte qui diffère de celui, purement physique, où les avait situés Aristote[1].

LE REPOS VISÉ

L'antinomie désir/repos

Le repos et le mouvement s'opposent en tant que contraires, car le repos est une *privatio motus* et la privation n'est possible qu'entre contraires[2]. La paix représente le but et le point terminal de chaque mouvement. Si le désir est un mouvement de l'être, alors le repos constitue aussi sa finalité. On peut toutefois distinguer deux types différents de repos :

> ... est duplex quies, scilicet *quies* DESIDERII, et *quies motus.* Quies DESIDERII est quando DESIDERIUM sistit *in aliquo propter quod omnia facit et quaerit*, et non desiderat aliquid ulterius; et hoc modo voluntas justi quiescit *in via* in deo. *Quies* autem *motus* est *quando pervenitur ad terminum quaesitum*; et ista quies voluntatis erit *in patria.* haec autem quies facit *perfectam fruitionem*, sed prima i*mperfectam*. [1SN ds1 qu4 ar1 ra5]

Le repos du désir se réalise lorsque le désir se fonde sur quelque chose qui peut être qualifié comme but final de ses actions et pour lequel on agit, alors que le repos du mouvement est obtenu lorsqu'on arrive à la fin de toute recherche. Ainsi

1. Sur le rapport entre Aristote et Thomas *cf.* R. Jolivet, *Essai sur les rapports entre la pensée grecque et la pensée chrétienne*, Paris, Vrin, 1931, en particulier la première partie, « Aristote et S. Thomas ou la notion de création »; L.B. Geiger, « Saint Thomas et la métaphysique d'Aristote », dans *Aristote et Saint Thomas d'Aquin, Journée d'études internationales*, Paris-Louvain, Nauwelaerts, 1957, p. 175-220; A. Mansion, « Le Dieu d'Aristote et le Dieu des chrétiens », dans *La philosophie et ses Problèmes, Recueil d'études de doctrine et d'histoire offert à Mgr R. Jolivet*, Lyon-Paris, Vitte, 1960, p. 21-44; L. Elders, « Saint Thomas d'Aquin et Aristote », *Revue thomiste*, 88 (1988), p. 357-376.

2. *Cf.* CPY# lb5 lc9 n1.

le repos du désir n'implique pas la fin de toute espèce d'action : l'aboutissement est seulement une paix temporelle et imparfaite; le but final n'est guère atteint par là. Par contre, dans la fin du mouvement, la jouissance est parfaite car le désir peut être apaisé complètement. Le premier cas peut se manifester dans la volonté du juste qui s'apaise en Dieu pendant sa vie, tandis que le second cas est celui de repos final et définitif de la volonté qui ne sera atteint qu'*in patria*.

Cette distinction est parallèle à celle qui concerne le mouvement. On distingue ainsi entre les mouvements en tant qu'*operatio* et en tant que *desiderium in aliud tendens*; de même on doit distinguer pour ce qui concerne la *requies*, entre le repos *pro cessatione ab operibus* et le repos *pro impletione desiderii* :

> unde et *requies* dupliciter accipitur, uno modo, *pro cessatione ab operibus*; alio modo, *pro impletione* DESIDERII. et utroque modo dicitur deus requievisse die septima. Primo quidem, quia die septima cessavit novas creaturas condere [...] alio modo, secundum quod rebus conditis ipse non indigebat, sed seipso fruendo beatus est. [ST1 qu73 ar2 co]

Nous avons d'un côté le repos qui naît de la fin de l'activité, de l'arrêt du mouvement; de l'autre, nous avons la paix qui naît de la satisfaction/jouissance du désir. Le repos de Dieu, le septième jour, est un exemple qui inclut les deux classes de paix : Dieu arrêtant de créer cesse tout genre d'activité et jouit en même temps, non pas des choses comme il advient pour les créatures, mais de lui-même.

Le repos ne s'oppose pas à l'activité comme telle, mais au mouvement en tant que création de quelque chose de neuf, et au désir, en tant que mouvement de l'esprit qui se dirige vers quelque chose qui lui manque[1]. Toutefois, dans ces deux oppositions (repos-mouvement, repos-désir), on peut trouver un élément de différenciation, extérieur au sujet et à son action. Ceci conduit à opposer *quies* et *desiderium*, même au niveau temporel, car un terme exclut l'autre, le repos étant le but du désir, au sens temporel aussi bien que théologique[2].

Le repos comme fin précède dans l'intention mais suit dans l'exécution : le mouvement ne commence qu'en visant le repos, qui est atteint seulement après son déroulement total. La même chose se passe pour le mouvement des corps naturels[3]. Ce mouvement ne s'arrête complètement que lorsque les corps ont rejoint leur lieu naturel. De la même façon, le désir ne s'apaise pas lorsqu'il acquiert quelque chose d'imparfait par rapport à son objet désiré, mais seulement quand il atteint la perfection. Mêmes les animaux suivent ce comportement : ils s'apaisent, selon les caractéristiques de leur forme, dans le repos sensible[4].

1. ST1 qu73 ar2 ra2 : « ... *requies* non *opponitur* labori sive motui, sed *productioni novarum rerum*, et desiderio in aliud tendenti ... ».

2. ST2 qu25 ar1 co : « *quies* autem, cum sit *finis motus*, est prior in intentione, sed posterior in executione ».

3. RHE cp8 lc2 : « corpus numquam perfecte quiescit, sed semper movetur, quousque pertingat ad locum suum, sic quamdiu habetur aliquid imperfecte, non quiescit desiderium, sed semper *tendit ultra, usque dum veniet ad perfectum* ».

4. SCG# lb3 cp48 n11 : « *grave* enim, cum fuerit in suo ubi, quiescit; *animalia* etiam cum fruuntur delectabilibus secundum sensum, eorum naturale desiderium quietatur ».

On aperçoit ainsi une diversification dans l'atteinte de ce repos, selon les différentes façons d'apaiser le désir naturel ; celle des corps naturels pour qui il est suffisant de rejoindre leur lieu naturel, celle des animaux qui parviennent à le repos au moyen de la satisfaction de leurs instincts sensibles, et enfin celle de l'homme, qui n'atteint le repos que dans le but final, le seul en mesure d'apaiser sa volonté[1] :

> voluntas cum consecuta fuerit ultimum finem, quietatur eius DESIDERIUM. [SCG# lb3 cp39 n6]

La tension humaine

La conquête de la joie et de la stabilité n'advient pas pour l'homme *in via*[2]. Poursuivre les passions et les désirs, l'insatisfaction qui habite de façon différente toutes nos vies, sont des expériences communes. On ne trouve rien de permanent dans les choses terrestres :

> *nihil enim permanens invenitur in rebus terrenis*, nihil igitur terrenum est quod quietare DESIDERIUM possit. [ORP lb1 cp9]

Si la joie est une condition de stabilité, selon la doctrine d'Aristote, elle ne peut pas être atteinte en passant continuellement d'un désir à un autre, comme il advient pour les objets terrestres que la volonté humaine est obligée de poursuivre. Quelque chose de semblable se passe pour ce qui concerne l'intellect, qui possède un potentiel infini qui le rend capable de recevoir les intelligibles indéfiniment, les uns après les autres[3] :

> nihil finitum DESIDERIUM intellectus quietare potest. Quod exinde ostenditur quod intellectus, quolibet finito dato, aliquid ultra molitur : unde qualibet linea finita data, aliquam maiorem molitur apprehendere, et similiter in numeris… [SCG# lb3 cp50 n5]

Après que la volonté a obtenu un résultat, elle aspire immédiatement à quelque chose d'autre. L'intellect peut aussi trouver toujours quelque chose qui dépasse une de ses données, inévitablement limitée par un autre élément; qui regarde une ligne peut en imaginer une plus longue, si l'on prend un nombre, on peut en trouver un plus grand. Cette situation structurelle rend l'homme incapable d'apaiser l'élan de son désir à l'intérieur du monde dans lequel il vit, comme il lui est impossible de satisfaire son intellect. Intellect et désir aspirent à quelque chose

1. OTT lb1 cp104 : « nam ultimo fine adepto, desiderium naturale quiescit » ; ST2 qu3 ar4 ra1 : « … homo, adepto ultimo fine, remanet pacatus, suo desiderio quietato ».

2. *Cf.* SCG# lb3 cp48 n2.

3. *Cf.* ST1 qu86 ar2 co. La même chose arrive pour notre raison, par exemple, en mathématique : ST2 qu30 ar4 co : « … ratio quodammodo est virtutis infinitae, inquantum potest in infinitum aliquid considerare, ut apparet in additione numerorum et linearum ».

de plus élevé que ce qu'ils trouvent[1]. Il s'ensuit que la tension vers le futur ne peut pas être éliminée en cette vie; l'orientation même du désir en est la preuve[2].

Le manque actuel de but final peut expliquer en partie cette tension, mais ce n'en est pas la seule raison. Le fait de ne pas avoir le bien total à sa disposition s'ajoute à la présence inévitable du mal, physique et moral, à la présence de tout ce qui nous afflige en nous rendant malheureux[3]. La désolation de la vie et les difficultés liées à la condition humaine sont rappelées par les lamentations de Job qui, se couchant, désirait vivement voir l'aube pour se lever et, une fois debout, souhaitait de tout cœur l'arrivée du soir pour se coucher à nouveau[4]. Cette alternance dans l'insatisfaction continuelle est propre à l'homme, mais avec des nuances. Celui qui est triste à cause de son sort souhaite vivement se projeter vers le futur dans l'espoir d'obtenir une situation plus favorable, alors que celui qui est heureux espère pouvoir se garder dans le même état de joie.

Ce qui demeure cependant en tout cas, c'est un état d'*inquietudo*, un manque de repos dû à la privation de ce que l'on cherche[5]. Cette "inquiétude des désirs" empêche l'homme de trouver la paix qu'il poursuit toujours.

Cette tension continuelle peut être résolue de façon positive, car elle constitue le fondement du progrès humain, de l'effort constant pour s'améliorer et améliorer le monde afin d'y trouver sa propre satisfaction, avant le renouvellement définitif qui aura lieu seulement après le jugement universel[6]. L'animal ne se dirige que vers son semblable, tandis que l'homme recherche le bien de l'univers entier. C'est la raison pour laquelle on peut affirmer que l'homme est un *minor mundus*, une synthèse du monde[7].

1. ST3# qu28 ar3co: «quandiu autem in hoc mundo sumus, non quiescit in nobis desiderii motus ... ».

2. QDV qu26 ar5 ag4: « ... sicut in irascibili est passio respectu futuri, ita in concupiscibili. sed passio quae est in concupiscibili, *respectu futuri*, scilicet desiderium, non ponitur passio principalis »; CIO#cp7 : « ... semper homo quasi non contentus praesentibus futura desiderat : unde manifestum est in hac vita ultimum finem non esse ».

3. CIO# cp7 : « ... in praesenti vita praesentia non sufficiunt sed desiderium *tendit in futura* propter duo : propter *afflictiones praesentis vitae* [...] propter *defectum perfecti boni et finalis* quod hic non habetur ».

4. *Cf.* CIO#c p7.

5. OTT lb2 cp9: «non enim impeditur pax hominis nisi vel per interiorem desideriorum *inquietudinem*, dum desiderat *habere quae nondum habet* ... ». En ce sens, l'*inquietudo* s'oppose à la *pax* en tant qu'instabilité due aux préoccupations séculières. Le thème est évidemment augustinien. En général, selon Thomas, l'*inquietudo* consiste en une possession non complète des créatures par elles-mêmes, ou bien dans la sollicitude inutile qui conduit à la cupidité; mais on y trouve aussi le sens augustinien (*cf.* RAC).

6. 4SN ds48 qu2 ar1 sc3 : « homo universum diligit naturaliter; ergo et ejus bonum concupiscit; et ita, ut satisfiat hominis desiderio, debet etiam *universum meliorari* ».

7. Cette définition se trouve dans le néoplatonisme, surtout chez Chalcidius et Macrobe; elle est répandue dans l'hermétisme. *Cf.* M.-Th. D'Alverny, « L'homme comme symbole. Le microcosme », dans *Simboli e simbologia nell'Alto Medioevo. Settimane di studio del centro italiano di studi sull' Alto Medioevo*, XXIII (1975), vol. 1, Spoleto, Panetto & Petrelli, 1976, p. 123-183; *cf.* aussi toute la section « Microcosme et Macrocosme », dans *L'homme et son univers au Moyen Âge (Actes du 7e*

Toutefois, il arrive que cette inquiétude aboutisse à une recherche désordonnée, et que pour l'apaiser, on ait recourt aux plaisirs du corps qui ont l'effet de nous plonger dans les passions :

> et quia variis DESIDERIIS subiacent, *variationibus gaudent*. Sapienter autem hanc impugnationem passionum sedarent si, multa DESIDERIA reprimentes, ad unum DESIDERIUM verae pacis converterentur. [CDN cp11 lc3]

Celui qui succombe aux passions pour calmer le désir de paix ne se comporte pas sagement, car les passions se succèdent les unes aux autres sans jamais apporter l'apaisement. On reste ici prisonnier des variations de la vie, vaguant indéfiniment au moyen de ce qu'on croit être l'objet du désir, mais qui ne donne qu'une paix transitoire.

Les biens temporels n'exaucent pas définitivement le désir. Au contraire, ils l'allument toujours davantage [1] pour une double raison :

> causa autem quare *temporalia* non auferunt sitim in perpetuum, una quidem est, quia *non simul sumuntur*, sed paulatim, et quasi cum motu, et ideo semper restat aliquid sumendum; et propter hoc, sicut consurgit delectatio et satietas ex iam sumpto, ita et DESIDERIUM *restat ex sumendo*. alia vero est, quia *corrumpuntur*, unde remanet memoria ex corrupto, et generatur iterato DESIDERIUM eorum. [REI cp6 lc4]

En premier lieu, on ne peut obtenir les biens temporels tous ensemble en même temps, mais petit à petit, progressivement, de sorte que quelques-uns restent toujours hors de notre portée. Une fois arrivé provisoirement à la satiété, le désir de quelque chose d'autre qui nous manque se fera vif. Le désir ne se rassasie jamais, comme il est arrivé au roi Midas : sa soif de l'or l'a poussé à demander que tout ce qu'il touchait soit transformé en or, mais il en mourut de faim [2]. De plus, les biens temporels se corrompent en laissant à l'homme le souvenir de ce qui a été corrompu, ce qui peut engendrer de nouveaux désirs.

Cette analyse subtile de la vie menée en passant d'un bien à l'autre, en jouissant d'un instant qui s'enfuit immédiatement, rappelle les écrits de Kierkegaard sur la vie esthétique [3]. Il est facile d'entrevoir le personnage de Don Juan et la convoitise infinie qui l'entraîne dans un tourbillon de jouissances dont il ne sait plus sortir [4].

Congrès International de Philosophie Médiévale, 1982), Ch. Wenin (ed.), Louvain-la-Neuve, Institut Supérieur de Philosophie, 1986, p. 341-405.

1. *Cf.* CTE# cpd.

2. *Cf.* CPO# lb1 lc7 n10; ce récit est utilisé par Thomas pour s'opposer à l'opinion qui soutient que la richesse materielle est suffisante pour ne pas mourir de faim : le cas extrême du roi Midas montre qu'en ne portant attention qu'à l'or on peut perdre de vue les besoins vitaux.

3. *Cf.* S. Kierkegaard, *Le journal du séducteur*, dans *Œuvres Complètes*, vol. III, Paris, Éditions de l'Orante, 1970.

4. L'affirmation de Leporello est explicite quand il dit que Don Juan (dans l'œuvre homonyme mise en musique par Mozart et dont les paroles sont de Da Ponte) « delle vecchie fa conquista pel piacer di porle in lista ». Le désir de possession de Don Juan est limité aux biens temporels et, par

Si les biens temporels nous laissent frustrés, les spirituels nous comblent différemment. En commentant *Jn* 4,14, Thomas explique que ces deux genres de biens engendrent un désir, mais tandis que le désir des choses temporelles oriente vers un objet extérieur en un renvoi potentiellement infini, les choses spirituelles apaisent celui qui désire quelque extériorité [1].

La raison s'en trouve dans la jouissance différente que donnent ces deux types de biens. Les choses temporelles sont qualifiées de précieuses aussi longtemps qu'elles ne sont pas acquises; mais quand on les tient, on s'aperçoit qu'ils ne rassasient pas et on est obligé d'en chercher d'autres [2]. Par contre, la valeur des biens spirituels n'est connue que lorsqu'ils sont acquis; ils poussent donc la recherche vers la jouissance parfaite et non pas en direction de la progression de l'avoir. Cette différence entre les biens vient de ce que l'homme est un réceptacle imparfait, qui n'est pas en mesure de jouir immédiatement de la totalité du bien.

Il est donc nécessaire que l'homme élève sa recherche en passant des réalités extérieures aux spirituelles [3]. Il doit donc s'adresser à la source première de tout

conséquent, sujet à son potentiel infini : le désir ne peut avoir de fin car ce que l'on cherche se déplace continuellement au delà. Il subit ainsi un renvoi continuel et progressif d'un objet à un autre, comme l'avait déjà compris Dante : si le désir n'est pas mesuré par le sujet, il continue à l'infini, allant donc vers son contraire puisqu'en désirant la perfection il se trouvera à souhaiter l'imperfection ; l'objet du désir sera en ce cas le désir même (cf. *Convive*, III, XV ; *cf.* aussi *Le Paradis*, III, 79-90). Il s'agit toutefois là d'un infini "négatif" parce que clos et inaccessible, un infini qui piège l'homme. À ce propos, voir les suggestions littéraires de Jorge Luis Borges (« Magie parziali del "Don Chisciotte" », *Altre inquisizioni*) : il y a dans le *Don Quichotte* de Cervantès une scène où les personnages discutent du livre dont ils sont les protagonistes; semblablement, dans l'*Hamlet* de Shakespeare, la tragédie se trouve représentée dans la fiction même; selon Borges, ce genre d'infini effraie parce que si les personnages peuvent être des lecteurs, alors nous-mêmes, les lecteurs, nous pouvons aussi devenir des personnages. "L'infini négatif" avait déjà été touché par la pensée grecque qui, dans les paradoxes de Zénon, avait mis en évidence la difficulté de penser l'illimité. Les distinctions entre l'infini actuel et l'infini potentiel, puis entre l'infini et l'indéfini, permettent d'articuler la pensée et de séparer les applications du terme "infini" à Dieu, aux êtres naturels et aux êtres de raison. Toutefois le caractère illusoire du "faux infini" (décrit par Hegel dans la *Science de la logique*) n'échappe pas à la sensibilité moderne, surtout en rapport à l'imagination et au désir humain (*cf.* P. Zellini, *Breve storia dell' infinito*, Milano, Adelphi, 1980).

1. REI cp4 lc2 : « quia differentia est inter rem *spiritualem* et *temporalem*. licet enim utraque generat sitim, tamen aliter et aliter : quia res temporalis habita, causat quidem sitim non sui ipsius, sed alterius rei ; spiritualis vero tollit sitim alterius rei, et causat sui ipsius sitim ».

2. REI cp4 lc2 : « ... res temporalis *antequam habeatur*, aestimatur magnii pretii et sufficiens ; sed *postquam habetur*, quia non tanta, nec sufficiens ad quietandum desiderium invenitur, ideo non satiat desiderium, quin *ad aliud habendum moveatur*. res vero spiritualis non cognoscitur, nisi *cum habetur* [...] et ideo *non habita*, non movet desiderium; sed eum *habetur* et cognoscitur, tunc *delectat* affectum et *movet* desiderium, non quidem ad aliud habendum, sed quia imperfecte percepitur propter recipientis imperfectionem, movet ut ipsa perfecte habeatur ».

3. Nous avons déjà vu que le contexte métaphorique corporel contribue à montrer la privation au cœur du désir, mais aussi comment la métaphore de la soif conduit au dépassement de la corporéité en direction de la recherche spirituelle. Ce thème est repris ici en rapport à la dynamique particulière du désir humain qui, s'il est poussé d'un coté vers les biens matériels, doit de l'autre s'élever au-dessus d'eux.

bien, qui peut donner les biens spirituels, c'est-à-dire, à Dieu, "source de vie"[1] qui peut enivrer l'homme[2]. Seul le bien parfait, contrairement aux biens temporels, peut conduire à la paix parfaite de la volonté, car seul le bien suffisant en soi peut apaiser le désir[3].

Si notre constitution finie nous empêche de goûter une paix définitive dans notre l'état actuel, la paix nous est cependant montrée lors de la contemplation, c'est à dire ce qu'il y a de plus proche en cette vie à la paix et à la stabilité. La contemplation assume ainsi un rôle fondamental pour la philosophie, ainsi que pour la foi : les philosophes y ont lié leur concept de joie, tandis que l'Évangile affirme que Marie a choisi "la part la meilleure" par rapport à Marthe[4].

LE DÉTOURNEMENT DU MOUVEMENT DU DÉSIR : LE PÉCHÉ

L'"*infirmitas desiderii*"

L'application exclusive aux biens matériels est un exemple du mauvais usage que l'homme peut faire de la tension désirante et qui peut devenir un obstacle sérieux pour atteindre la paix.

Nous avons vu que le désir naturel ne peut pas rester vain, mais cette constatation n'a un caractère de nécessité que pour les êtres dont l'acte du désir ne dépend pas d'eux-mêmes, par exemple pour les corps matériels. Si le sujet participe à l'acte, comme dans le cas d'êtres qui ont un certain niveau de conscience, cette participation peut au contraire devenir un élément qui barre la voie de la paix.

Ainsi, dans le cas de l'homme, la tendance peut ne pas être proportionnée au but, ou encore peut être perverse, interdisant de chercher le bien là où réellement il se trouve :

> quamvis autem omnia DESIDERIA ad beatitudinem referantur, tamen contingit utrolibet modo DESIDERIUM esse *perversum*; quia et ipse *appetitus beatitudinis* potest esse *perversus*, cum quaeritur ubi non est, ut ex dictis patet; et si quaeratur ubi est, potest contingere quod *id quod propter hunc finem appetitur, non est fini proportionatum* ... [4SN ds49 qu1 ar3d ra5]

On note dans ce passage une différenciation entre l'*appetitus* et le *desiderium*. Le premier terme semble qualifier la faculté de *appetere* en entier, laquelle peut être complètement perverse ainsi que sa réalisation; le deuxième terme désigne

1. *Ps* 35,10.

2. RPS ps35 n4 : « ejus quis resistit? materia autem talis refectionis est, quia conjunguntur fonti : et sicut qui tenerent os suum ad fontem vini, inebriarentur; sic qui tenent *os suum*, idest desiderium, ad fontem vitae et dulcedinis, inebriantur : 1 cor. 2 : alius autem ebrius est. et sic inebriantur, quia apud te est fons vitae ».

3. CTC# lb1 lc9 n10 : « nam *bonum perfectum* videtur esse *per se sufficiens*. si enim quantum ad aliquid non sufficit, iam non videtur perfecte desiderium quietare ; et ita non erit perfectum bonum ».

4. Cf. *Lc* 10,38-42 ; *cf.* anche SCG# lb3 cp63 n7.

par contre le seul acte d'appétition qui peut, lui aussi, être orienté de manière indue. Ainsi naît le péché qui, considéré comme acte de la faculté appétitive, peut être défini fondamentalement comme *immoderatum appetitum*, c'est-à-dire un appétit orienté vers ce qui n'appartient pas à la condition humaine. Tel le cas de celui qui, non content de sa situation existentielle, convoite ce qui n'est pas de son ressort : par exemple, un chevalier qui désire les attributs d'un comte, ou le clerc qui désire ceux de l'évêque[1]. Le désir est en ce cas démesuré, excessif et donc contraire à la situation naturelle.

Selon la conception néoplatonicienne et augustinienne, que Thomas récupère, le mal dérive généralement d'une perversion du bien : il est en soi un non-être, une *privatio boni*. Si nous faisons le mal, c'est parce que nous désirons le bien et que nous le recherchons de mauvaise façon[2]; l'élan de l'appétit est toujours adressé à la recherche du bien ou vers l'éloignement du mal[3]. La fuite du mal est déjà un désir du bien, car "fuir" n'est rien d'autre que l'expression négative d'une orientation positive. Le désir qui s'oriente vers le mal ne peut être qu'une perversion du désir :

> ... malum, inquantum malum est non-existens; et hoc ipsum *desiderare*, sicut non-existens, non est ex perfectione DESIDERII, sed est quaedam *infirmitas* et *peccatum* circa DESIDERIUM : sicut enim opinari falsum, est ex infirmitate intellectus, ita *desiderare malum* est *ex defectu virtutis desiderativae.* [CDN cp4 lc23]

Il s'agit là d'une *infirmitas desiderii*[4]. Qui convoite le mal, le fait à cause d'un défaut, d'un manque dans sa capacité de désirer. Analogiquement, une fausse opinion vient d'une faiblesse de la faculté intellective : cet élément de faiblesse n'est pas intrinsèque à la capacité en tant que telle, qui est donnée par Dieu, et qui donc ne peut pas être fondamentalement mauvaise, mais il provient d'une application subjective de la capacité même. Ainsi notre intellect est naturellement tendu vers la vérité mais, lorsqu'il la cherche effectivement, il peut se tromper et tomber dans l'erreur. Le péché dérive d'une incapacité à poursuivre le bien, liée au fait de ne pas l'avoir reconnu en tant que tel; de la même manière, l'intellect peut croire vrai ce qui ne l'est pas.

1. RSU ar4 : « primum peccatum est quod homo *per immoderatum appetitum* petit ea quae statum et conditionem eius excedunt, non contentus his quae decent eum : sicut si desiderat vestes, non vult eas ut miles, si est miles, sed sicut comes; non ut clericus, si est clericus, sed sicut episcopus ». L'évêque a une tâche plus élevée que celle des autres clercs, ce qui lui attribue un degré supérieur; toutefois ce n'est pas là la raison pour laquelle on désire être évêque : *cf.* RT1 cp3 lc1.

2. 2SN ds42 qu2 ar1 co : « *malum* autem sicut non habet esse nisi ut *privatio boni*, ita etiam non *fugitur* nis inquantum *diligitur bonum*; et ideo *fuga mali* reducitur ad desiderium *boni*, sicut in causam primam » ; CDN cp4 lc22 : « ... non enim facimus mala, nisi ex desiderio alicuius boni ... ».

3. 4SN ds14 qu1 ar2b co : « motus autem appetitus in duobus consistit; scilicet in fuga mali, et in prosecutione boni ... ».

4. Le concept est répété par Thomas tout de suite après : CDN cp4 lc23 : « ... peccare in desiderio est quaedam infirmitas desiderii ... ».

Le pécheur, selon sa propre nature, s'adresse à Dieu, même si ses fautes l'éloignent de lui [1]. Sa prière est donc exaucée si elle vient de sa propre nature, qui comme telle est essentiellement bonne. Pour la même raison, les démons peuvent avoir de bons désirs, qui dérivent de la nature crée, et non de leur libre arbitre corrompu; ils recherchent ainsi le bien, au sens où ils peuvent encore désirer les biens naturels, comme ceux de la triade augustinienne : *esse*, *vivere* et *intelligere* [2].

Chaque désir qui tend vers le péché, qui se trompe, peut prendre facilement racine, s'il se répète. Le désir risque alors de devenir débauche : plus on pèche, plus l'envie de commettre d'autres péchés s'accroît [3]. Une fois arrivés à ce stade, nous ne parvenons plus à suivre le jugement de la raison, qui permet d'évaluer la nocivité de quelque chose; nous sommes alors transportés, par la fièvre du désir du mal, à agir contre notre propre jugement. Le péché prend le dessus et ne se laisse plus dominer. Cependant, si le mal est privation du bien, un manque donc, on pourrait se demander pourquoi Dieu le permet et laisse l'homme se réduire à l'esclavage. Thomas répond que le mal est nécessaire, non seulement à cause de la constitution créaturale de l'homme, mais aussi pour mettre mieux en évidence le bien :

> si autem nulla mala essent in rebus, multum de bono hominis diminueretur, et quantum *ad cognitionem*, et quantum *ad boni* DESIDERIUM vel amorem. Nam *bonum ex comparatione mali magis cognoscitur* … [SCG# lb3 cp71 n8]

Partant de la supposition que chaque objet est connu par son rapport à son contraire, on peut affirmer que, s'il n'y avait pas de mal, le bien serait connu de façon moins déterminée, et par conséquent serait désiré avec moins d'ardeur. Si le bien doit être reconnu avant d'être désiré, il peut être reconnu avec plus de précision en étant mis en rapport avec le mal. En ce sens, le mal devient une occasion de bien.

La libération des désirs démesurés

Outre la faiblesse qui appartient à la faculté désirante humaine, les désirs qui gouvernent les hommes permettent de les classer en "extérieurs" et "intérieurs", selon ce qui les gouverne [4]. Les hommes extérieurs sont portés vers les biens temporels ou vers ce qui donne du plaisir au corps, c'est-à-dire vers tout ce qui est

1. ST3# qu83 ar16 co : « … in peccatore duo sunt consideranda, scilicet natura, quam diligit deus; et culpa, quam odit ».

2. QDV qu24 ar10 ra17 : « appetitus […] quo daemones appetunt bonum et optimum, est inclinatio quaedam ipsius naturae, non autem ex electione liberi arbitrii » ; CDN cp4 lc23 : « … daemones desiderant bonum inquantum desiderant bonum naturale quod est esse, vivere et intelligere … ».

3. CIO# cp18 : « [peccator] qui quanto plus peccat tanto plus auget sibi desiderium peccandi […] quandoque homo peccator ex ratione considerat aliquid sibi esse nocivum, sed *fervens* desiderium peccandi compellit eum contra suam sententiam agere ».

4. *Cf.* 2SN ds21 qu1 ar2 ra2.

superflu par rapport au bien dernier[1]. Ce qui est nécessaire au corps n'est pas, de soi, en contradiction avec l'esprit puisque tous deux sont des parties intégrantes de l'être humain, toutefois il ne faut pas penser que les biens charnels sont les seuls importants et les considérer comme une finalité en soi.

Nous avons déjà vu comment le désir des choses charnelles recherchées en dehors de leur ordre naturel devient *concupiscentia*[2]. Le péché surgit lorsqu'on traite son corps et son plaisir de manière désordonnée, sans lien avec l'unité de l'homme. Ici aussi les métaphores corporelles viennent en aide : les désirs charnels se situent en effet dans le ventre, la partie la plus molle et plus délicate du corps, qui peut donc être plus facilement induite en tentation[3].

Ce premier exemple montre comment le désir se lie au péché à partir du moment où un bien particulier, muable, devient le centre de toute l'attention, la détournant du bien dernier immuable[4]. L'homme transforme ainsi un bien en occasion de mal. Le désir de plaire, qui en soi répond aux exigences du désir naturel, peut être poursuivi par l'être intempérant comme un but en soi, ou bien peut être utilisé perversement par l'adulateur, qui en exalte uniquement les aspects de jouissance sensible[5].

Il en est de même pour le désir de subsistance, qui est un désir naturel et bon car il vise au désir d'être, de survivre, qui, nous le savons, appartient à la nature même de la créature. Mais ceci aussi peut être *inordinatum*, quand il est porté à l'excès, devenant péché de gourmandise[6].

Tout péché se fonde donc sur quelque appétit naturel, que la raison inspirée par la loi divine devrait diriger. Si l'on reste au-dessous de la raison ou si l'on va au-delà, on se détourne de l'ordre[7]. Rechercher la satisfaction d'un désir qui appartient à la nature n'est pas une faute puisque le désir naturel est mis par Dieu lui-même en l'homme, mais celui-ci peut ajouter à cette recherche une *inordinatio* :

> ... requirere impletionem naturalis DESIDERII non est peccatum, nisi aliqua *inordinatio* adiungatur ... [QDL n3 qu9 ar2 co]

1. RPS ps18 n7 : « in rebus autem mundanis desiderantur exteriores divitiae et voluptates corporales » ; RGL cp5 lc4 : « ... desideria *carnis*, scilicet *superflua*, non perficietis. in necessariis enim spiritus non contradicit carni, quia, ut dicitur ephes. c. v, 29, nemo carnem suam odio habuit ».

2. Voir plus haut p. 64 *sq.* ; *cf.* aussi CRO cp13 lc3 : « ... *inordinata carnis* desideria, id est *concupiscentias* ... ».

3. ST3# qu165 ar2 ra4 : « ... *nomine* autem *ventris* significatur *carnale* desiderium, quia haec pars mollior sentitur in corpore ».

4. ST3# qu162 ar6 co : « ... in aliis peccatis homo *a deo avertitur* vel *propter ignorantiam*, vel *propter infirmitatem*, sive *propter* desiderium *cuiuscumque alterius boni* ... ».

5. 4SN ds49 qu3 ar4a sc3 : « ... illud cujus desiderium facit aliquid malum, est per se malum. sed desiderium delectationis facit aliquos malos, sicut intemperatos, qui delectationem prosequuntur ut finem, et blandos, qui ad delectationem solummodo dulcia loquuntur ».

6. ST4# qu41 ar4 ra1 : « ... uti necessariis ad sustentationem non est peccatum gulae, sed quod ex desiderio huius sustentationis homo aliquid *inordinatum* faciat, ad *vitium* gulae pertinere potest ».

7. *Cf.* QDM qu8 ar2 co.

Le diable agit sur ce désir démesuré quand il veut tenter l'homme. Cela est tellement vrai que saint Paul affirme que la *cupiditas* est à l'origine de tout mal :

> ... diabolus [...] mundus [...] tentat [...] per *nimium et immoderatum* DESIDERIUM *rerum temporalium*. apostolus, i tim. vi, 10 : radix omnium malorum est *cupiditas*. [RSU ar6]

La *cupiditas* en particulier peut être considérée à partir de trois points de vue différents :

> ... cupiditas etiam *tripliciter* dicitur. Uno modo secundum quod est *radix omnis peccati*, et sic est quaedam *inclinabilitas* in DESIDERIUM *inordinatum cujuscumque desiderabilis*, vel ex corruptione fomitis, vel ex conditione naturae [...] alio modo dicitur, secundum quod est *conditio omne peccatum* sequens ex parte conversionis, prout dicit DESIDERIUM actualiter inordinatum cujuscumque desiderabilis, vel honoris, vel scientiae, etc. Tertio modo dicitur, secundum quod est *speciale vitium et unum de septem capitalibus*, scilicet inordinatum DESIDERIUM habendi ea quae sufficientiam in vita promittunt, ut pecunia, et alia quorum pretium numismate mensuratur ... [2SN ds5 qu1 ar3 ra1]

La *cupiditas* est avant tout la racine de tout péché; elle constitue en effet un penchant vers un désir désordonné, qui dérive de la corruption d'une poussée ou de la nature même de l'agent telle que celui-ci n'est plus en mesure de cueillir la stimulation selon sa réalité. Mais elle peut aussi devenir stable et déterminer le désir actuel en le faisant sortir de sa mesure, constituer un état acquis qui entraine le sujet à tendre dans le désordre vers n'importe quoi. Enfin, la concupiscence est un des sept péchés capitaux, donc un péché spécifique, celui qui désire un excès de biens temporels[1].

Le schéma général selon lequel le désir naturel tend à se dévier vers la perversion est commun à d'autres péchés comme, par exemple, l'avarice. Le désir de biens temporels se transforme en avarice quand il est excessif, ou quand la recherche des biens temporels devient le but dernier en se substituant à celle du bien suprême : l'avarice ne sera considérée comme péché mortel que dans le second cas[2]. Ici aussi, ce qui est utile à la fin par sa juste mesure est détourné de son ordre naturel.

Un autre péché qui dérive d'un désir excessif est ce que Thomas appelle *prurigo*, c'est-à-dire le désir désordonné d'écouter de nouvelles choses. Le désir positif qui s'oriente vers la connaissance droite et qui conduit à la vertu de la *studiositas* devient un péché quand on veut écouter de tout sans discrimination, comme si l'on avait une rougeur due à la chaleur trop élevée, ayant des manières semblables à celles que décrit par saint Paul : "car un temps viendra où les hommes ne voudront plus écouter la saine doctrine, mais au contraire, en suivant

1. ST3# qu19 ar3 co : « ... *cupiditas* recte nominatur desiderium vel amor *divitiarum*, quod est malum ».

2. QDM qu13 ar2 co : « si ergo *avaritia* dicatur amor et desiderium *temporalium bonorum* [...] *avaritia* dicatur *inordinatus* amor vel desiderium *rerum huius mundi* communiter loquendo ... ».

leurs envies, ils se donneront de nombreux nouveaux maîtres, lesquels enseigneront ce que les hommes auront envie d'écouter"[1]. On risque alors, dans la recherche de la vérité, de se gonfler d'orgueil, ou bien d'utiliser la vérité pour atteindre des buts impropres, comme les philosophes qui utilisent la raison contre la foi. L'appétit démesuré de connaissance devient alors *curiositas*, un concept que Thomas reprend en partie d'Augustin : le curieux n'essaie d'obtenir le savoir que pour se montrer hautain, ou pour connaître des choses qui ne sont pas de son ressort, et en tout cas sans diriger la connaissance vers sa juste finalité[2].

Avoir un désir démesuré d'exceller signifie par contre tomber dans l'orgueil; on va de cette manière au-delà du droit chemin et on sort de l'ordre divin, ce qui produit la gravité du péché[3]. Le désir d'infliger le juste châtiment risque au contraire de devenir une vengeance et de se rendre ainsi contraire à la justice. L'esprit de celui qui se venge peut être conduit à chercher le bien, mais aussi à prendre plaisir au mal de celui qui subit la vengeance; en ce cas, celle-ci n'est pas licite[4].

L'homme est néanmoins capable de sortir de tous ses maux charnels et terrestres: Thomas expose cette possibilité en rapportant l'interprétation que donne Raban Maur de l'épisode de la guérison du paralytique, précisément au sujet de la phrase du Christ: "lève-toi, prends ton brancard et rentre chez toi" (Mt 9,6)[5]:

> *surgere* autem est animam a carnalibus DESIDERIIS *abstrahere*; *lectum tollere* est carnem a terrenis DESIDERIIS ad voluptatem spiritus attollere ... [CMT cp9 lc1]

L'action du paralytique qui se lève de son brancard représente l'élévation de l'esprit au-dessus des désirs charnels, une action qui peut être accomplie par l'homme grâce à l'esprit. L'esprit est encore comparé, à travers une image suggestive tirée de Grégoire le Grand, à une épée qui peut transpercer les désirs charnels[6] et les ramener ainsi à leur ordre naturel.

L'homme parvient à se dominer à l'aide de la vertu de tempérance qui agit sur les passions du concupiscible. La tempérance invite à la modération l'homme qui peut l'exercer dans ses actes car il est doté de raison, et qui peut ainsi utiliser les biens sensibles comme moyens nécessaires pour sa subsistance et pour atteindre

1. 1SN qu1 : « *pruriginem*, idest *inordinatum* desiderium *nova audiendi*, sicut pruritus concitatur ex calore inordinato » ; *cf.* 2*Tim* 4,3.

2. *Cf.* ST3# qu167.

3. 2SN ds42 qu2 ar3 ra1 : « ... *superbia*, ut fertur ad omnia peccata, commune est, secundum quod est desiderium *cujuscumque excellentiae* » ; *cf.* ST3# qu162.

4. 3SN ds33 qu3 ar4a ra4 : « ... *vindicare* ex poenae desiderio, *vitiosum est*; sed ex sola justitia, et secundum ordinem juris, justitiae est » ; *cf.* ST3# qu108.

5. Le même épisode chez *Mc* 9 est interprété de la même manière : CMC cp2 lc1 : « de grabato autem surgere est animam se a carnalibus desideriis, ubi aegra iacebat, abstrahere ».

6. 4SN ds49 qu5 ar3b ag5 : « ... spirituali tamen gladio carnalia desideria in mente trucidamus » ; ST3# qu124 ar4 ag1 : « et gregorius dicit, quamvis occasio persecutionis desit, habet tamen pax suum martyrium, quia etsi carnis colla ferro non subiicimus, spirituali tamen gladio carnalia desideria in mente trucidamus ».

le but dernier[1]. À propos de ce dernier point, il est indispensable que la créature rationnelle prenne librement une décision, qui seule peut contribuer à la justification de l'impie :

> oportet igitur quod *in iustificatione impii* sit *motus liberi arbitrii* duplex, unus quo per DESIDERIUM *tendat in dei iustitiam*; et alius quo *detestetur peccatum.* [ST2 qu113 ar5 co]

La justification est un mouvement (*transmutatio animae*) par lequel, au moyen de la rémission des péchés, Dieu meut l'esprit humain de son état de péché ou d'injustice vers un état de justice. Le commencement d'un tel mouvement est provoqué par l'infusion de la grâce de la part de Dieu. Mais Dieu meut les hommes en relation à leur nature. Or la liberté est propre à la nature humaine. C'est pourquoi la disposition préalable de celui qui est mû et le mouvement suscité doivent s'unir dans un acte du libre arbitre. Le mouvement de libre arbitre doit donc être double : tendu d'une part vers la justice divine pour obtenir la grâce, et de l'autre motivé pour détester le péché commis[2]. Ceci correspond au double mouvement d'éloignement du péché et d'approche du bien à travers le désir. La rémission du péché peut avoir lieu au terme final du mouvement[3].

1. *Cf.* ST3# qu142.

2. 4SN ds17 qu1 ar3d co : « … in justificatione qua justificatur impius, oportet dispositionem esse duplicem; unam *ad introducendum gratiam*, scilicet motum liberi arbitrii in deum; altera *ad expellendam culpam*, scilicet motum liberi arbitrii in peccatum » ; REI cp4 lc2 : « … in iustificatione impii requiritur liberum arbitrium *ad detestandum peccata* et *ad desiderandum gratiam* … ».

3. *Cf.* ST2 qu113.

CHAPITRE IV

LE TERME DU DÉSIR

DIEU FIN DERNIÈRE

Des moyens à la fin

Nous savons que le désir humain, en tant que passion de l'appétit concupiscible, jaillit de la faculté volitive. En effet, comme le jugement naît de l'activité de la raison, le désir vient de l'activité de la volonté[1].

Puisque la volonté en général s'adresse à un bien extérieur, l'objet du désir est, comme pour la volonté, le bien[2]. Mais le bien se configure comme le but, et le désir, comme acte de la volonté, est un moyen pour atteindre la fin :

> disponitur autem ad finem voluntas *per intentionem et* DESIDERIUM *finis*. [SCG# lb3 cp143 n4]

La volonté ne peut arriver au but que si elle est convenablement disposée, c'est-à-dire si elle s'oriente droitement vers la fin. Cette orientation est guidée par le désir, en tant que mouvement de l'esprit vers l'objet. Connaître le but qu'il faut poursuivre n'est pas suffisant en effet pour la volonté, qui doit se diriger vers lui, le désirer[3].

La volonté et la fin se trouvent alors en rapport direct, car la première ne se meut que si elle a individualisé, pour ainsi dire, la deuxième. C'est la fin qui oriente chaque mouvement de la volonté et qui dirige donc le désir[4]. Utilisant une expression analogue d'Aristote, Thomas affirme que, dans l'ordre de l'appétible, la fin a le même rôle que les principes dans l'ordre de l'intelligible[5].

1. 2SN ds24 qu1 ar3 co : « … *ex ratione* habeat *judicium*, et *ex voluntate* desiderium … ».
2. QDW qu2 ar6 ra8 : « actus voluntatis consistit in motu animae ad rem … » ; 2SN ds21 qu1 ar3 co : « … cum *bonum* sit *objectum voluntatis* et desiderii, eo modo aliquid est adamandum quo est bonum ».
3. 4SN ds15 qu4 ar1a ra3 : « … voluntas, quae habet finem pro objecto, dicitur imperare, inquantum imperium, quod est actus rationis, in voluntate incipit, *ad quam pertinet* desiderium *finis* ».
4. 3SN ds30 qu1 ar4 ra5 : « … nullus conatur ad aliquid, nisi secundum desiderium finis ».
5. Aristoteles, *Ethica Nicomachea*, *op. cit.*, VII, 12, 51a17-18 : « in accionibus autem quod cuius gracia principium, quemadmodum in mathematicis supposiciones » ; 4SN ds49 qu1 ar3d co : « in

Ce qui est premier dans son genre est cause, en effet, de ce qui lui succède : comme la *cognitio principii*, sur le plan spéculatif, est la cause de la connaissance qui découle du principe même, l'appétit orienté vers la fin est la cause du désir pour tout ce qui se révèle uniquement comme moyen.

Ceci ne diminue pas la valeur des moyens, même s'il s'agit d'une valeur exclusivement instrumentale : pour atteindre la fin, il faut aussi vouloir les moyens qui nous portent vers elle. Le désir du but, donc, engendre celui des moyens, un peu comme les conclusions suivent des principes[1].

La différence des verbes *velle* et *intendere* naît de la différence qu'il y a entre la fin et les moyens. *Velle* montre directement une relation à la fin, alors que *intendere* se réfère à la mise en ordre en vue de la fin de tout ce qui est nécessaire pour y accéder[2]. Les biens temporels, par exemple, ne doivent jamais être considérés comme des buts. Ils ne sont qu'ordonnés à l'obtention de la vraie fin, qui doit être poursuivie et recherchée uniquement pour sa valeur intrinsèque[3].

Si les moyens représentent matériellement les éléments nécessaires pour accéder au but et si le désir indique le moment temporel du mouvement de la volonté vers la fin, l'acte de désirer implique alors aussi les moyens : le désir ne concerne pas par lui-même la volonté, mais le choix. Il entre en scène au moment où la fin est absente pour la volonté, et non pas au moment de la *consecutio*[4], même si la *consecutio* reste à l'horizon comme point terminal :

> ... omne id quod agit propter DESIDERIUM finis, *per actionem suam ordinatur ad consecutionem desiderati*. [2SN ds1 qu2 ar1 ra3]

Le désir n'est pas seulement une simple étape en vue du but, mais il est un élément indispensable : sans le mouvement qui le caractérise, la fin ne pourrait pas être rejointe et il ne pourrait pas arriver à s'unir à elle ni à participer de sa perfection[5].

Lorsque l'on considère la fin en soi, on doit distinguer entre la *finis operis* et la *finis operantis* : chaque œuvre de Dieu est destinée à sa propre fin, mais l'objet

ordine appetibilium hoc modo se habet finis sicut principium in ordine intelligibilium » ; *cf.* aussi ST2 qu8 ar2 co ; ST2 qu10 ar1 co ; OTT lb1 cp66.

1. 2SN ds38 qu1 ar4 sc1 : « ... unum desiderium est finis et ejus quod est ad finem » ; CDN cp4 lc14 : « ... desiderium boni movet, sicut principium quoddam, ad volendum *ea quae sunt propter finem* ... ».

2. QDV qu22 ar13 co : « ... *intendere* in hoc differt a *velle*, quod *velle* tendit *in finem absolute*, sed *intendere* dicit *ordinem in finem* secundum quod finis est in quem ordinantur ea quae sunt ad finem ».

3. 4SN ds15 qu4 ar4b ra1 : « ... nec primo nec secundo debent quaeri temporalia, quasi principaliter intenta ; possunt autem quaeri ut propter aliud desiderata : quod quidem desiderium est electionis, non voluntatis proprie, quia voluntas est finis ».

4. ST2 qu3 ar4 co : « consecutio autem finis non consistit in ipso actu voluntatis. voluntas enim fertur in finem et *absentem*, cum ipsum desiderat ; et *praesentem*, cum in ipso requiescens delectatur. manifestum est autem quod ipsum desiderium finis *non est consecutio finis*, sed est *motus ad finem* ».

5. 3SN ds23 qu2 ar2b ra5 : « ista quatuor distinguuntur secundum ea quae exiguntur *ad consecutionem finis*. praeexigitur enim primo *affectio ad finem* [...] ex amore autem et desiderio finis aliquis *in finem incipit mover* [...] motus autem ad finem perducit ad hoc quod aliquis *fini conjungatur* ; [...] ex conjunctione autem ad finem aliquis in participationem perfectionum finis perducitur ... ».

peut avoir une fin qui n'appartient pas à celui qui la produit. La fin de l'œuvre est en effet ce vers quoi l'agent destine son œuvre. Elle représente ainsi la raison de l'existence de l'objet (ratio *operis*). Cette raison peut consister dans la seule existence de l'objet ou encore *in alio*. La fin de celui qui agit est, par contre, ce que l'agent poursuit principalement, ce qu'il entend obtenir par l'intermédiaire de l'œuvre; une telle fin est toujours intérieure à l'agent. Le maçon regroupe ainsi des briques en composant la forme d'une maison, laquelle représente le *finis operis* puisqu'on place les briques pour obtenir ce qu'on veut qu'elles deviennent. L'utilité qui s'ensuit représente par contre le *finis operantis*, car le maçon construit la maison pour qu'elle soit confortable et habitable.

Dieu agit *propter finem operis*, car il dispose la créature de manière à ce qu'elle atteigne sa perfection propre, mais cette fin se joint dans ce cas au *finis operantis*, car ce que Dieu veut est, justement, le bien de la créature[1].

Une nouvelle distinction, relative au mouvement du sujet, entre l'action accomplie à cause du désir de la fin et l'action achevée par amour de la fin, suit la distinction précédente :

> ... quod agere hoc modo, est dupliciter : vel propter DESIDERIUM *finis* ; vel propter *amorem finis* : DESIDERIUM enim est *rei non habitae* ; sed *amor* est *rei quae habetur* [...] et ideo *omni creaturae* convenit agere propter DESIDERIUM finis, quia unicuique creaturae *acquiritur bonum ab alio* quod ex se non habet ; sed *deo* competit agere *propter amorem finis, cujus bonitati nihil addi potest*. [2SN ds1 qu2 ar1 co]

L'action du désir est caractérisée par l'absence de la fin, celle de l'amour par sa présence. La créature ne peut agir que par désir de sa propre fin, qu'elle ne détient pas encore, alors que Dieu agit exclusivement par amour de la fin. Chaque créature acquiert en effet un bien offert par quelqu'un d'autre, au moyen d'un mouvement mis en œuvre par le désir, alors qu'à Dieu nul bien extérieur ne peut être donné, étant lui-même la plénitude de la bonté. C'est la raison fondamentale pour laquelle on ne peut attribuer à Dieu aucun désir, mais seulement l'amour. Dieu aime parfaitement sa bonté et agit afin qu'elle se diffuse. Telle est la raison pour laquelle Dieu ne peut pas avoir de fin extérieure à lui en mesure de le perfectionner, comme il advient pour sa créature[2].

De plus, nous savons que le désir se réfère à un bien futur, mais rien ne peut être ajouté à Dieu, pas même la temporalité, car il se possède dans l'éternité. Le désir ne peut pas caractériser Dieu, car rien ne peut lui devenir nécessaire demain qu'il n'ait pas déjà aujourd'hui[3]. Dieu n'agit pas en effet comme un artisan

1. *Cf.* 2SN ds1 qu2 ar1 co.

2. 2SN ds1 qu2 ar1 ra2 : « ... illud quod agit *propter* desiderium *finis*, habet *finem extra se*, quo perficitur. hoc autem non convenit *deo* qui agit *propter amorem finis*, quia ipsemet est sibi finis a se habitus et amatus ... » ; *cf.* aussi SCG# lb3 cp18 n4.

3. OTT lb2 cp8 : « sed cum desiderium sit boni futuri, *deo* autem, secundum quod in se consideratur, *nihil in futurum adveniat*, sed aeternaliter eodem modo se habeat, desiderium nostrum non potest ferri ad ea quae dei sunt prout in seipsis considerantur, ut scilicet deus aliqua bona obtineat quae non habet ».

humain qui réalise son œuvre comme s'il en avait besoin, tel le maçon qui construit sa maison pour s'y reposer, ou comme le forgeron qui forge un couteau pour le vendre et faire recette. Le désir de l'artisan s'apaise dans l'œuvre qu'il réalise et qui constitue sa propre fin [1]; tel n'est pas le cas de Dieu.

On a trouvé une seule occurrence où le désir est rapporté à Dieu :

> ... dicitur *deus* requievisse die septima. primo quidem, quia die septima cessavit novas creaturas condere [...] alio modo, secundum quod rebus conditis ipse non indigebat, sed seipso fruendo beatus est. Unde [...] non dicitur quod in suis operibus requievit, quasi eis ad suam beatitudinem indigens : sed ab eis requievit, utique in seipso, quia ipse sufficit sibi et implet DESIDERIUM *suum*. [ST1 qu73 ar2 co]

Le repos de Dieu, le septième jour, peut être qualifié en rapport à sa condition de béatitude. Toutefois Dieu n'est pas heureux dans la jouissance de ses créatures, mais en jouissant de lui-même; il ne se repose pas *dans* les choses comme s'il en avait besoin, mais *des* choses, c'est-à-dire en lui-même. L'attribution du désir ne se fait pour lui que de façon métaphorique, comme pour la colère par exemple. Si l'on ne peut pas attribuer à Dieu les changements corporels qui sont liés aux passions, on peut lui prêter métaphoriquement des imperfections formelles, à cause de leur ressemblance en leurs effets. Celui qui est en colère punit souvent. La colère devient ainsi un signe du châtiment : quand elle est attribuée à Dieu, ce n'est pas parce qu'il est réellement en colère, mais parce que nous constatons les effets particuliers de la colère [2]. De même, puisque la paix et le plaisir forment le résultat final du désir, on arrive à dire que Dieu "désire" la paix, quoique rien ne lui manque [3]. L'agent parfait agit seulement par la surabondance de sa bonté, par un acte d'amour pur, alors que ses créatures imparfaites agissent à cause de leur manque [4]. Conformément à ce qui se passe dans le cas des passions humaines, nous constatons qu'un manque correspond aussi à une tendance qui exprime sa conformité avec sa fin [5].

Nous pouvons alors affirmer que la créature est ordonnée par le désir à obtenir le but désiré. La fonction fondamentale du désir est de diriger l'homme vers sa

1. RHE cp4 lc1 : « artifex enim agit propter indigentiam suam, sicut domificator facit domum, ut in ipsa quiescat. similiter faber facit cultellum propter lucrum. unde desiderium cuiuslibet *artificis* quietatur *in opere suo*. sed non sic est de *deo*, quia *non agit propter indigentiam* suam, sed *propter bonitatem* ».

2. *Cf.* ST1 qu19 ar11 co; ST1 qu20 ar1 ra2.

3. On peut ainsi que Dieu, en créant, "veut d'autres choses", même s'il ne les veut pas pour les utiliser mais parce qu'il veut sa propre bonté : ST1 qu19 ar2 ra3 : « ... sicut alia a se intelligit intelligendo essentiam suam, ita alia a se vult, volendo bonitatem suam ».

4. CDN cp4 lc5 : « ... causa agens, quaedam agit ex desiderio finis, quod est *agentis imperfecti*, nondum habentis quod desiderat; sed *agentis perfecti* est ut agat *per amorem* ». En Dieu, il ne peut donc pas y avoir d'espérance parce que celle-ci implique un rapport à un bien futur qui doit être atteint : SCG# lb1 cp89 n9 : « spes igitur in deo esse non potest, etiam ratione suae speciei. et similiter nec desiderium alicuius non habiti ».

5. 1SN ds35 qu1 ar1 co : « omne enim *agens* habet aliquam *intentionem* et desiderium *finis* »; 2SN ds1 qu2 ar1 ra3 : « ... omne id quod agit propter desiderium finis, *per actionem suam ordinatur ad consecutionem desiderati* ».

fin. Si cette fonction est bien comprise, le désir montre à l'homme le chemin à parcourir pour rejoindre sa fin. Le désir de la fin ne concerne cependant pas que l'homme, mais aussi les corps naturels et les animaux : leur désir dérive de l'attraction exercée en eux par la fin, qui pousse l'agent et l'attire vers soi en mobilisant la diversité de ses opérations conformément à sa proportionnalité[1].

Nul ne peut en effet s'orienter vers sa fin s'il n'est pas proportionné à elle, s'il n'est pas constitué de telle sorte qu'il puisse se rapporter à elle. La *proportio* dont on a parlé précédemment et que l'on sait être condition nécessaire pour l'apparition du désir, devient ici *proportio ad finem* :

> nihil autem potest ordinari in aliquem finem nisi praeexistat in ipso quaedam *proportio ad finem*, ex qua proveniat in ipso DESIDERIUM finis... [QDV# qu14 ar2 co]

La relation de proportionnalité définit aussi l'intensité du désir selon la distance qu'il y a entre le sujet et l'objet. Plus on est proche du but, plus on participe à sa bonté, et plus on désire l'atteindre de façon définitive. Ce qui peut être remarqué explicitement pour les corps, qui accélèrent leurs mouvements quand ils approchent de leur lieu naturel, et pour les substances séparées qui, étant plus proches de Dieu que nous, souhaitent encore plus le connaître[2].

En tous les cas, l'attraction est inhérente à la nature. Ainsi les corps naturels et les animaux sont dirigés vers leur fin par une inclination qui dépend de leur forme substantielle et qui n'agit donc pas "violemment"[3] sur eux, comme dans le cas d'une flèche tirée à l'arc par un tireur qui l'oriente vers une cible.

On demande néanmoins à l'homme quelque chose de plus, car son désir doit être conjugué à la connaissance du but[4]. La *cognitio finis* est indispensable pour que le mouvement du désir soit réellement humain, de même que l'amour pour la fin et la foi pour l'atteindre[5]. L'homme doit décider librement de son orientation, et pour que cela puisse se faire il doit connaître ce qu'il désire. Le désir suit

1. CTC# lb1 lc9 n6 : « circa perfectionem autem finalis boni considerandum est quod, *sicut* agens movet ad finem *ita* finis movet desiderium agentis ; unde oportet *gradus finium proportionari gradibus agentis* ».

2. SCG# lb3 cp50 n7 : « quanto aliquid est fini propinquius, tanto maiori desiderio tendit ad finem : unde videmus quod motus *naturalis corporum* in fine intenditur. intellectus autem *substantiarum separatarum* propinquiores sunt divinae cognitioni quam noster intellectus. intensius igitur desiderant dei cognitionem quam nos ».

3. CMP lb5 lc6 : « ... *violentia* est quando aliquid movetur ab exteriori agente ad aliud ad quod ex propria natura aptitudinem non habet ».

4. En théologie, la connaissance de la fin correspond à la foi, tandis que le désir de la fin conduit à la charité : 3SN ds23 qu1 ar5 ag5 : « quia ad operationem finis non praeexigitur nisi *cognitio finis*, quod facit fides ; et desiderium finis, quod facit caritas ».

5. QDW qu1 ar12 co : « ad hoc autem quod moveamur recte in finem, oportet finem esse et *cognitum* et *desideratum*. desiderium autem finis duo exigit : scilicet *fiduciam* de fine obtinendo [...] et *amorem* finis ... » ; SCG# lb1 cp5 n2 : « nullus enim desiderio et studio in aliquid tendit nisi sit ei *praecognitum* » ; *cf.* aussi 3SN ds23 qu1 ar5 ra5.

l'appréhension rationnelle, qui montre à la volonté l'objet à atteindre [1], sans que le désir se mélange avec l'activité rationnelle [2]. Ce qui doit être connu se trouve en effet intérieurement au connaissant en une union intentionnelle, tandis que le désir implique une conversion vers l'objet désiré qui reste physiquement distant et éloigné [3]. La *cognitio* est différente du *desiderium* à cause de la diversité de leurs mouvements orientés vers l'objet distinct: la connaissance se réalise dans la présence du concept par l'abstraction, tandis que le désir est comblé par le plaisir et la paix.

La connaissance permet donc à l'homme d'établir sa fin et de considérer en rapport à elle tous les moyens nécessaires. C'est pourquoi dans la deuxième des voies que Denis a classées pour arriver à Dieu, la voie de causalité, chaque agent possède l'intention et le désir de la fin, mais le désir est précédé par la connaissance [4]. Alors que cette connaissance est "extérieure", pour ceux qui agissent par nécessité de nature, car leurs actions sont gouvernées par celui qui a institué leur nature, une telle *cognitio* est jointe à l'*agens* pour les êtres qui ont la raison, comme l'homme.

On peut affirmer, en conclusion, que, par analogie avec l'activité affective qui n'a pas de solidité si l'intellect n'a pas donné son consentement, le désir ne peut être mis en œuvre, si l'intellect n'a pas connu auparavant l'objet du désir [5] :

> ... quia non potest *affectus* in aliquo *firmari per amorem* in quo *intellectus* non est *firmatus per assensum*; sicut etiam non potest *tendere in aliquod* per DESIDERIUM quod prius *intellectus* non *apprehendit*. [3SN ds23 qu2 ar5 ra5]

Quand il s'agit de présenter l'objet, c'est l'intellect qui meut la volonté, puisque l'intellect individualise la *ratio* du bien vers lequel va procéder la volonté. Au moment de l'exercice de l'acte, c'est par contre la volonté qui pousse l'intellect. Pour un être capable de connaissance comme l'homme, il est donc nécessaire que le bien soit reconnu comme tel, c'est-à-dire intériorisé, contrairement aux êtres naturels.

1. QDV qu22 ar11 ra5 : « ... *intellectus* regit *voluntatem* non quasi inclinans eam in id in quod tendit, sed sicut *ostendens* ei quo tendere debeat ».

2. *Cf.* ST1 qu75 ar6 co.

3. QDS ar6 ra10 : « ... *cognitio* cuiuslibet rei fit secundum quod *cognitum est in cognoscente*; desiderium autem fit *secundum conversionem desiderantis ad rem desideratam* ».

4. 1SN ds35 qu1 ar1 co : « secunda via, quae est per causalitatem, est haec. omne enim agens habet aliquam *intentionem* et desiderium *finis*. omne autem desiderium finis praecedit aliqua *cognitio praestituens finem*, et *dirigens in finem* ea quae sunt ad finem ».

5. Ceci a une conséquence importante au niveau théologique : si tout acte de la vertu affective suppose un acte de la faculté cognitive, l'acte de la foi en tant qu'acte de connaissance précède le désir de Dieu : 3SN ds26 qu2 ar3b co : « ... *actus fidei* praecedit desiderium, quia omnis *actus affectivae praesupponit actum cognitivae* ... ». La foi appartient à la faculté de connaissance, car l'intelligence s'adresse à un objet, même s'il ne s'agit pas de le connaître par vision directe comme pour la science, mais de voir celui à qui l'on croit. De plus, en cette vie, on ne peut connaître parfaitement (c'est-à-dire par essence) ce qui dépend de la foi (par exemple, la Trinité ou l'Incarnation), mais on peut savoir ce qui est écrit dans les Écritures et que les affirmations de foi ne sont pas contradictoires.

La distinction fin-moyens amène en outre à considérer à nouveau l'impossibilité que le désir dure à l'infini. Si c'était le cas, cette distinction n'aurait plus de sens : la fin, inaccessible, ne pourrait être définie comme telle. Si l'on procèdait à l'infini en ne désirant une fin qu'en vue d'une autre successive, on n'arriverait jamais à obtenir un résultat quelconque[1]. Ce qui est considéré comme but ne serait autre qu'un moyen pour arriver à quelque chose d'autre, et on se trouverait à nouveau dans la condition d'un désir vain qui rendrait le progrès inutile et stérile[2]. Mais le désir de la fin se trouve parmi nos désirs naturels; donc, comme eux, il ne peut pas être vain[3].

La fin dernière et la joie

L'impossibilité que le désir soit vain, ainsi que son rapport immanent avec sa fin, nous amènent à postuler l'existence d'une fin dernière, terme de tout mouvement du désir et point d'atteinte de la paix. Plus exactement, on peut affirmer qu'en chaque désir est impliqué le désir de cette fin dernière, comme cachée en germe :

> ... omnia DESIDERIA praesupponunt DESIDERIUM *ultimi finis*, sicut *omnes speculationes* praesupponunt *speculationem primorum principiorum.* [QDM qu7 ar10 ra9]

Tous les désirs supposent le désir de la fin dernière, de même que toutes les spéculations supposent la connaissance des principes premiers; l'intention de l'atteindre persiste, même si une telle fin n'est pas conçue actuellement. C'est ainsi que le pélerin se dirige vers sa destination, même s'il ne pense pas toujours à la fin de son voyage[4]. La fin dernière se pose alors comme ce qui est désiré plus que tout le reste, ce qui, en dernier lieu, nous pousse, que nous en soyons conscients

1. CTC# lb1 lc2 n3 : « si procedatur *in infinitum* in desiderio finium, ut scilicet semper unus finis desideretur propter alium in infinitum, nunquam erit devenire ad hoc quod homo consequatur fines desideratos ». Le désir de la fin pourrait être considéré infini dans le cas des arts (ou des techniques), comme par exemple en médicine, dont le but de rendre sain ne connaît aucun terme final. Mais dans ces même cas, le désir de ce dont on a besoin pour atteindre la fin ne tend pas réellement à l'infini parce que les moyens doivent être coordonnés à la fin même; le désir du médecin est ainsi de rendre sain autant que possible, mais pour cette raison justement il va donner au malade les seuls médicaments qui lui sont nécessaires : CPO# lb1 lc8 n2 : « desiderium finis in unaquaque arte est in infinitum; desiderium autem eius, quod est ad finem, non est in infinitum, sed habet terminum secundum regulam et mensuram finis : sicut ars medicinalis intendit ad sanandum in infinitum, cum inducit sanitatem quantacumque potest; sed medicinam non dat quantacumque potest, sed secundum mensuram, quae est utilis ad sanandum ... ».

2. CTC# lb1 lc2 n3 : « sed frustra et vane aliquis desiderat id quod non potest assequi; ergo desiderium finis esset frustra et vanum »; CTE# cpd : « ... desiderium esset inane et uacuum si processus esset in infinitum ».

3. CTC# lb3 lc13 n10 : « ... desiderium *finis* insit homini a natura ... ».

4. *Cf.* ST2 qu1 ar6 ra3.

ou non. Même celui qui se conduit de manière désordonnée vise un but; celui qui se trompe en prenant un médicament a néanmoins le désir de guérir[1].

Il reste à se demander en quoi consiste exactement la fin dernière, que signifient et quelles sont les conséquences de son atteinte.

En premier lieu, la fin dernière éteint le mouvement propre du désir et donc provoque l'atteinte de le repos :

> *ultimus* enim *finis* est ultimus *terminus motus* DESIDERII naturalis. [CTC# lb1 lc9 n5]

Mais le repos n'est acquis que lorsqu'on obtient ce dont on éprouvait le manque, donc le bien qui, une fois atteint, engendre le plaisir. La fin dernière n'est pas un moyen pour obtenir un bien qui la suivrait; elle est en soi suffisante car elle représente la plénitude du bien qui manque aux objets singuliers du désir et qui détermine l'expansion du désir même[2]. Ainsi, nécessairement, le désir et l'amour ne peuvent pas être la fin dernière, car ils la précèdent et impliquent son manque[3]. Puisque la fin dernière est plénitude et repos, le désir, avec ses éléments de tension, ne pourra pas en présenter l'état.

La fin dernière est ce qui est plus que tout désiré; pourtant, ce que l'homme recherche plus que tout, c'est la joie; la joie et la fin dernière correspondent :

> *felicitas* autem est *ultimus finis*, quem homo naturaliter desiderat. Est igitur hominis DESIDERIUM naturale ad hoc quod *in felicitate stabiliatur*. Nisi igitur cum felicitate pariter immobilem stabilitatem consequatur, nondum est felix, eius DESIDERIO naturali nondum quiescente. Cum igitur aliquis *felicitatem* consequitur, pariter *stabilitatem* et *quietem* consequetur : unde et omnium haec est de felicitate conceptio, quod *de sui ratione stabilitatem requirat*; propter quod philosophus dicit, in i eth., quod non aestimamus felicem esse chamaleontem quendam. [SCG# lb3 cp48 n3]

L'homme recherche naturellement la joie, seule chose en mesure de lui donner le repos et la stabilité qui sont le destin de chacun de ses mouvements en tant que mouvement vers la perfection[4]. En suivant Aristote[5], Thomas affirme que la

1. SCG# lb4 cp95 n5 : « ... *ultimus finis maxime desideratur*; unde non potest aliquis a desiderio ultimi finis revocari per aliquid desiderabile magis » ; *Cf.* aussi QDM qu7 ar2 co.

2. CTC# lb1 lc9 n5 : « ...*finis ultimus*, qui est *terminus* desiderii, necesse est, quod sit *per se sufficiens*, quasi *integrum bonum* ».

3. OTT lb1 cp107 : « et multo minus desiderium vel amor possunt esse ultimus finis, cum etiam hoc ante finem habeatur » ; SCG# lb3 cp26 n12 : « impossibile est autem quod desiderare sit ultimus finis. est enim desiderium secundum quod voluntas tendit in id quod nondum habet : hoc autem contrariatur rationi ultimi finis ».

4. 4SN ds49 qu3 ar1a co : « ... qualibet res quando pertingit ad propriam *perfectionem*, consequitur *stabilimentum* et vigorem ... ».

5. Pour Aristote « si autem sic, humanum bonum anime operacio fit secundum virtutem [...] Amplius autem in vita perfecta. Una enim irundo ver non facit, neque una dies. Ita utique neque beatum et felicem una dies neque paucum tempus » (Aristoteles, *Ethica Nicomachea*, *op. cit.*, I, 9, 98a16-22). D'autre part la félicité suprême se situe pour Aristote dans la vie contemplative, qui est la plus continue de nos activités et qui implique l'autosuffisance de celui qui l'exerce.

condition de la joie coïncide avec celle de la paix qui comble le désir. En utilisant une image "colorée" d'Aristote, on pourrait dire que le caméléon n'est pas heureux car son état consiste à changer continuellement de couleurs sans en retenir aucune qui soit fixe et définitive. Qui possède sa perfection propre n'a par contre besoin de rien d'autre et ne doit donc plus se mouvoir. La nature de l'homme est telle qu'elle le pousse continuellement à rechercher la joie qui seule arrête son désir naturel[1]. Si la fin doit donc pouvoir être atteinte et si elle correspond à la joie, il s'ensuit que l'homme doit pouvoir la rejoindre[2]. Encore une fois, si Dieu a posé dans l'homme le désir d'être heureux, ce désir ne pourra pas être frustré et la joie devra lui être accordée en quelque chose qui peut être atteint en comblant, en même temps, le vide de son désir[3].

Nous avons établi l'équivalence entre la fin dernière et la joie, mais nous n'avons cependant pas encore découvert où trouver cette joie, où le désir humain touche sa fin.

La joie dernière : la "visio patris per essentiam"

Le désir étant inhérent à la nature humaine : la nature même nous montre la voie. L'homme peut trouver la joie dans la perfection de l'opération qui lui appartient en propre, c'est-à-dire dans l'utilisation de sa rationalité appliquée à ce qui peut satisfaire le désir naturel de connaissance[4]. L'atteinte de la fin dernière passe par l'activité propre de l'homme, l'activité intellectuelle, dirigée vers l'objet le plus élevé qui peut lui être proposé, c'est-à-dire la cause première. Mais la cause première s'identifie à Dieu, qui est donc la fin dernière objet de recherche, celle qui est en mesure d'accomplir nos désirs en les apaisant[5] :

> non igitur naturale DESIDERIUM sciendi potest quietari in nobis, quousque *primam causam* cognoscamus, non quocumque modo, sed *per eius essentiam.* [OTT lb1 cp104]

Toutefois, la caractéristique de la connaissance intellectuelle humaine est de se réaliser en abstrayant l'essence de ce qu'elle connaît, et donc la connaissance de la cause première, pour être vraiment telle, doit être une connaissance de l'essence.

1. SCG# lb3 cp40 n5 : « per *felicitatem*, cum sit *ultimus finis*, naturale desiderium quietatu ». Nous avons vu que la tension humaine est orientée vers l'obtention du repos et de la paix.

2. SCG# lb3 cp44 n2 : « cum igitur *finis* hominis sit *felicitas*, in quam tendit naturale ipsius desiderium, non potest poni felicitas hominis in eo ad quod homo pervenire non potest : alioquin sequeretur quod homo esset in vanum, et naturale eius desiderium esset inane, quod est impossibile ».

3. SCG# lb3 cp63 : « qualiter in illa ultima felicitate omne desiderium hominis completur ».

4. OTT lb1 cp104 : « consequimur igitur *ultimum finem* in hoc quod intellectus noster fiat in actu, aliquo sublimiori agente quam sit agens nobis connaturale, quod quiescere faciat desiderium quod nobis inest naturaliter ad sciendum ».

5. R2C cp4 lc2 : « ... *deus* habet rationem *ultimi finis*, et complementum desideriorum totius creaturae ».

On peut enfin affirmer que la joie n'est atteinte que dans la connaissance divine, la plus haute et la plus digne; une connaissance quelconque de causes finies, quoique comprises véritablement dans leur essence, reste insuffisante :

> non sufficit igitur ad felicitatem humanam, quae est ultimus finis, qualiscumque intelligibilis cognitio, nisi *divina cognitio* adsit, quae terminat naturale DESIDERIUM sicut *ultimus finis*. est igitur ultimus finis hominis ipsa *dei cognitio*. [SCG# lb3 cp25 n12]

La *cognitio dei*, la connaissance de Dieu qui nous amène à le voir dans son essence, est donc notre fin dernière qui est implicitement contenue en chacune de nos actions et de nos désirs[1]. Chaque homme à travers ses désirs se meut, consciemment ou non, vers sa propre fin, vers sa joie, vers Dieu même, en tant que cause première, *primum verum* et *primum bonum*[2].

Cette *cognitio dei* ne peut être réduite à la simple connaissance démonstrative qui distingue Dieu de tout le reste. Il existe en effet une connaissance imparfaite de Dieu *per vestigium creaturarum* qui dérive de la raison naturelle et qui peut par conséquent être possédée par tous les hommes[3]. À travers ce genre de connaissance, on arrive à accomplir l'élan cognitif de l'*admiratio* en remontant des effets aux causes[4]; mais à elle seule, elle est insuffisante à la joie.

La connaissance par la foi ne donne pas non plus la paix définitive. Le désir de connaissance ne s'arrête ni au savoir de l'existence de Dieu ni à la *cognitio fidei*. La connaissance qui vient de la foi est en effet une connaissance imparfaite, au sens où elle croit ce qu'elle ne voit pas : il s'agit d'une connaissance destinée à être comblée par la vision de ce qu'elle croit[5]. Loin d'apaiser le désir, ce genre de connaissance l'enflamme ultérieurement puisque, lorsqu'on croit, on souhaite voir ce qui est cru. La foi n'est donc pas l'élement final du désir, bien au contraire elle rend plus intense le mouvement vers son objet[6].

Ce caractère dynamique de la foi dérive de sa relation avec la volonté. La foi suppose une volonté qui n'est pas aimante actuellement, mais qui désire aimer. La faculté affective ne peut pas se fixer en effet par amour sur l'objet, si l'intellect

1. SCG# lb1 cp10 n5 : « ... cum in deum naturaliter desiderium hominis tendat sicut in ultimum finem ... »; SCG# lb3 cp25 n10 : « est igitur *ultimus finis* totius hominis, et omnium operationum et desideriorum eius, *cognoscere primum verum*, quod est *deus* ».

2. 2SN ds1 qu2 ar2 sc2 : « ... bonum habet rationem finis [...] ergo et summum bonum habet in deo rationem finis ultimi. sed divina bonitas est summa bonitas. ergo ipsa est ultimus rerum finis ».

3. 3SN ds23 qu1 ar4c ag1 : « ... cognitio dei omnibus naturaliter est inserta, ut dicit damascenus ... ».

4. 4SN ds49 qu2 ar6 co : « ... naturalem facultatem potest intellectus creatur pervenire ad cognitionem dei per formas creatas inditas vel acquisitas ... » ; il s'agit de la raison philosophique.

5. OTT lb2 cp1 : « ... in aliqua cognitione desiderium hominis requiescere potest, cum homo naturaliter scire desideret veritatem, qua cognita eius desiderium quietatur. sed *in cognitione fidei* desiderium hominis *non quiescit*: *fides* enim *imperfecta est cognitio*, ea enim creduntur quae non videntur ... »; SCG# lb3 cp40 n5 : « *cognitio* autem *fidei* non quietat desiderium, sed magis ipsum *accendit* : quia unusquisque desiderat videre quod credit ».

6. REI cp4 lc5 : « ... ex fide sequitur desiderium rei creditae ».

n'est pas confirmé par le consentement. Même quand il s'agit de la foi, l'intellect doit donc apprendre préalablement ce vers quoi la volonté tend à travers le désir et qui, par conséquent, est l'objet de l'amour. L'homme est ordonné à une *perfecta dei cognitio*[1], une *cognitio per essentiam*, qui dépasse nos capacités naturelles[2] et à laquelle il est conduit uniquement par la grâce[3]. Il s'agit de la *visio patris per essentiam*[4] :

> ... *visio patris* est *finis* omnium DESIDERIORUM et actionum nostrarum, ita ut nil amplius requiratur; ps. xv, 11 : adimplebis visione vultus tui; ps. cii, 5 : qui replet in me laetitia cum vultu tuo ... [REI cp14 lc3]

La fin des désirs et des actions est la vision de Dieu face à face, immédiate, sans l'intermédiaire d'autres créatures, ce que confirme les passages des *Psaumes* choisis par Thomas, qui renvoient au visage divin comme cause de la joie définitive et pleine. L'inquiétude du désir humain ne peut être satisfaite que par la vision directe[5].

On peut conclure enfin que rien dans la création ne peut apaiser le désir humain, toujours tendu au-delà du fini, incapable de s'arrêter aux éléments contingents. Seul Dieu peut calmer cette soif sans fin car son infinité va au-delà du désir même[6].

1. *Cf.* ST1 qu1 ar4 co.

2. 3SN ds24 qu1 ar3a ra1 : « cognitio autem dei quaedam excedit nostram naturam, sicut visio quae est per essentiam; et ad istum finem non potuit sufficienter nobis provideri per nostra naturalia [...] alia autem cognitio dei est commensurata nostrae naturae, scilicet illa quam de deo habere possumus per rationem naturalem » ; ST1 qu56 ar3 ag3 : « ... Icor XIII dicitur, videmus nunc per speculum et in aenigmate, tunc autem facie ad faciem. ex quo videtur quod sit duplex dei cognitio, una, quo videtur per sui essentiam [...] alia, secundum quod videtur in speculo creaturarum ». De ces passages et d'autres, on déduit la synonymie entre les deux syntagmes *cognitio dei* et *visio dei* : la *visio dei* peut aussi être *per creaturas* ou *per essentiam*, imparfaite dans le premier cas, parfaite dans le second : *cf.* 4SN ds49 qu2 ar7 ag4 ; ST1 qu94 ar1 co ; ST3# qu8 ar7 co.

3. SCG# lb3 cp151 n3 : « finis autem ultimus, ad quem homo per auxilium divinae gratiae perducitur, est visio dei per essentiam ... ».

4. Thomas spécifie que l'application d'un terme sensible comme celui de "vision" dérive de nos modalités de connaissance, qui vont du sensible à l'intelligible. Au sujet de la vision béatifique voir H.F. Dondaine, « L'objet et le "medium" de la vision béatifique chez les théologiens du XIIIe siècle », *Recherches de science théologie ancienne et médiévale*, 19 (1952), p. 60-130 et « Cognoscere de Deo quid est », *Recherches de science théologie ancienne et médiévale*, 22 (1955), p. 72-78.

5. SCG# lb3 cp63 n1 : « ... evidenter apparet quod in illa felicitate quae provenit *ex visione divina*, omne desiderium humanum *impletur* ... » ; SCG# lb3 cp63 n6 : « sic igitur patet quod per visionem divinam consequuntur intellectuales substantiae veram felicitatem, in qua omnino desideria quietantur, et in qua est plena sufficientia omnium bonorum, quae, secundum aristotelem, ad felicitatem requiritur » ; SCG# lb3 cp88 n3 : « in solo autem bono divino quietatur desiderium voluntatis sicut in ultimo fine ... » ; SCG# lb3 cp50 n3 : « ... non quiescit desiderium naturale in ipsis, nisi etiam ipsius dei substantiam videant » ; SCG# lb3 cp50 n7 : « nos autem [...] non quiescimus desiderio, sed adhuc desideramus eum per essentiam suam cognoscere ».

6. RSV ar12 : « ... nec unquam aliquod creatum satiat desiderium hominis : *deus* enim solus *satiat*, et in infinitum *excedit* : et inde est quod non quiescit nisi in deo ... » ; RAC : « ... solus deus sufficit ad implendum desiderium nostrum ... » ; RSR n6 ps2 : « solus deus potest replere desiderium nostrum ».

Mais pourquoi Dieu apaise-il les désirs? Pourquoi trouvons-nous en lui la paix? Thomas avance ici son concept de causalité et son articulation pour décrire le désir comme le passage fondamental, par lequel ce qui est causé revient vers sa propre cause. Tout ce qui vient de Dieu comme effet, c'est-à-dire tout ce qui est créé, retourne à lui par les désirs qui leur naissent intérieurement, selon chaque classe d'êtres :

> ... omnia quae proveniunt a deo, sicut effectus a causa, *convertuntur* per DESIDERIUM ad ipsum, sicut ad propriam causam [...] quia ergo omnia *convertuntur* per DESIDERIUM in deum, conveniens est dicere quod omnia sunt *similia* deo, non secundum aequalitatem, sed per quamdam *assimilationem* ... [CDN cp9 lc3]

La créature accomplit une conversion à travers le désir, en s'adressant à sa cause propre. La "conversion" rappelle le sens du mouvement qui fonde le désir, mais elle montre en même temps le terme de ce mouvement, présent à l'horizon de sa direction, du courant de son mouvement, terme que nous savons être Dieu. Mais cette révélation ne peut advenir que grâce à la *similitudo* [1] qui lie la créature à son créateur et qui est la prémisse de l'*assimilatio ad deum*, de la tentative de devenir le plus semblable, dans la mesure du possible, au bien suprême. Le désir est ce qui permet le dénouement de cette assimilation, en nous dirigeant vers la vision divine qui reste néanmoins au-delà de toutes les possibilités des seules créatures.

La prière et la médiation du Christ

L'invocation de l'homme

Deux éléments sont apparus jusqu'à présent : d'une part le désir humain est tendu vers un horizon plus vaste que celui qu'il peut effectivement atteindre; d'autre part, ce qui peut définitivement satisfaire ce désir se trouve toujours au-delà d'un effort humain. Si le sujet qui désire ne suffit pas à lui-même, l'objet désiré semble être soustrait à sa volonté. C'est pourquoi l'homme éprouve le besoin de s'adresser à Dieu par la prière afin d'en recevoir une réponse[2].

1. QDV# qu22 ar1 ra3 : « ... omne quod appetit aliquid appetit illud inquantum habet aliquam *similitudinem* cum ipso ».

2. 4SN ds15 qu4 ar1a co : « ... oratio rationis est actus, applicantis desiderium voluntatis ad eum qui non est sub potestate nostra, sed supra nos, scilicet deum ». Le problème de savoir comment rechercher ce que l'on ne connaît pas est déjà évident pour la philosophie antique, qui cherche à le résoudre au moyen de la doctrine de la réminiscence (chez Platon, cf. *Ménon*) ou de la connaissance générale des principes premiers (chez Aristote, cf. *Seconds Analytiques*). Selon la pensée chrétienne par contre, la recherche de la créature orientée vers Dieu ne peut être comblée que par Dieu même. Augustin, dans la première page de ses *Confessions*, met en évidence un cercle dialectique entre la *quaestio* et l'*inventio* (comment puis-je invoquer ce que je ne connais pas? Mais comment puis-je connaître si, d'abord, je n'invoque pas?), cercle que rompt l'annonce par la foi inspirée par le Christ. La même voie est suivie par Anselme (cf. *Orationes*, II; *Proslogion*, 26) : Dieu est l'espoir et la force

La prière est un acte de la raison pratique, car demander que quelque chose advienne signifie la causer *per modum petitionis*, demander que soit disposé un *ordo* où elle pourra être effectivement exaucée. Si l'*imperium*, ou l'ordonnance des choses inférieures à leur fin, constitue un acte de la raison pratique, la prière, qui consiste à demander quelque chose à celui qui nous est supérieur[1], en est un aussi; les deux actes impliquent la possession de la raison. La prière est donc propre à la créature rationnelle qui, manquant d'un bien, sait pouvoir s'adresser à un supérieur pour l'obtenir.

Nombreux sont les appellatifs que Thomas donne à l'*oratio* qu'il lie au désir au moyen de génitifs. En premier lieu l'*oratio* est définie comme *interpres desiderii*: elle assume ainsi le rôle d'un intermédiaire, d'une médiation entre l'inspiration humaine et Dieu[2]:

> debet etiam esse oratio ordinata sicut DESIDERIUM, cum *oratio* sit DESIDERII *interpres*. [RSU]

La prière présente nos désirs à leur source dernière pour qu'ils soient exaucés; la prière devient ainsi l'*explicatio desiderii*[3]:

> est enim *oratio interpretatio* seu *explicatio* DESIDERII... [R1T cp5 lc2]

Ce genre de proclamation s'adresse à qui peut la satisfaire, de sorte qu'on puisse parler d'une manière "d'exécution" du désir[4].

Il semble qu'on puisse ainsi établir une coïncidence entre l'objet du désir et l'objet de la prière[5], puisque dans la prière je présente mes désirs à Dieu, mais, surtout, parce que la prière constitue une partie du mouvement entier du désir. Une conséquence importante s'ensuit quant à ce que l'on doit demander à Dieu: l'équivalence des objets du désir et de la prière est telle que l'on peut demander tout ce qu'il est admissible de désirer[6]. On peut donc demander à Dieu des choses temporelles, car on peut les désirer même si l'on ne peut pas les demander en tant

de l'homme, car il est le seul qui peut répondre au désir humain. Le désir de Dieu est dans l'homme, inspiré par Dieu même. L'homme seul ne peut offrir aucun terme à ce désir: Dieu doit, par conséquence, agir pour donner à l'homme ce qu'il lui a fait désirer. C'est pour cette raison que l'on doit invoquer Dieu dans la prière.

1. *Cf.* ST3# qu83 ar1 co.

2. *Cf.* aussi ST3# qu83 ar9 co: « ... *oratio* est quodammodo desiderii nostri *interpres* apud deum ... »; ST3# qu83 ar9 ra2: « ... cum *oratio* sit *interpres* desiderii ... »; RT1 cp2 lc1: « ... *oratio* est *interpres* desiderii nostri ».

3. *Cf.* aussi OTT lb1 cp233: « quia vero oratio est desiderii *expositiva* ... »; ST3# qu83 ar14 ag2: « praeterea, oratio est *explicativa* desiderii ».

4. 4SN ds15 qu4 ar4b co: « ... *oratio* est quaedam desiderii *executio* ... ».

5. 4SN ds15 qu4 ar2c ag3: « sed homo semper debet desiderare ea quae oranda sunt, scilicet bona spiritualia ».

6. 4SN ds5 qu4 ar4b co: « ... illud quod *licet desiderare, licet orando petere* eo modo quo licet illud desiderare ». La 'petitio' se différencie ici de l''oratio' parce qu'elle représente l'acte même de présentation des requêtes dont elle souligne l'aspect volitif inhérent à la prière; elle reste néanmoins intérieure à la 'oratio': RPS ps41 n1: « ... omnis petitio provenit ex desiderio ... »; REM cp6 lc3: « sed omnis petitio habet desiderium ». *Cf.* aussi 4SN ds15 qu4 ar7c ra2; ST3# qu83 ar17 co.

que fin dernière; mais il faut aussi demander le bien pour les autres, puisque leur bien *doit* être désiré.

Cette présentation priante des désirs naît de la volonté de les satisfaire; il faut comprendre comment engager la prière, et surtout si Dieu l'exauce. Quant au premier point, Thomas rappelle qu'il existe un double aspect du désir: celui du cœur qui reste inexprimé, celui qui s'explicite en paroles[1]. Le désir qui s'exprime vocalement est appelé *desiderium labiorum*, mais il naît du désir intérieur, qui trouve en lui une voie pour s'exprimer extérieurement.

À cette dualité du désir correspond un double *oratio*: au désir du cœur correspond l'*oratio interior*, au désir exprimé vocalement l'*oratio exterior*. La prière extérieure enflamme cependant encore plus le désir intérieur, ce qui engendre un cercle qui pousse l'homme à prier continuellement; l'*oratio exterior* s'enrichit ainsi d'une fonction animatrice du désir intérieur et de la prière continue elle-même[2]. Par ailleurs, la prière doit être continue, car autrement elle pourrait ne pas produire l'effet désiré[3].

La durée d'un acte, en général, peut être mesurée par l'essence de l'acte ou par la vertu (l'effet) qu'il produit: le mouvement de celui qui lance une pierre, par exemple, dure par essence tant que le bras du lanceur bouge, mais la *virtus movendi* reste active jusqu'au moment où le mouvement de la pierre est achevé. De même, la durée de la prière peut être qualifiée *secundum essentiam* ou *secundum virtutem*. Du point de vue de l'essence, on remarque qu'on ne peut pas prier continuellement car il nous faut nous occuper aussi des choses quotidiennes; par contre, l'effet de la prière doit persister dans nos actions successives, car tout doit être ordonné pour obtenir la vie éternelle[4]:

> ... et ideo DESIDERIUM *vitae aeternae*, quod est *orationis principium*, manet in omnibus operibus bonis *secundum virtutem* ... [4SN ds15 qu4 ar2c co]

Même celui qui est appelé à la vie contemplative, engagé dans cette forme de prière continue, doit parfois cesser de prier afin que ne s'éteigne pas le désir charitable de soigner ceux qui sont dans des besoins vitaux[5]. L'importance de la prière ne doit pas diminuer l'engagement dans les autres activités humaines, mais elle doit, au contraire, les vivifier au moyen de sa *virtus*.

1. RPS ps20 n2: «est autem *duplex* desiderium: unum quod est *tantum in corde*, aliud quod *exprimitur ore*: et utrumque impletur, quia deus antequam oretur, exaudit».

2. 4SN ds15 qu4 ar1a ag4: «... oratio exterior interius desiderium insinuat orantis. sed oratio interior est quae per exteriorem innotescit. ergo *oratio interior* nihil aliud est quam *interius* desiderium ...».

3. SCG# lb3 cp95 n10: «si igitur motus desiderii per orationis instantiam non continuetur, non est inconveniens si oratio effectum debitum non sortiatur».

4. ST3# qu83 ar14 co: «unde et conveniens est ut oratio tantum duret quantum est utile ad excitandum interioris desiderii fervorem»; *cf.* aussi 4SN ds15 qu14 ar2c.

5. 4SN ds15 qu4 ar2c co: «... ita, ut dicit augustinus, curis vitae desiderium quodammodo tepescit; et ideo certis horis *ad negotium orandi mentem revocamus*, ne desiderium quod tepescere inceperat, omnino frigescat».

Le problème fondamental reste cependant celui de l'exaucement de la prière de la part de Dieu. Mais la solution de ce problème est impliquée dans la considération de la bonté divine. C'est Dieu qui donne la vie et désire le "bien être" de ses créatures; c'est donc lui qui apaise les désirs exprimés par la prière, selon sa bonté[1].

Cette dernière mise au point est particulièrement importante: elle met en évidence qu'il n'est pas suffisant de prier pour être exaucé. Dieu peut ne pas répondre à une requête s'il prévoit que la prière est inconsciemment contraire à la fin dernière de celui qui la fait, de sorte que rejeter la requête fait plus de bien que la satisfaire[2].

Cette situation est possible parce que Dieu connaît nos désirs mieux que nous-mêmes. *A priori*, il ne serait donc même pas nécessaire de les lui manifester[3]. Le but fondamental et unique de la prière ne peut être seulement l'explicitation de nos désirs, puisque "votre Père sait ce dont vous avez besoin". La prière vise plutôt à faire en sorte que le désir exprimé produise une modification en devenant efficace auprès de Dieu. L'efficacité du simple désir est soulignée dans le cas des sacrements; parfois le sacrement devient efficace par le seul fait de le désirer, et il est alors appelé sacrement spirituel. Il arrive ainsi que celui qui n'est pas baptisé mais qui voudrait l'être puisse se sauver par le simple désir, s'il meurt avant son baptême[4].

Tout ceci n'est pas contraire à l'immutabilité divine. En effet, la prière ne peut modifier qu'un ordre particulier qui dépend d'une cause singulière, sans changer l'ordre universel que Dieu a établi; la prière intervient intérieurement à cet ordre. Par contre, Dieu n'est contenu par aucun ordre causal nécessaire et il peut les modifier tous. C'est la raison pour laquelle on peut avoir confiance dans le secours divin:

> ... ex hoc quod *deus ad desiderandum movet*, ostensum est conveniens esse quod DESIDERIA *impleat*. [SCG# lb3 cp95 n10]

1. SCG# lb3 cp95 n2: « ... *divinae bonitatis* pertinet quod *esse*, et *bene esse*, omnibus ordine quodam distribuat: consequens est ut, *secundum suam bonitatem*, desideria pia, quae per orationem explicantur, *adimpleat* »; SCG# lb3 cp95 n3: « ... movens enim omne movet ad aliquid simile sibi. ad deum igitur pertinet, secundum suam bonitatem, quod desideria convenientia, quae per orationes explicantur, ad effectum convenientem perducat »; SCG# lb3 cp95 n5: « ad bonitatem igitur divinam pertinet ut impleat desideria rationalis creaturae sibi per orationem proposita ».

2. 4SN ds15 qu4 ar7c ra2: « ... et ideo quando deus videt *non concordare* quod petitur, *cum fine* pro quo pie orans petit, *magis audit* ejus desiderium *non faciens* quod petitur, quam si faceret ... ».

3. OTT lb2 cp2: « non enim in orando intendimus necessitates nostras aut desideria deo manifestare, qui omnium est cognitor, unde et psal. xxxvii, 10 dicit ei: domine, ante te omne desiderium meum, et in evangelio dicitur matth. vi, 32: scit pater vester quia his omnibus indigetis ». Jérôme s'était déjà demandé s'il n'est pas inutile de prier puisque Dieu connaît depuis toujours ce que nous voulons; mais il faut répondre que « nos non narratores esse sed rogatores »: nous ne racontons rien à celui qui ne sait pas mais nous demandons à celui qui déjà sait; *cf.* S. Hieronymi Presbyteri *Opera exegetica Commentariorum in Matthaeum*, I, dans *Corpus Christianorium*, « Series Latina » (77), Turnhout, Brepols, 1969.

4. *Cf.* 4SN ds17 qu3 ar5a ra1; ST4# qu68 ar2 co; ST4# qu69 ar4 ra2; ST4# qu80 ar1 ra3.

Si c'est Dieu qui suscite en nous nos désirs[1], ils ne pourront pas rester inapaisés. Encore une fois, la bonté divine est au foyer de toute argumentation optimiste sur le terme du désir. Dieu conclut ce qu'il a commencé : il exauce le désir des justes et des pauvres, il maintient les promesses des Écritures. Le *Psaume* 9 sert ainsi de repère pour montrer l'efficacité de la prière faite en pauvreté (d'esprit) auprès de Dieu[2] :

> DESIDERIUM. Hic praenuntiat exauditionem ex parte pauperum; et ponit tria. Primo exauditionem, ibi, DESIDERIUM. Secundo in quo exaudivit, ibi, judicare. Tertio quo fructu, ibi, ut non apponat. Circa primum ostendit quod exaudiuntur pauperes efficaciter, quia deus dat eis quod desiderant: prov. 10: DESIDERIUM suum justis dabitur. Aliquando vero exaudiuntur in particularibus DESIDERIIS, ut exaudiuntur sancti in his quae plus desiderant. [RPS ps9 n25]

La référence aux *Proverbes 10* est ici intéressante; elle revient plusieurs fois dans d'autres passages[3]. Le juste recevra sa récompense : "Dieu ne laisse pas souffrir de faim le juste" qui s'adresse à lui. Le pauvre et le juste peuvent donc "frapper" aux portes de Dieu, selon *Mathieu* 7,8 :

> ... matth. vii : pulsate, per DESIDERIUM, et aperietur vobis. [REI cp5 lc1]

"Frapper" devient, chez Thomas, frapper *per desiderium* intérieur à l'*oratio explicativa* qui, selon la promesse même du Christ, ne peut rester sans réponse : "demandez et l'on vous donnera; cherchez et vous trouverez; frappez et l'on vous ouvrira".

L'"oratio dominica" et le Christ médiateur

La prière étant l'interprète et l'expression concrète du désir, les caractéristiques de la première doivent se retrouver dans le second. Si la prière doit être *secura, recta, ordinata, humilis*, cela doit être vrai aussi de chaque désir[4]. Nous savons alors quelle forme générale doit prendre nos désirs pour être droits et quelle forme également générale doit posséder la prière pour être bien posée et efficace. Toutefois, nous ne connaissons pas encore la matière d'un tel désir ou d'une telle prière. Il est effectivement difficile de savoir ce que l'on peut librement demander au Seigneur, il est difficile de comprendre ce que l'on doit désirer concrètement[5].

1. ST3# qu83 ar5 ra1 : « ... in hoc adiuvat infirmitatem nostram quod, inspirando nobis sancta desideria, recte postulare nos facit. unde dominus dicit, ioan. iv, quod veros adoratores adorare oportet in spiritu et veritate ».

2. OTT lb1 cp233 : « ... desiderium *iustorum*, orationis vim obtinet apud deum, secundum illud psal. ix, 17 : desiderium *pauperum* exaudivit dominus ».

3. *Cf.* surtout RPS ps19 n2 ; RPS ps33 n1 1e4SN ds49 qu2 ar5 ag7.

4. *Cf.* RSU.

5. RSU : « scire [...] quid sit petendum, difficillimum est, cum difficillimum sit scire quod sit desiderandum ».

Le secours nous vient alors du Christ, le *doctor*[1] qui peut nous apprendre parce qu'il "sait" ; ou mieux, nous pourrions le nommer *doctor doctorum*[2] puisque c'est par lui que nous apprenons à prier et à connaître ce qu'on doit réellement désirer. Pour être sauvé, l'homme doit connaître ce qu'il doit croire, ce qu'il doit désirer et ce qu'il doit faire; Dieu lui apporte son secours sur chacun de ces points, respectivement par le *Credo*, le *Notre Père* et les *Commandements*[3].

Des différents textes où Thomas analyse le Notre Père, la prière enseignée par le Christ, trois sont plus particulièrement intéressants pour nous car ils établissent la connection du désir à la fin dernière et au bien, en résumant ainsi en une seule exposition beaucoup d'éléments déjà pris en considération.

Dans la *Summa Theologiae*[4], Thomas qualifie l'*oratio dominica* de très parfaite, car, comme le dit Augustin[5], on peut affirmer qu'elle contient tout ce que l'on doit demander : étant la prière interprète de nos désirs, elle contient aussi tout ce qui doit être désiré selon un ordre juste. L'*oratio dominica* ne se limite pas à

1. *Cf.* RSU ar-p : « ipse [...] christus doctor est : nam ipsius est docere quid nos orare oporteat ». *Cf.* aussi RIL n2 cp6 vs9.

2. *Cf.* OTD cp2.

3. RAC : « tria sunt homini necessaria ad salutem : scilicet scientia credendorum, scientia desiderandorum, et scientia operandorum. primum docetur in symbolo, ubi traditur scientia de articulis fidei ; secundum in oratione dominica ; tertium autem in lege ».

4. Étant donné leur longueur, nous reportons les textes en note. ST3# qu83 ar9 co : « [...] oratio dominica perfectissima est, quia, sicut augustinus dicit, ad probam, si recte et congruenter oramus, nihil aliud dicere possumus quam quod in ista oratione dominica positum est. quia enim oratio est quodammodo desiderii nostri interpres apud deum, illa solum recte orando petimus quae recte desiderare valemus. in oratione autem dominica non solum petuntur omnia quae recte desiderare possumus, sed etiam eo ordine quo desideranda sunt, ut sic haec oratio non solum instruat postulare, sed etiam sit informativa totius nostri affectus. manifestum est autem quod primo cadit in desiderio finis ; deinde ea quae sunt ad finem. finis autem noster deus est. in quem noster affectus tendit dupliciter, uno quidem modo, prout volumus gloriam dei ; alio modo, secundum quod volumus frui gloria eius. quorum primum pertinet ad dilectionem qua deum in seipso diligimus, secundum vero pertinet ad dilectionem qua diligimus nos in deo. et ideo prima petitio ponitur, sanctificetur nomen tuum, per quam petimus gloriam dei. secunda vero ponitur, adveniat regnum tuum, per quam petimus ad gloriam regni eius pervenire. ad finem autem praedictum ordinat nos aliquid dupliciter, uno modo, per se ; alio modo, per accidens. per se quidem, bonum quod est utile in finem. est autem aliquid utile in finem beatitudinis dupliciter. uno modo, directe et principaliter, secundum meritum quo beatitudinem meremur deo obediendo. et quantum ad hoc ponitur, fiat voluntas tua, sicut in caelo, et in terra. alio modo, instrumentaliter, et quasi coadiuvans nos ad merendum. et ad hoc pertinet quod dicitur, panem nostrum quotidianum da nobis hodie, sive hoc intelligatur de pane sacramentali, cuius quotidianus usus proficit homini, in quo etiam intelliguntur omnia alia sacramenta ; sive etiam intelligatur de pane corporali, ut per panem intelligatur omnis sufficientia victus, [...] per accidens autem ordinamur in beatitudinem per remotionem prohibentis. tria autem sunt quae nos a beatitudine prohibent. primo quidem, peccatum, quod directe excludit a regno, [...] et ad hoc pertinet quod dicitur, dimitte nobis debita nostra. secundo, tentatio, quae nos impedit ab observantia divinae voluntatis. et ad hoc pertinet quod dicitur, et ne nos inducas in tentationem, per quod non petimus ut non tentemur, sed ut a tenttatione non vincamur, quod es in tentationem induci. tertio, poenalitas praesens, quae impedit sufficientiam vitae. et quantum ad hoc dicitur, libera nos a malo ».

5. *Cf.* Augustinus, *Epistola CXXX ad Probam*, cap. 12, dans *Corpus Scriptorum Ecclesiasticorum Latinorum*, vol. 42, Vindebonae, Hölder, 1904.

nous apprendre à prier, mais elle nous donne en outre la possibilité de connaître les dispositions les plus profondes de notre âme. Nous savons que le désir s'adresse d'abord à la fin et puis aux moyens nécessaires pour l'atteindre. Notre fin dernière est Dieu et nous tendons à lui de deux façons : en glorifiant Dieu pour lui-même et en recherchant pour nous la *fruitio gloriae*, notre béatitude. Les moyens qui nous conduisent vers cette finalité le peuvent *per se*, s'ils sont utiles pour atteindre la fin même, ou *per accidens*, s'ils suppriment des empêchements.

Ce qui est utile peut être encore demandé directement ou de manière instrumentale. Nous demandons directement de pouvoir acquérir des mérites sur cette terre; nous demandons aussi des aides indirectes comme des instruments matériels de subsistance ou des aides spirituelles; enfin, nous demandons de ne pas être empêchés d'atteindre notre but par le péché qui nous ferme la porte de la béatitude ou par la tentation qui nous empêche de la mériter, ou, encore, par les difficultés de la vie, qui anéantissent nos moyens matériels. Le texte de la prière est donc articulé par Thomas afin de mettre en évidence, dans les paroles du Christ, une relation qui lie le désir humain à sa fin dernière et aux moyens qui permettent de l'atteindre, au moyen d'une "descente" graduelle qui part de Dieu en soi et qui va vers notre béatitude et les moyens pour y arriver.

Dans la *Reportatio in orationem dominicam*[1], l'exposition suit la même voie que dans la *Summa*, à laquelle par ailleurs il se réfère, mais avec un accent particulier sur le bien comme objet premier du désir. La prière contient en effet tout ce qui est à désirer et qui est donc bien, tout ce qu'il faut éviter et qui est mal, et, parmi toutes les choses qui sont désirables, celle qui nous attire le plus et que nous aimons le plus, Dieu. On glorifie donc d'abord Dieu, puis nous lui demandons de nous faire atteindre la vie éternelle, de réaliser sa volonté sur terre, de nous donner ce dont nous avons besoin pour vivre. Ensuite, est défini ce qui s'oppose au bien et à son atteinte : tandis que la gloire divine ne connaît aucun mal qui

1. RSU ar7 : « compendiosa expositio totius orationis pater noster. ut in summa exponatur, sciendum est, quod in oratione dominica continentur omnia quae desiderantur, et omnia quae fugiuntur. inter omnia autem desiderabilia illud plus desideratur quod plus amatur, et hoc est deus ; et ideo primo petis gloriam dei, cum dicis : sanctificetur nomen tuum. a deo autem desideranda sunt tria, quae pertinent ad te. primum est quod pervenias ad vitam aeternam ; et hoc petis cum dicis : adveniat regnum tuum. secundum est quod facias voluntatem dei et iustitiam ; et hoc petis cum dicis : fiat voluntas tua sicut in caelo et in terra. tertium est ut habeas necessaria ad vitam ; et hoc petis cum dicis : panem nostrum quotidianum da nobis hodie. et de his tribus dicit dominus, matth. vi, 33 : primum quaerite regnum dei, quantum ad primum ; et iustitiam eius quantum ad secundum ; et haec omnia adiicientur vobis, quantum ad tertium. illa autem quae vitanda sunt et fugienda, sunt illa quae contrariantur bono. bonum autem quod primo desiderabile est, est quadruplex, ut dictum est. et primum est gloria dei, et huic nullum malum est contrarium. iob xxxv, 6 : si peccaveris, quid ei nocebis… si iuste egeris, quid donabis ei ? nam et de malo in quantum punit, et de bono inquantum remunerat, resultat gloria dei. secundum bonum est vita aeterna ; et huic contrariatur peccatum, quia per peccatum perditur : et ideo ad hoc removendum dicimus : dimitte nobis debita nostra, sicut et nos dimittimus debitoribus nostris. tertium bonum est iustitia et bona opera ; et huic contrariatur tentatio, quia tentationes impediunt nos a bono operando : et ad hoc removendum petimus : et ne nos inducas in tentationem. quartum bonum sunt bona necessaria ; et huic contrariantur adversitates et tribulationes ; et ad hoc removendum petimus : sed libera nos a malo. amen ».

s'oppose à elle, à la vie éternelle s'oppose le péché, à la justice divine s'oppose la tentation, aux biens nécessaires les adversités.

Encore plus précis est le texte sur la *Reportatio super evangelium matthaei*[1]. La prière de requête naît du désir; le désir fondamental est d'obtenir le bien et d'éviter le mal, car le but direct du désir est le bien; ce qui est désiré d'abord, c'est donc la fin dernière, Dieu et sa gloire (*honor dei*), puis la vertu et les mérites, et enfin les aides pour la vie matérielle et spirituelle. Nous retrouvons à nouveau ici la triade 'péché-tentation-mal', qui s'oppose au bien et qu'il faut éviter[2].

Le dernier texte pris en examen, les *Reportationes ineditae leoninae*[3], souligne encore une fois la relation entre d'une part le désir naturel d'arriver au

1. REM cp6 lc3: « [...] omnis petitio habet desiderium. unde in hac oratione continetur omne quod homo desiderare potest, et eo ordine quo petere debet : homo enim desiderat consequi bonum, et vitare malum. quatuor autem petuntur desideranda. desiderium enim tendit in finem : unde in unoquoque quod primo desiderandum est, est finis. finis autem est deus : unde honor dei primo est petendus : et hoc tangitur sanctificetur nomen tuum. item petenda sunt quae ad nos pertinent : et primum est gloria dei : et haec tangitur adveniat regnum tuum. item virtutes et merita bona : et hoc tangitur fiat voluntas tua etc.. item subsidia mortalis vitae, sive temporalia, sive spiritualia; et hoc tangitur panem nostrum quotidianum : sive intelligas panem temporalem, sive spiritualem, vel sacramentalem. item malum est vitandum. contra bona sunt quaedam impedimenta. contra primum non est impedimentum, quia semper est honorandus deus, sive velis, sive nolis habere. beatitudinem impedit peccatum; ideo petit dimitte nobis debita nostra etc.. virtutes etiam et operationes bonas impedit tentatio : ideo dicitur et ne nos inducas in tentationem. habere necessaria huius vitae impedit malum; ideo dicitur sed libera nos a malo ».

2. On constate une homogénéité exemplaire dans les textes cités : non seulement, on y trouve une exégèse commune, mais le schéma de l'exposition et, parfois, les paroles mêmes, semblent être calquées les unes sur les autres. Ceci s'explique d'une part par l'extrême cohérence de Thomas, et d'une autre par l'approche chronologique des textes : la *Reportatio super evangelium matthaei* remonte aux années 1269-1260, la troisième partie de la *Summa theologiae* à 1271-1272 et la *Reportatio in orationem dominicam* à 1273 (selon la datation de J.-P. Torrell, *Initiation à Saint Thomas d'Aquin. Sa personne et son œuvre*, Fribourg-Paris, Presses Universitaires-Le Cerf, 1993).

3. RIL n2 cp6 vs9 : « in istis petitionibus debemus tria considerare; petitio enim deservit desiderio : illa enim petimus quae volumus habere; in oratione autem ista continetur totum quidquid desiderare possumus; secundo continetur ordo quo debemus desiderare; tertium est quia istae petitiones respondent et donis et beatitudinibus. sciendum autem quod naturaliter homo duo desiderat, scilicet consequi bonum et vitare malum. quattuor autem bona ponuntur hic desideranda. desiderium autem prius tendit in finem quam in his quae sunt ad finem; finis autem ultimus omnium deus est; unde primum desiderabile debet esse honor dei, i cor. x 31 : omnia in honorem dei facite; et hoc petimus primo hic : sanctificetur nomen tuum. inter ea autem quae pertinent ad nos, finis ultimus est vita aeterna; et hoc petimus cum dicimus : adveniat regnum. tertium quod debemus petere est de his quae sunt ad finem, scilicet quod habeamus virtute et merita bona, et hoc ibi : fiat voluntas; et quid petimus de virtutibus nihil aliud est nisi hoc. ergo beatitudo nostra ordinatur ad deum, virtutes ad beatitudinem. sed necesse est habere subsidium sive temporale sive spirituale, sicut sacramenta ecclesiae, et hoc petimus ibi : panem nostrum, exteriorem vel sacramentalem. in istis quattuor omne bonum continetur. malum autem vitat homo in quantum est impeditivum boni. primum autem bonum, scilicet honor divinus, non potest impediri, quia si fiat iustitia honoratur deus, si malum, honoratur similiter in quantum illud punit, quamvis non honoretur quantum est in peccante. peccatum autem impedit beatitudinem, et ideo hoc primo removet cum dicit : et dimitte. bono virtutum contrariatur tentatio, et ideo petimus : et ne nos; defectus quicumque contra necessitatem vitae, et hoc est : sed libera. patet ergo quod quidquid desideratur, totum continet dominica oratio ».

bien et d'éviter le mal et de l'autre la fin et la prière de requête que le Christ nous a enseignée.

Le Christ nous montre donc la voie du désir droit en nous donnant la prière fondamentale qu'il adresse au Père, mais la centralité de cette prière est encore plus marquée si on considère la structure de la théologie de Thomas. Son rôle médiateur est particulièrement exalté dans la *Reportatio in salutationem angelicam*, où Thomas oppose la figure d'Ève à celle de Marie [1]. Marie a eu son "fruit", le Christ, alors qu'Ève a cherché le sien en vain, en péchant. Ève a cherché à devenir semblable à Dieu, comme le lui avait suggéré le diable, mais le mensonge est devenu évident quand elle ne s'est pas du tout retrouvée comme elle le souhaitait, tout au contraire. Marie et tous les chrétiens peuvent, par contre, être assimilés à Dieu par le Christ, qui est à la fois Dieu et homme.

Ève a recherché le plaisir en mangeant du fruit; elle n'en a reçu que la douleur de se retrouver nue. Au contraire, dans le Christ nous pouvons trouver le salut de la vie éternelle. Enfin, Ève a été attirée par la beauté du fruit, mais le Christ est encore plus beau car en lui resplendit la gloire du Père.

Dans le schéma d'exposition qui est utilisé pour l'exégèse du *Pater*, on remarque comment la structure en cercle de la *Summa contra gentes* et de la *Summa thelogiae* est à nouveau appliquée : on part de Dieu, bien suprême et fin dernière; on passe ensuite à la considération du mouvement humain et de ce qui lui fait obstacle [2]. Le Christ est la médiation principale qui conduit à la fin. C'est lui qui prononce la prière "programmatique" du *Pater*, montrant la voie que chaque créature doit poursuivre; c'est en lui que l'on peut trouver tout ce que le péché ne peut offrir. Thomas a donc transposé dans ses œuvres le plan de salut déployé par le Christ.

1. RST ar3 : « peccator aliquando quaerit in aliquo quod non potest consequi, sed consequitur illud iustus [...] sic eva quaesivit fructum, et in illo non invenit omnia quae desideravit; beata autem virgo in fructu suo invenit omnia quae desideravit eva. nam eva in fructu suo tria desideravit. primo id quod falso promisit ei diabolus, scilicet *quod essent sicut dii*, scientes bonum et malum. eritis (inquit ille mendax) sicut dii, sicut dicitur gen. iii, 5. et mentitus est, quia mendax est, et pater eius. nam eva propter esum fructus non est facta similis deo, sed dissimilis : quia peccando recessit a deo salutari suo, unde et expulsa est de paradiso. sed hoc invenit beata virgo et omnes christiani in fructu ventris sui : quia per christum coniungimur et assimilamur deo [...] secundo in fructu suo eva desideravit *delectationem*, quia bonus ad edendum; sed non invenit, quia statim cognovit se nudam, et habuit dolorem. sed in fructu virginis suavitatem invenimus et salutem [...] tertio fructus evae erat *pulcher aspectu*; sed pulchrior fructus virginis, in quem desiderant angeli prospicere. psal. xliv, 3 : speciosus forma prae filiis hominum : et hoc est, quia est splendor paternae gloriae. non ergo potuit invenire eva in fructu suo quod nec quilibet peccator in peccatis. et ideo quae desideramus, quaeramus in fructu virginis ».

La comparaison entre Ève et la Vierge repris par Thomas se rencontre fréquemment durant le Moyen Âge, par exemple chez Anselme (*Cur Deus homo* II, 8) ou chez Bernard de Clairvaux (dans le sermon *Dominica infra octavam assumptionis*). Cf. *Idee sulla donna nel Medioevo*, Bologna, Patron Edizioni, 1981.

2. Voir à cet égard les prologues à la *quaestio* 2 de la *prima pars* et à la *prima secundae* de la *Summa thelogiae*.

Schéma 6
Rapport entre oratio dominica *et désir*

- Désir
  - de la fin
    - Dieu en soi (gloire) → *Santificetur nomen tuum*
    - jouissance de Dieu (béatitude) → *Adveniat regnum tuum*
  - des moyens
    - *per se*
      - vertu et mérites → *Fiat voluntas tua sicut in caelo, et in terra*
      - moyens matériels et spirituels → *Panem nostrum quotidianum da nobis hodie*
    - *per accidens* (abolition empêchements)
      péché *vs* béatitude
      tentation *vs* vertu/mérites
      adversités *vs moyens* matériels/spirituels
      → *Dimitte nobis debita nostra*
      Ne nos inducas in tentationem
      Libera nos a malo

La béatitude

La jouissance de Dieu

Nous avons déjà vu que la fin dernière de l'homme est d'atteindre la paix dans la joie, ce qu'il n'est possible de trouver définitivement qu'en Dieu. On peut maintenant donner un nom à cet état que l'homme voudrait pouvoir atteindre[1] : la béatitude, qui ne peut être atteinte dans ce monde, au milieu des choses temporelles qui passent, ni dans les vertus comme le croyaient les stoïciens. Ce qui fait devenir bienheureux doit en effet se situer au-dessus de l'homme et non pas dans quelque savoir[2].

L'homme se dirige vers la béatitude, son bien suprême qu'il ne recherche que pour lui-même[3]. Tout être cherche son propre bien parce que « ... unumquodque ex hoc quod est perfectum est bonum ... »[4]. Pareillement on peut affirmer que le désir est toujours davantage attiré par le bien qui le rend meilleur; mais une fois atteint ce bien, il ne reste plus rien à désirer. Le bien qui rassasie définitivement s'appelle *felicitas*, si l'on considère l'aspect humain, *beatitudo*, si l'on indique son degré d'excellence, *pax* si l'on souligne la paix qui s'ensuit[5]. À la béatitude, fin

1. 4SN ds15 qu4 ar7c ra5 : « ... omnes homines habent *beatitudinem* sui desiderii *finem*, quem maxime desiderant ... » ; *cf.* aussi 4SN ds43 qu1 ar1a co.
2. *Cf.* RSR n7 ps2 ; RSR n12 ps2.
3. 4SN ds49 qu1 ar3d sc1 : « ... in eo quod *propter se* desideratur, et nunquam *propter aliud*, stat *motus* desiderii. sed illud in quo stat motus desiderii, est *ultimus finis*. si ergo aliud quam *beatitudo* sit desideratum propter se, et nunquam propter aliquid aliud; aliud quam *beatitudo* erit *ultimus finis*; quod esse non potest ».
4. QDV# qu22 ar1 sc4.
5. OTT lb2 cp9 ; ST3# qu28 ar3 co : « est autem *quies plena* cum nihil restat de motu. unde tunc est *gaudium plenum* quando iam nihil desiderandum restat ».

dernière et dernier bien, doivent être reconduits tous les biens, et donc tous les désirs, médiatement ou immédiatement[1] :

> ... omne aliud desideratum, vel *mediate* vel *immediate ad beatitudinis* DESIDERIUM refertur. [4SN ds49 qu1 ar3d sc1]

Il y a référence immédiate si la béatitude est recherchée au moyen d'un acte élicite; cette référence se révèle cependant plus fréquemment en tant que chaque action est déjà orientée vers le bien. Chaque désir est donc orienté par la béatitude : même si celle-ci n'est pas pensée effectivement, elle est présente "virtuellement"[2]. Cette présence non actuelle peut être comparée à la présence de la cause dans l'effet: nous ne voyons pas directement la cause dans l'effet, mais nous savons qu'elle y est présente; de la même manière, nous savons que l'objet recherché par le désir se trouve au-delà du désir, même si celui-ci ne s'oriente pas directement vers lui. L'apaisement de la béatitude est la fin dernière de l'homme. Or nous savons que la fin dernière et la joie trouvent leur expression en présence divine. La béatitude consiste donc à s'unir à Dieu[3]. Elle assume dès lors toutes les caractéristiques qui appartiennent à la fin dernière: elle apaise le désir de l'homme, car le *perfectum et sufficiens bonum* exclut tout mal par lui-même[4], et, en même temps, puisque elle correspond au bonheur, elle est stable[5] et porte à la *delectatio*[6]. Le fait qu'il s'agisse de la seule chose qui soit recherchée *propter se* et non *propter aliud*, l'indique comme point terminal du mouvement du désir, lequel

1. REM cp5 lc2 : « ... *beatitudo* hominis est *ultimum bonum* hominis, in quo quietatur desiderium eius »; ORP lb1 cp9 : « *beatitudinem* quidem dicimus *ultimum* desideriorum *finem* »; *cf.* SCG# lb3 cp153 n4.

2. 4SN ds49 qu1 ar3d ra6 : « ... ita etiam quamvis omne desiderium *ad beatitudinem referatur, non tamen oportet* quod in omni desiderio de beatitudine *actualiter* cogitetur: sed desiderium *beatitudinis* est *virtute* in omnibus aliis desideriis, *sicut causa in effectu* ».

3. *Cf.* QDL n8 qu9 ar1 co: «*finis* autem nostri desiderii *deus* est; unde actus quo ei primo coniungimur, est originaliter et substantialiter nostra *beatitudo* »; ORP lb1 cp9 : « nihil ergo est quod possit hominem beatum facere, eius implendo desiderium, nisi deus ... »; REI cp1 lc11 : « ... impossibile est quod aliquis perfectam beatitudinem consequatur, nisi in visione divinae essentiae ... »; *cf.* aussi 2SN ds29 qu1 ar5 co ; 4SN ds48 qu1 ar3 sc1 ; 4SN ds49 qu1 ar2 co.

4. ST2 qu5 ar3 co: « nam *beatitudo*, cum sit perfectum et sufficiens bonum, *omne malum excludit*, et omne desiderium *implet* »; ST2 qu5 ar4 co: « cum enim ipsa beatitudo sit perfectum bonum et sufficiens, oportet quod desiderium hominis *quietet*, et *omne malum excludat* »; OTT lb1 cp106 t: « ... naturale desiderium quiescit ex divina visione per essentiam, in qua beatitudo consistit » ; 4SN ds49 qu1 ar1d co : « beatitudo ergo cum sit finis ad quem referuntur omnia desideria, oportet quod sit tale aliquid, quo habito nihil ulterius desiderandum restet »; SCG# lb1 cp100 n5 : « per beatitudinem desiderium omne quietatur : quia, ea habita, non restat aliud desiderandum; cum sit ultimus finis » ; ST2 qu2 ar8 ag3 : « ... per hoc homo efficitur beatus, quod eius naturale desiderium quietat » ; ORP lb1 cp9 : « cum autem desiderium intellectualis naturae sit universalis boni, hoc solum bonum vere beatum facere poterit, quo adepto nullum bonum restat quod amplius desiderari possit ... » ; OTT lb1 cp108 : cum in sola divina cognitione desiderium hominis quietetur ».

5. RSR n12 ps2 : « ... beatitudo desiderium non quietaret, nisi *stabilis* esset ... ».

6. La félicité aussi bien que la béatitude impliquent la *delectatio* : *cf.* 4SN ds49 qu1 ar3d ra1 ; 4SN ds49 qu3 ar4c co.

ne peut pas être infini[1]. La vie éternelle suit cependant la béatitude, et peut donc être également considérée comme la fin de nos désirs[2].

Tous nos désirs trouvent alors en Dieu leur satisfaction : le désir de vérité, car on connaît en Dieu toutes les espèces; le désir de subsistance, car on a en lui la vie éternelle; le désir d'honneur et de célébrité, ainsi que celui de la jouissance des plaisirs. C'est Dieu qui rend l'homme bienheureux[3].

L'équivalence "fin dernière-joie-béatitude" s'achève ainsi en trouvant définitivement en Dieu son trait d'union, plus précisément dans la *plena dei fruitio*, qui est la *perfecta fruitio*[4]. En cet état, la parfaite gloire divine, qui comprend tous les biens, apparaît définitivement :

> ... et satiabor cum apparuerit *gloria* tua, idest quando *videbo te*, replebor omnibus bonis : psal. 102 : qui replet in bonis DESIDERIUM tuum, scilicet gloria tua, *in qua omnia bona sunt.* [RPS ps16 n6]

La référence au *Psaume* 102 est complétée par d'autres passages bibliques, le *Psaume* 16[5] et les *Proverbes* 10,24, que Thomas cite pour souligner le caractère exhaustif du bien qui s'enracine en Dieu seul. La satiété représente le moment final de la jouissance auquel doit être référé tout le reste; tout le relatif doit être rapporté à l'absolu[6] :

> hic [...] subdividit res per *absolutum* et *relatum* ex parte DESIDERII, scilicet per *fruibile*, quod propter se desideratur, et *utibile*, cujus DESIDERIUM ad aliud refertur... [1SN ds1 qu1]

L'objet du désir peut être considéré de manière absolue, s'il est désiré en lui-même, ou de manière relative, s'il est désiré en vue de quelque chose d'autre : dans le premier cas on le qualifie de *fruibile*, dans le second d'*utibile*. On voit maintenant pourquoi la béatitude représente la jouissance parfaite : elle est le moment

1. SCG# lb1 cp101 n4 : « unusquisque in beatitudinem suam ordinat quicquid vult : ipsa enim est quae propter aliud non desideratur, et ad quam *terminatur motus* desiderii unum propter aliud desiderantis, ne sit infinitus ».

2. *Cf.* RSV ar12.

3. SCG# lb3 cp63. En particulier, en se référant aux désirs naturels : QDW qu1 ar10 co : « ... naturale hominis desiderium in ullo alio *quietari* potest, nisi in solo *deo* ». *Cf.* en outre ORP lb1 cp9 : « solus igitur *deus* est qui hominis desiderium *quietare* potest, et *facere* hominem *beatum*, et esse regi conveniens praemium ».

4. SCG# lb3 cp153 n3 : « ... unionem hominis ad deum secundum *perfectam fruitionem*, in qua *beatitudo* consistit. huius igitur fruitionis desiderium in homine consequitur ex *dei dilectione* »; *cf.* anche ST3# qu28 ar3 co.

5. *Cf.* REM cp5 lc2.

6. *Cf.* Magistrus Petrus Lombardus, *Sententiae in IV libris distinctae*, liber I, ds 1, Grottaferrata, Editiones Collegii S. Bonaventurae ad Clara Aquas, 1971. Le Lombard, de son coté, fait sienne la répartition augustinienne selon laquelle chaque discipline a pour objet ou des choses ou des signes, les choses se divisant ultérieurement selon qu'on pourra en jouir ou les utiliser : les premières nous rendent bienheureux (la Trinité divine), les secondes poussent vers le bonheur (le monde); *cf.* Augustinus, *De doctrina christiana*, I, II. 2-III. 3, dans *Corpus Christianorum*, « Series Latina » (32), Turnhout, Brepols, 1962.

terminal de la paix réservée à l'homme qui, capable de raison, peut apprécier la vision divine[1].

Néanmoins la béatitude est aussi une opération. L'esprit est disposé à Dieu par une *assimilation*, qui est une opération, au sens où la substance divine est une activité en son être même. À plus forte raison, la béatitude consiste en une opération[2]. Elle est la perfection dernière. Toutefois, on obtient une perfection en agissant. Elle ne peut donc pas consister en un état de passivité mais doit forcément être une opération continue qui conjoint à Dieu[3]. Comment concilier tout ceci, avec la paix que la fin de tout désir implique?

Thomas distingue l'essence de la béatitude et ce qu'on atteint *per accidens*. La béatitude est essentiellement un acte de l'intellect, car elle est atteinte au moyen de l'activité de l'intellect spéculatif qui contemple l'essence divine; mais le plaisir dérive aussi d'elle. Nous sommes donc en présence d'un triple mouvement: la volonté désire poursuivre un but intelligible, l'intellect l'atteint par son activité et la volonté s'apaise ainsi[4]. La paix de la volonté ne concerne pas l'essence de la béatitude, mais elle suit l'activité contemplative de l'intellect. Le plaisir qui accompagne la contemplation est la paix, si l'on y considère la présence du bien, mais elle est aussi une activité du fait de la faculté qui jouit de ce bien[5]. Dans la contemplation de Dieu, la volonté n'a plus rien à désirer et elle est alors apaisée, mais l'intellect y est toujours actif: plus il possède le bien suprême, plus il veut l'aimer et le connaître, contrairement à ce qui se passe pour les biens matériels.

On peut donc supposer que l'opération contemplative béatifiante consiste en une jouissance renouvelée et continue d'un objet infini. Toutefois, même si l'on contemple l'essence divine, cette vision demeure *absque comprehensione*, puisque l'intellect humain ne peut comprendre l'infini, mais seulement s'approcher de lui de manière asymptotique.

On peut se demander si l'homme peut effectivement atteindre un tel niveau de joie, la béatitude complète. L'homme la souhaite certainement en chacune de ses recherches du bien, mais Dieu est tellement inaccessible qu'il paraît impossible que sa disporportion envers sa créature puisse être comblée; nous retrouvons ici le problème du "désir naturel du surnaturel".

Thomas se pose le problème en traitant des *desideria supernaturalia*. En chaque nature créée, en chaque essence, il y a un appétit propre vers sa fin. Les corps lourds vont ainsi vers le bas, où leur mouvement s'arrête. Mais s'il existe un

1. Sur la distinction entre *uti* et *frui*, voir le premier livre de *De doctrina christiana* d'Augustin.

2. ST2 qu55 ar2 ra3 : « ... cum dei substantia sit eius actio, summa assimilatio hominis ad deum est secundum aliquam operationem. unde [...] *felicitas*, sive *beatitudo*, per quam homo maxime deo conformatur, quae est finis humanae vitae, *in operatione consistit* ».

3. *Cf.* ST2 qu3 ar2.

4. *Cf.* ST2 qu3 ar4 co.

5. ST2 qu31 ar1 ra2 : « ... licet ergo in eo qui iam consecutus est bonum in quo delectatur, cesset motus executionis, quo tenditur ad finem ; non tamen cessat motus appetitivae partis [...] licet enim delectatio sit quies quaedam appetitus, considerata praesentia boni delectantis, quod appetitui satisfacit; tamen adhuc remanet immutatio appetitus ab appetibili, ratione cuius *delectatio motus quidam est* ».

appétit qui est dirigé au-delà, qui est *supra naturam*, son sujet ne peut rejoindre son but que par ce qui est aussi *supra naturam*[1]. Jouir de la gloire céleste, voir Dieu en son essence, est *supra naturam rationalis creaturae*, car la *visio Dei* dépasse les facultés de connaître et de désirer. Voilà pourquoi, pour atteindre la béatitude, nous avons besoin de l'aide de Dieu[2], c'est-à-dire de sa grâce :

> *gratia* autem datur homini a deo, per quam homo *perveniat* ad suam ultimam et perfectam consummationem, id est *beatitudinem*, ad quam habet naturale DESIDERIUM. [R2C cp13 lc2]

Thomas souligne que Dieu est tellement au-delà de la créature qu'il ne peut pas être atteint par elle seule. Dieu n'est pas la substance maximum d'Aristote; il est hors des créatures. Mais Dieu vient en aide à l'homme, et en ce sens sa grâce représente le lieu où il rencontre l'être créé singulier.

L'explication thomasienne de la possibilité de la connaissance de l'essence divine correspond à la même exigence. L'homme, en son état de *viator*, connaît les espèces abstraitement, au moyen des *phantasmata*, mais aucune de ces espèces ne peut représenter l'essence divine puisque les réalités sensibles sont différentes des immatérielles. L'être divin dépasse tout genre; l'homme ne peut donc pas obtenir la béatitude parfaite en ce *status viae*[3]. Pour pouvoir voir Dieu, l'essence divine doit assumer une forme que l'intellect humain peut comprendre de sorte que l'essence divine soit en même temps ce qui est vu et ce qui permet de voir[4]. Voilà pourquoi l'intellect doit être éclairé par le *lumen gloriae*[5]. Le désir qui tend vers Dieu trouve en lui un objet qui l'excède et qui exige son intervention.

Cette tentative d'explication ne peut cependant pas satisfaire entièrement la rationalité philosophique; toutefois, grâce à cette même limitation, elle fait entrevoir le surplus de l'infini qui ne peut être montré qu'au moyen d'un paradoxe[6].

1. R2C cp5 lc2 : « ... quamlibet naturam consequitur appetitus conveniens fini suae naturae, sicut grave naturaliter tendit deorsum, et appetit ibi quiescere. si autem sit appetitus alicuius rei supra naturam suam, illa res non movetur ad illum finem naturaliter, sed ab alio quod est supra naturam suam ».

2. R2C cp5 lc2 : « ... deus efficit in nobis *naturalia* desideria et *supernaturalia*. *naturalia* quidem quando dat nobis spiritum naturalem convenientem naturae humanae [...] *supernaturalia* vero dat quando infundit in nobis supernaturalem spiritum, scilicet spiritum sanctum » ; 4SN ds49 qu1 ar1 ra3 : « haec autem visio excedit naturalem potentiam creaturae, cum ad eam nulla creatura ex suis naturalibus pertingere possit »; ST2 qu114 ar2 co : « vita autem aeterna est quoddam bonum excedens proportionem naturae creatae, quia etiam excedit cognitionem et desiderium eius ... »; QDV# qu14 ar2 co : « aliud est bonum hominis naturae humanae proportionem excedens, quia ad ipsum obtinendum vires naturales non sufficiunt, nec ad cogitandum vel desiderandum ... ».

3. SCG# lb3 cp47 n1 : « si autem alias substantia separatas in hac vita intelligere non possumus, propter connaturalitatem intellectus nostri ad phantasmata, multo minus in hac vita divinam essentiam videre possumus ... »; 4SN ds49 qu2 ar7 co : « ... cum beatitudo sit ultimus finis rationalis creaturae, status viae in qualibet rationali creatura dicitur esse ille in quo a beatitudine deficit ».

4. SCG# lb3 cp51 n2 : « ... ut sit in tali visione divina essentia et quod videtur, et quo videtur ».

5. *Cf.* QDV# qu10 ar11 co ; QDS ar10 ra1.

6. Sur les termes du problème du point de vue historique, voir Ch. Trottmann, « Deux interprétations contradictoires de Saint Bernard : les sermons de Jean XXII sur la vision béatifique et les traités inédits du cardinal Jacques Fournier », *Mélanges de l'École Française de Rome*, 105 (1993), p. 327-379. B. Lonergan résume ainsi la situation d'un point de vue théorique : « The Natural

Le désir " in patria"

L'apaisement du désir par la béatitude n'est cependant pas total puisque le désir reste en l'homme au sens d'une réceptivité continue de la vision divine. Cette situation devient plus claire si l'on considère le désir de celui qui est déjà *in patria*.

En partant du concept de désir comme privation, il semble impossible que quelque chose puisse manquer aux bienheureux. On ne trouve en eux aucun désir élancé vers le futur, mais seulement l'élimination du dégoût. Les bienheureux peuvent continuer à "désirer" Dieu (à jouir de lui) continuellement, sans jamais éprouver de l'aversion[1]. Ainsi en est-il aussi du désir des anges[2].

Les âmes des saints, par contre, attendent la *stola corporis*[3]. On peut se demander si cette *expectatio* est *spes* ou *desiderium*[4].

Les anges et les âmes des bienheureux ne peuvent pas, en général, éprouver de l'espérance pour deux raisons : tout d'abord parce que l'espérance a comme objet Dieu que les bienheureux ont rejoint sans pouvoir accroître davantage leur joie; ensuite parce que l'espérance concerne ce qu'il est difficile d'obtenir mais que plus rien de ce genre n'est difficile pour les bienheureux. Donc, l'*expectatio* n'est plus *spes* mais *desiderium*[5].

Desire to See God », dans *Proceedings of the Eleventh Annual Convention of the Jesuit Philosophical Association*, Boston, Boston College, 1949 et dans *The Philosophical Implications of the Recent Controversy on the Natural Desire of the Beatific Vision*, Woodstock, Woodstock College Press, 1949, p. 31-43 : « Such, then, is the thesis. There exists a natural desire to understand. Its range is set by the adequate object of intellect. Its proper fulfiment is obtained by the reception of a form proportionate to the object understood. This natural desire extends to understanding God. In that case its fulfiment is the beatific vision. Still, only the theologian can affirm a natural desire to see God; a philosopher has to be content with paradox » (p. 34). Le paradoxe constitue une situation qui échappe apparemment au sens commun, mais à laquelle on peut réagir ou en déclarant son impossibilité ou en élargissant son propre horizon et en admettant un surcroît qui le justifie.

1. *Cf.* QDW qu4 ar4 ra1. Il s'agit là d'une situation analogue à celle que nous éprouvons dans le cas des biens spirituels, dont nous pouvons jouir sans éprouver aucun dégoût.

2. *Cf.* ST2 qu67 ar4 ra3.

3. Cf. *Ap* 6,11.

4. *Cf.* 3SN ds26 qu2 ar5b ag2.

5. 3SN ds26 qu2 ar5b co : « ... et ideo non potest esse spes neque de gaudio quod de salute aliorum eis accrescit, neque de gaudio quod accrescit animae de gloria corporis; sed potest esse de eis desiderium; et hoc desiderium *expectatio* large dicitur ». Ce que confirme Thomas quand il considère l'*oratio martyrum* comme le désir d'obtenir la *stola corporis* : 4SN ds45 qu3 ar3 ra1 : « ... illa oratio martyrum non est aliud quam eorum desiderium de obtinenda stola corporis ... ». *Cf.* aussi ST2 qu67 ar4 ra3 : « ... quantum ad gloriam animae, non potest esse in beatis desiderium, secundum quod respicit futurum, ratione iam dicta. dicitur autem ibi esse esuries et sitis, per remotionem fastidii, et eadem ratione dicitur esse desiderium in angelis. respectu autem gloriae corporis, in animabus sanctorum potest quidem esse desiderium, non tamen spes, proprie loquendo, neque secundum quod spes est virtus theologica, sic enim eius obiectum est deus, non autem aliquod bonum creatum; neque secundum quod communiter sumitur ».

Toutefois, le désirs des saints peut être parfait ou conditionné[1]. Alors que le désir parfait ne peut pas être vain, rien n'empêche que le désir conditionné le soit. Ainsi le désir d'être dépouillé de son corps terrestre pour être revêtu de la gloire céleste[2] est un désir conditionné qui n'est réalisable que par volonté divine; par contre, le désir de voir Dieu en son essence ne peut pas être déçu, car il caractérise principalement la béatitude[3].

Le désir des saints est toujours tendu vers le prix qui les attend, la gloire céleste, ce que Thomas met en évidence lorsqu'il commente le cinquième chapitre de la deuxième lettre de Paul aux Corinthiens :

> sic ergo praemium sanctorum est admirabile et desiderabile, quia gloria caelestis est. Ideo consequenter subiungit DESIDERIUM sanctorum ad ipsum praemium, dicens nam in hoc ingemiscimus, etc. Ubi tria facit. Primo exprimit DESIDERIUM *gratiae* ad praemium ipsum; secundo ostendit quod DESIDERIUM *gratiae* retardatur ex DESIDERIO *naturae*, ibi nam et qui sumus in hoc tabernaculo, etc.; tertio ostendit quomodo DESIDERIUM *gratiae* vincit DESIDERIUM *naturae*, ibi audentes igitur, etc. Sed DESIDERIUM *gratiae* est cum fervore. nam in hoc ingemiscimus, etc., quasi dicat : haec est vera probatio, quod habemus domum non manufactam, quia si DESIDERIUM *naturae* non est frustra, multo minus DESIDERIUM *gratiae* frustra est. Cum igitur nos habeamus ferventissimum DESIDERIUM *gratiae* de gloria caelesti, impossibile est, quod sit frustra. Et hoc est, quod dicit ingemiscimus, id est, ingemendo desideramus, in hoc, scilicet animae DESIDERIO retardati. [R2C cp5 lc1]

Les désirs des saints sont exaucés dès lors qu'ils pensent en vue de la gloire céleste et en conformant leur volonté à celle de Dieu; ils se trouvent ainsi gémissant dans la condition terrestre parce qu'ils y attendent la condition céleste, en assumant consciemment les adversités terrestres par lesquelles ils peuvent accéder à la victoire.

Thomas articule le raisonnement de Paul en trois moments : tout d'abord 1) les saints espèrent recevoir la grâce pour atteindre le prix, la gloire céleste, mais 2) le désir naturel peut devenir un obstacle pour la grâce car il pousse à rechercher la conservation du corps terrestre; toutefois, à la fin 3) le désir de la grâce peut dépasser celui de la nature. Ainsi, le désir de la grâce est fort : si le désir naturel ne peut pas être vain, encore moins le sera celui de recevoir la grâce.

Il y a cependant un conflit entre notre désir naturel qui nous porte à vouloir que notre âme s'unisse à notre corps et le fait que, pour arriver à la gloire, nous devons être dépouillés de ce corps. Ce conflit a été vécu par le Christ[4].

1. 4SN ds43 qu1 ar4a ra2 : « ... *perfectum sanctorum* desiderium non potest esse vanum; sed nihil prohibet desiderium *conditionatum* eorum esse vanum; et tale est desiderium quo nolumus expoliari sed supervestiri, scilicet si possibile sit; et hoc desiderium a quibusdam *velleitas* dicitur ».

2. OCG# cp9 : « ... secundum naturale desiderium nolumus expoliari tabernaculo terreno, sed supervestiri caelesti ... ».

3. 4SN ds49 qu2 ar1 sc6 : « ... *sanctorum* desiderium non potest omnino frustrari. sed sanctorum desiderium commune est *ut deum per essentiam videant*, ut patet exod. 33, 18 : ostende mihi faciem tuam; et joan. 14, 8 : ostende nobis patrem, et sufficit nobis ».

4. *Cf.* REM cp26 lc5.

On retrouve aussi chez les saints ces deux désirs (du corps terrestre et de l'habitation céleste) qui ne peuvent pas être réalisés en même temps, puisque nous ne pouvons pas arriver à l'habitation céleste qu'après avoir quitté l'habitation terrestre, c'est-à-dire notre corps actuel :

> sic ergo duo DESIDERIA sunt in nobis : unum *naturae de terrena habitatione non deserenda*; aliud *gratiae de caelesti habitatione consequenda.* Sed haec DESIDERIA *simul impleri non possunt*, quia ad caelestem habitationem pervenire non possumus, nisi terrenam deseramus. [OCG cp9]

Le désir de la grâce peut cependant l'emporter car, quoiqu'il soit freiné par le désir naturel, il ne peut en être écrasé. La mort même, qui est repoussée par la nature, peut être désirable dans la recherche de la béatitude, comme il évident dans un passage de la lettre de Paul aux Philippiens :

> ... et hoc modo *mors*, quam naturaliter quilibet refugit, est *appetibilis* propter *beatitudinem*, sicut dicitur philip. 1, 23 : DESIDERIUM *habens dissolvi, et esse cum christo.* [4SN ds49 qu1 ar1d ra4]

Ce passage de saint Paul est souvent cité par Thomas[1] pour souligner la présence contemporaine de ces deux désirs : d'une part, on voudrait quitter cette vie, parce qu'on se sent orienté vers la béatitude et que l'exemple du Christ nous exalte; d'une autre, on éprouve la nécessité de rester en cette vie pour prendre soin d'autrui. Le désir de connaissance des saints est enfin apaisé dans la vision divine, comme est apaisé par "la possession" de Dieu, celui qui désire recevoir tous les biens, puisque Dieu offre la plénitude[2]. Mais ce n'est qu'après la venue du Christ, que les âmes des saints peuvent atteindre une telle vision, qui est capable de donner la paix définitive; avant cela, on n'atteint qu'une paix dérivant de l'immunité de la peine, et non pas la paix qu'obtient l'atteinte définitive de la fin dernière[3].

C'est ainsi que Thomas cherche à trouver l'unité entre la tradition dionysienne rigoureuse, selon laquelle la connaissance et la possession de Dieu sont déniées même aux anges, et la tradition occidentale, qui oriente par contre la béatitude en direction de la plénitude divine.

1. Un examen comparatif des différents textes serait intéressant, pour noter aussi les ressemblances établies par Thomas avec d'autres textes bibliques. Nous nous limitons ici à quelques textes où notre passage est cité : ST3# qu185 ar4 co; QDW qu2 ar11 ra6; OCG# cp9; OCI# ps4 cp7 co; OAP# cp23; OSS ps1; CRO cp9 lc1; RSV ar3 (c'est l'Incarnation qui enflamme notre désir); RPS ps27 n9; RPS ps41 n1; REM cp28 lc0; REI cp14 lc1; REI cp21 lc4 (qui utilise le verbe 'cupere' à la place du nom 'desiderium'); R2C cp5 lc2 e RHE cp2 lc4 (on souligne que, non seulement, on n'est pas triste à cause de la mort, mais qu'on en jouit parce qu'elle représente un pas vers la béatitude); REP cp5 lc9; RPL cp1 lc3; R1T cp4 lc2; RT1 cp1 lc1; QDL n4 qu12 ar1 ra2.

2. 4SN ds49 qu2 ar5 ra7 : « ... *sanctorum* desiderium quo omnia scire desiderant, implebitur ex hoc solum *quod deum videbunt*; sicut desiderium eorum, quo omnia bona habere cupiunt, complebitur in hoc *quod deum habebunt* ».

3. 4SN ds45 qu1 ar2a co : « ... *ante christi adventum* habebant [animae sanctorum] quidem *quietem per immunitatem poenae*, sed non habebant quietem desiderii per consecutionem finis ».

SYNTHÈSE CONCLUSIVE
ET DÉVELOPPEMENTS DE RECHERCHE

CHAPITRE PREMIER

CONSIDÉRATIONS LEXICALES

VERS UN DICTIONNAIRE DE L'*APPETITUS*

En considérant en même temps nos explications lexicales du début de ce travail et les textes que nous avons analysés ensuite, nous pouvons résumer les résultats de notre recherche, et en tirer certaines conclusions au sujet de l'utilisation thomasienne du lemme "desiderium" et sur ses relations avec la terminologie concernant l'appétit.

Le désir exprime, en général, le mouvement ontologique d'un être vers son état de repos, vers sa perfection, son bien. Tous les êtres créés possèdent des désirs naturels, des tendances intrinsèques contenues dans leur forme même qui tendent par elles-mêmes à adresser l'être à sa propre fin. Le terme "désir" s'applique principalement à l'homme, mais aussi, par extension, à tous les autres êtres parce que tous possèdent cette inclination au bien [1].

Le désir naturel, puisqu'il dérive de Dieu, n'est pas disposé en vain. Cela signifie que, dans le cas des êtres irrationnels, il doit atteindre sa fin. Par exemple, la pierre, quand on la laisse tomber, tend toujours vers la terre; d'où la doctrine aristotélicienne des lieux naturels ou celle qu'aujourd'hui nous appelons gravité. Chez les êtres sensibles, les désirs naturels parviennent à leur fin si aucun empêchement extérieur ne s'y oppose. Dans le cas de l'homme, la libre participation est nécessaire : ses désirs naturels peuvent en effet être évalués par sa raison, être ainsi reconnus et donc librement orientés.

Chez l'homme, le désir se caractérise aussi comme passion de l'âme : l'âme peut administrer ce sentiment, cette passion, l'orienter vers son bien, la félicité ou la béatitude. La possession de l'intellect et du libre arbitre fait que l'homme peut penser à sa fin et choisir de quelle façon la chercher et où ; Dieu veut qu'elle soit

1. ST2 qu41 ar3 co : l'inclination au bien, caractéristique du désir en général, se retrouve aussi dans l'appetit naturel, de sorte que « ... DESIDERIUM vel spes potest *quodammodo* dici etiam in rebus naturalibus cognitione carentibus ».

atteinte librement par lui. Cela implique toutefois la possibilité de se tromper et de ne pas atteindre la fin recherchée.

Nous avons souvent remarqué que le 'desiderium' se lie à l''appetitus' et à l''inclinatio'. Sans prétendre examiner de manière exhaustive ces deux derniers lemmes, nous pouvons néanmoins essayer de repérer leurs liaisons entre eux et avec le désir. Les *inclinationes* se caractérisent comme les tendances situées dans la forme de l'être [1] crée par Dieu, de sorte que « omnis inclinatio [...] nihil est aliud quam quaedam impressio a primo movente » [2]. Les tendances poussent à revenir au bien propre puisqu'elles dérivent du *summum bonum*: l'*inclinatio* se rapproche ici des domaines sémantiques de l''aptitudo' et de la 'connaturalitas' [3].

L'*appetitus* représente par contre la faculté de réaliser des prédispositions, de les "mettre en mouvement", ce qui signifie qu'il implique l'existence de ces prédispositions [4]. Si l'inclination et l'appétit possèdent tous deux un aspect dynamique, l'*inclinatio* se réfère surtout à la forme substantielle et l'*appetitus* aux facultés de l'être [5]. Pour chaque prédisposition, nous avons ainsi un appétit différent parce que, si le bien appris est la cause de la vertu qui en a l'appétit, la prédisposition détermine les différentes capacités d'appréhension. Nous avons alors une double prédisposition : naturelle, dans laquelle la connaissance n'est pas du sujet agent, mais uniquement de celui qui a donné la prédisposition, et une autre dont le principe est une connaissance présente dans le sujet lui-même. Dans ce dernier cas, la prédisposition est définie explicitement comme volonté [6]. En conclusion, dans une nature (forme) qui dispose d'une prédisposition naturelle, on a comme faculté l'appétit naturel dans lequel ne se produit aucune appréhension par la raison; dans une nature qui a une prédisposition sensitive, on

1. ST1 qu80 ar1 co: « quamlibet formam sequitur aliqua inclinatio »; CTC# lb7 lc19 n14 : « ... omnia habent naturaliter in seipsis quiddam divinum, scilicet inclinationem naturae, quae dependet ex principio primo; vel etiam ipsam formam, quae est huius inclinationis principium ». *Cf.* aussi ST1 qu85 ar4 co.

2. ST1 qu103 ar8 co. *Cf.* aussi ST1 qu5 ar5 co ; QDM ST1 qu62 ar3 ra2 ; ST2 qu94 ar3 co.

3. ST2 qu23 ar4 co : « bonum in potentia appetitiva causat quandam *inclinationem*, seu *aptitudinem*, seu *connaturalitatem* ». *Cf.* à ce sujet I. Biffi, « Il giudizio "per quandam connaturalitatem" ou "per modum inclinationis" secondo San Tommaso : analisi e prospettive », *Rivista di Filosofia Neoscolastica*, 66 (1974), p. 368 : « Il luogo più ricorrente dell'"inclinatio" tommasiana è quello dell' "appetitus" [...] Ma questa appetizione esiste e si esprime in piani differenti, fino a trovarsi coincidente con qualsiasi realtà o "natura" in quanto mossa verso ciò che connaturalmente, per somiglianza, vi è adeguato o vi si propone come fine, come bene ... ».

4. *Cf.* 2SN ds38 qu1 ar3 ra2 ; 2SN ds42 qu2 ar1 co ; SCG# lb2 cp55 n13 QDL I-XI n4 qu11 ar1 co.

5. Cette conclusion semblerait confirmée par l'étude sur *appetitus* et *inclinatio* présentée par M. D'Avenia, *La conoscenza per connaturalità in S. Tommaso d'Aquino*, Bologna, ESD, 1992, p. 91 et 94 : « Fondamento genetico prossimo della inclinazione è ancora la *forma seu natura* ... », « Se l'inclinatio consegue alla forma, secondo la diversità delle forme si avranno diversità di inclinazioni ... ». Néanmoins, le mouvement de l'âme peut être appelé *inclinatio* en tant qu'acte de la *virtus* qui en a l'appétit, c'est-à-dire en tant que découlant du dynamisme de la forme : *cf.* 2SN ds24 qu3 ar1 co e QDV qu26 ar4 co : « ... desiderium dicitur secundum quod appetitus movetur in aliquod delectabile ... ».

6. *Cf.* 4SN ds49 qu3 ar1a co ; QDV# qu22 ar5 ra3.

rencontre un appétit sensitif; finalement, dans une nature qui a une prédisposition rationnelle, existe un appétit rationnel. L'appétit ainsi considéré couvre un champ sémantique plus vaste que celui du désir. En effet, alors qu' 'appetitus naturalis', 'desiderium naturale' et 'inclinatio naturalis' peuvent être considérés comme des synonymes[1], dans l'appétit sensitif le désir est uniquement un acte de la *virtus appetitiva*[2], une passion de l'âme mue par le désir; ce qui est confirmé par le fait qu'on ne retrouve jamais le syntagme 'desiderium sensibile'.

Le domaine du 'desiderium' est relié aussi au domaine du 'quaerere'. 'Quaerere' signifie un mouvement, l'acte par lequel toutes les créatures, et l'homme particulièrement, recherchent leur perfection, un acte réalisé au moyen d'une acquisition progressive du bien[3]. Dans ce contexte, le 'desiderium' représente l'élément dynamique qui, existant dans la créature, permet le déroulement de sa recherche, naturelle ou passionnelle, la poussant à se mouvoir vers ce qu'elle ne possède pas, ce dont le 'quaerere' est la conséquence. Pour cette raison, Dieu apparaît comme le sujet d'un désir au seul sens où il bénéficie de lui-même comme de celui qui a satisfait son propre désir et, parallèlement, il se trouve sujet du *quaerere* d'une façon uniquement passive, au sens où il se fait rechercher par ses créatures.

L'ALTÉRITÉ DANS LE DÉSIR DE LA CONNAISSANCE

L'expérience réflexive

Nous avons relevé que le désir conduit le sujet qui cherche au-delà de lui-même. Durant la vie terrestre, le sujet exerce un mouvement continu vers ce qu'il retient approprié pour lui, tandis que durant la vie à venir il est projeté vers la fin dernière qui donne la félicité. Sans développer ce thème d'une manière exhaustive, je voudrais maintenant souligner une direction possible pour la recherche : le parallélisme entre le mouvement du désir et l'activité de l'intellect dans la connaissance de soi et des objets extérieurs. L'altérité semble en effet un moment essentiel dans les deux cas : l'âme ne peut se reconnaître qu'en connaissant des objets externes, et la vérité du jugement apparaît dans la seule convergence de l'intentionnalité de l'intellect avec l'existence des êtres. Comme le désir trouve son accomplissement en atteignant l'autre par ses propres moyens, l'intellect

1. *Cf.* 3SN ds27 qu1 ar2 co; SCG# lb1 cp68 n6; SCG# lb2 cp79 n6; ST1 qu78 ar1 ra3; St2 qu1 ar2 co; ST2 qu6 ar4 co; ST2 qu91 ar2 ra2; ST3# qu26 ar6 co; QDM qu16 ar2 co; CCM# lb1 lc12 n4. En particulier, l'*appetitum naturae* est substitué au *desiderium naturale* : SCG# lb2 lc33 n5 : « impossibile est autem naturae appetitum vanum esse » ; *cf.* aussi QDP qu5 ar1 ag13; QDP qu5 ar10 ag7. Comme synonyme ultérieur, on peut considérer 'amor naturalis' : *cf.* ST1 qu60 ar1 co; ST2 qu27 ar2 ra3.

2. ST1 qu83 ar3 sc; SCG# lb1 cp72 n4 : : « ... nam ea quae non habent, appetitiva virtute sui generis desiderio tendunt ad acquirendum quod ei deest ... ».

3. Voir à ce sujet A. Di Maio, S. Guacci, G. Stancato, « Il concetto di "cercare" ('quaerere') in Tommaso d'Aquino », *Medioevo*, 22 (1996), p. 39-135.

s'atteint lui-même par l'intermédiaire de l'autre; et tout comme la béatitude, horizon du désir, semble être la rencontre de la grâce divine et de la liberté humaine, ainsi la vérité, horizon de l'intellect, se présente comme la rencontre de la faculté humaine et de l'objet externe.

La problématique de l'expérience réflexive dont hérita Thomas avait déjà eu une longue histoire, surtout dans l'enceinte néoplatonicienne. Une des sources principales de Thomas, aussi bien théorétique que terminologique, est le *Liber de causis*, en particulier la proposition 15[1]. Jusqu'à l'Aquinate, le *Liber de causis* avait été attribué à Aristote, mais, dès son premier enseignement parisien, Thomas avait remarqué que les argumentations du *Liber* ne concordaient pas parfaitement avec ce que lui-même savait des œuvres d'Aristote, particulièrement de leur dépendance de la tradition néoplatonicienne. La traduction de l'*Elementatio theologica* de Proclus, mise à sa disposition par Guillaume de Moerbecke, confirmait cette première impression et, surtout, lui fournissait un support précieux pour détailler son interprétation. En opérant de manière quasi philologique, Thomas saisit les éléments théorétiques communs aux deux textes et ramena les propositions du *De causis* à celles équivalentes de l'*Elementatio theologica*. Cette méthode de travail lui permit de repérer des propositions parallèles à six propositions de la *Elementatio*, surtout avec la proposition 15[2] (tout ce qui peut se convertir en soi-même est incorporel), mais aussi avec la proposition 16[3] (ce qui peut revenir vers soi-même est une substance séparable du corps) et la proposition 43[4] (la substance séparable est *per se subsistens*).

Ce qui se tourne vers soi-même se reconnaît comme substance. De là l'importance, en outre, de la proposition 44[5] de Proclus, selon laquelle la connaissance de

1. Chez Thomas, le terme 'reditio' apparaît 22 fois; 5 de ces occurrences viennent dans le *Commentaire sur le Liber de Causis* (4 dans la seule proposition 15, correspondant à une pourcentage du 0,0168%). Le fait que ce pourcentage soit plus élevé par rapport à celui des autres œuvres confirme que le terme 'reditio' est retenu décisif dans cette œuvre, et en particulier dans cette proposition dans laquelle on se demande *qualiter anima se habeat ad seipsam*. La proposition elle-même peut être subdivisée en trois parties. Une affirmation est tout d'abord proposée : « omnis sciens qui scit essentiam suam est rediens ad essentiam suam reditione completa », c'est-à-dire : chaque sujet connaissant qui reconnaît lui-même est en mesure de revenir complètement à son essence. À l'affirmation succède l'explication : la science est acquise par une action de l'intelligence, de sorte que celui qui connaît connaît son essence en effectuant une opération intellectuelle. Mais dans ce cas, le retour ne se réalise que s'il y a coïncidence entre le connaissant et le connu, parce que la connaissance dérive de l'activité du sujet (*ex eo*) et est adressée à sa propre essence (*ad eam*). Enfin on spécifie la signification du retour à soi en l'identifiant à la simplicité et à la suffisance de l'âme pour elle-même, âme qui est capable de se fixer en elle-même sans avoir besoin de rien d'autre que soi.

2. Proclus Diadochus, *Elementatio Theologicae*, propositio XV, textus Procli dans S. Thomae Aquinatis, *In librum De Causis expositio*, Turin, Marietti, 1955 : « omne quod ad seipsum [est] conversivum, incorporale est ».

3. *Ibid.*, propositio XVI : « omne ad seipsum conversivum habet substantiam separabilem ab omni corpore ».

4. *Ibid.*, propositio XLIII, : « omne ad seipsum conversivum per se susistens est ».

5. *Ibid.*, propositio XLI : « omne quod secundum actum [est] conversivum ad seipsum et secundum substantiam convertitur ad seipsum ».

son opération propre conduit à la connaissance de soi comme être substantiel. Le passage définitif de la *conversio* à la *cognitio* de soi est accompli en interprétant la proposition 83[1], qui relie expressément ces deux termes et les identifie comme équivalents. Enfin, toute la réflexion est transposée à l'âme humaine au moyen de la proposition 186[2]. Cependant Thomas ne repère pas la preuve de l'auto-connaissance de l'âme dans la proposition qu'il est en train de commenter directement, mais dans la proposition 186, qui affirme que l'âme peut connaître les choses qu'elle trouve en-dessous et au-dessus de soi, qu'a fortiori elle doit donc pouvoir se connaître elle-même. Pour Thomas, ces considérations peuvent être ramenées aux différentes capacités de connaissance des différents intellects. L'Intellect Premier se connaît exclusivement lui-même, et toutes les choses en lui; les substances suprêmes ne se connaissent elles-mêmes ainsi que les substances supérieures que parce qu'elles participent du Premier Intellect; l'âme humaine, en participant de façon inférieure au même Intellect, ne possède que la *vis intellectiva* et de ce fait ne se connaît pas au moyen de son essence. Ici comme dans d'autres cas, Thomas interprète le *Liber De Causis* à la lumière de Proclus et de sa pensée[3].

La doctrine d'Augustin, selon laquelle toute activité de recherche implique la possession d'une *notitia* concernant l'objet qu'on souhaite rechercher, constitue, évidemment, un autre point de repère sur le thème de la connaissance de soi-même : si je ne sais pas ce que je cherche, je ne peux pas commencer à chercher[4]. Cela signifie que le sujet connaissant est d'une certaine manière déjà connu par lui-même, avant le déroulement de l'activité de connaissance en tant que sujet à la source de l'activité en question[5]. L'âme peut se connaître elle-même par l'inter-

1. Proclus Diadochus, *Elementatio Theologicae*, propositio LXXXIII : « omne suiipsius cognoscitivum ad seipsum totaliter conversivum est ».

2. *Ibid.*, propositio XVI : « omnis anima est incorporea substantia et separabilis a corpore ».

3. À cet égard, nous devons remarquer l'importance que la médiation a prise dans la pensée néoplatonicienne de l'*Elementatio theologica* par rapport, par exemple, à la position de Plotin. Tous deux se réfèrent au *Sophiste* de Platon pour expliquer la genèse de la multiplicité de l'Un, mais alors que pour Platon les genres suprêmes sont présents intérieurement à toutes les idées, pour Proclus ces genres sont des principes intermédiaires. Pour Plotin, l'Un reste antérieur à toutes les déterminations, indéterminé dans sa puissance de tout produire, alors que, pour Proclus, la puissance n'est pas dans l'Un mais dans la Dyade, de sorte que toute l'indétermination, qui rend possible la multiplicité, ne dépend pas du Principe Premier mais du soi-même de l'indétermination. Pour Proclus, la relation causale se détermine au moyen d'un élargissement de la similitude dans laquelle est nécessaire une médiation entre l'identité et la diversité, de sorte que s'y détermine un développement circulaire et permanen de la procession et de la conversion. *Cf.* W. Beierwaltes, *Proklos. Grundzüge seiner Metaphysik*, Frankfurt am Main, Klostermann, 1979, « Kreis », « Der Kreisgang der Seele », p. 192-212.

4. La femme qui a perdu sa monnaie ne peut pas la retrouver si elle ne se rappelle rien de la monnaie; *cf.* Augustinus, *Confessiones*, X, XVIII, 27, dans *Corpus Christianorum*, « Series latina » (27), Turnhout, Brepols, 1981 : « perdiderat enim mulier drachmam et quaesivit eam cum lucerna et, nisi memor eius esset, non inveniret eam ».

5. Augustinus, *De Trinitate*, IX, III, 3, dans *Corpus Christianorum*, « Series latina » (50), Turnhout, Brepols, 1968 : « ergo et [anima] se ipsam per se ipsam novit quoniam est incorporea. Nam si non se novit, non se amat ».

médiaire d'elle-même parce qu'elle est une substance incorporelle; la *notitia* qu'elle possède déjà de soi en tant qu'objet de connaissance est elle-même un principe substantiel. La connaissance de la réalité extérieure est uniquement l'occasion de l'actuation de ce principe déjà présent. La priorité du principe sur l'activité est une priorité naturelle. L'âme ne se reconnaît donc pas en se réfléchissant sur une extériorité comme dans un miroir[1]. La matérialité d'un organe corporel fait, par exemple, que les yeux ne peuvent se regarder que dans un miroir; mais l'esprit est spirituel et il se reconnaît de ce fait comme principe d'activité, abstraction faite de la réalité extérieure. Tout peut être connu par l'esprit, mais l'esprit se comprend exclusivement en pensant à lui-même, ce qui n'est possible que par une vision spirituelle qui se réalise par l'intermédiaire d'une conversion indépendante du corps[2]. Il convient quand même de préciser que cette première connaissance de soi ne constitue pas une connaissance accomplie, pleinement réfléchie: il s'agit d'un *nosse* et non pas d'un *cogitare* explicite, d'une autoconscience et non pas d'une connaissance définie de l'âme[3]. Ce serait une erreur fondamentale que de juxtaposer ces deux moments en considérant la conscience comme une connaissance objective alors qu'elle ne constitue qu'un moment initial de l'autre.

Thomas semble saisir à la fois un danger de confusion et une grande profondeur de pensée chez Augustin. Sur le thème de la connaissance de l'âme, il estime en fait que la position augustinienne, tirée d'un passage du *De Trinitate* (IX, III, 3), soutient le principe de la connaissance de l'âme par l'intermédiaire de son essence[4]. Toutefois, dans ses réponses, il n'entend pas refuser l'argument, mais le préciser et le rendre diversement intelligible. On peut affirmer que l'âme se connaît par son essence parce que, comme nous le verrons mieux par la suite, elle parvient à soi par ses propres actes[5]. L'âme se connaît toutefois indirectement, tout comme la substance est connue par l'intermédiaire de ses accidents, mais non pas comme les premiers principes qui sont évidents par eux-mêmes. Ainsi l'expression augustinienne est justifiée si on se réfère à la connaissance habituelle que l'âme a de soi-même: l'âme est susceptible de reconnaître qu'elle

1. Augustinus, *De Trinitate*, X, III, 5: « numquam enim se oculi praeter specula videbunt, nec ullo modoputandum est etiam rebus incorporeis contemplandis tale aliquid adhiberi ut mens tamquam in speculo se noverit ».

2. *Ibid.*, XIV, VI, 8: « ... nihil in conspectu mentis est nisi unde cogitatur ut nec ipsa mens qua cogitatur quidquid cogitatur aliter possit esse in conspectu suo nisi se ipsam cogitando »; « proinde restat ut aliquid pertinens ad eius [scilicet spiritus] naturam sit conspectus eius, et in eam quando se cogitat non quasi per loci spatium sed incorporea conversione revocetur ».

3. *Ibid.*, X, X, 16: « ... mentem nosse se etiam cum quaerit se ... ».

4. *Cf.* ST1 qu87 ar1 ag1: « dicit enim augustinus, IX de Trin., quod mens seipsam novit per seipsam, quoniam est incorporea »; QDV# qu10 ar8 sc1: « est quod augustinus dicit in IX de Trin. mens se ipsam per se ipsam novit quoniam est incorporea; nam si non se ipsam novit, non se ipsam amat ».

5. *Cf.* ST1 qu87 ar1 ra1: « ... mens seipsam per seipsam novit, quia tandem in sui ipsius cognitionem pervenit, licet per suum actum ... ».

existe parce qu'elle peut effectuer habituellement des actes cognitifs[1]. Le *per ipsam* de l'expression augustinienne couvre exclusivement la potentialité, l'origine de la capacité.

Le concept de l'activité réflexive de l'âme est développé par Thomas grâce à trois lemmes fondamentaux : 'reditio', 'reflexio' et 'conversio'. Ces trois lemmes indiquent un mouvement d'inversion qui concerne en même temps l'espace et le temps, mais uniquement dans un sens figuré quand ils font référence à la réflexion réalisée par l'esprit[2].

Le lemme 'reditio' indique exclusivement la réflexivité de l'âme, ce qui se déduit d'une étude de toutes ses occurrences, 22 au total. Plus important est le nombre des occurrences de 'reflexio' : 98 fois dans l'œuvre entière, ce qui correspond à un pourcentage 0,0011%. Cet accroissement quantitatif est néanmoins dû à un élargissement du domaine sémantique : 'reflexio' apparaît être, outre un terme lié à la psychologie et à la gnoséologie, un terme technique propre à la physique d'inspiration aristotélicienne, ce que confirme le pourcentage élevé de sa récurrence dans le commentaire au *De caelo et mundo* (0,0092%).

Encore plus élevé est le nombre des occurrences du lemme 'conversio', qui ne se répète pas moins que 1150 fois, un pourcentage de 0,0131%. Ici aussi, à l'élargissement quantitatif correspond une extension de l'éventail des sens. 'Conversio' indique en effet, outre la réflexion, la conversion de chaque pécheur qui, aidé par la grâce divine, excerce son libre arbitre pour s'éloigner du péché et se tourner vers Dieu; sa signification s'élargit cependant jusqu'à couvrir le domaine entier du retour de la créature au créateur, en rappelant encore le schéma néoplatonicien de l'*exitus* et du *reditus*. Dans les deux cas, 'con-versio' est opposé à 'a-versio', au mouvement qui éloigne du principe. Néanmoins le terme est utilisé aussi dans la terminologie gnoséologique pour indiquer la *conversio ad phantasma*. Grâce à ce retour de l'intellect vers le phantasme, le premier peut reconnaître l'éventuelle conformité de son acte avec le second, qui est lié aux réalités sensibles. Cette dernière signification se relie à la connaissance réflexive, parce que le retour vers le fantasme ne peut être accompli qu'à l'intérieur de la conscience de l'acte propre de connaissance. Voilà pourquoi nous devons examiner le rapport de l'activité intellective à la connaissance réflexive de l'âme.

Alors que dans la connaissance en général sujet et objet sont bien distingués, dans la connaissance de soi (réflexive) ils arrivent à coïncider[3]. L'intellect peut avoir connaissance de soi, tout comme la volonté peut vouloir son propre vouloir, parce que ces deux puisances sont immatérielles. Dans la puissance immatérielle l'acte n'est pas complètement "absorbé" par l'objet, de sorte que l'objet ne peut

1. *Cf.* QDV# qu10 ar8 ra1 : « ... et ideo mens, antequam a phantasmatibus abstrahat, sui notitiam habitualem habet qua possit percipere se esse ».

2. *Cf.* A. Ernout, A. Meillet, *Dictionnaire étymologique de la langue latine*, Paris, Klinksieck, 1954[4], aux lemmes *reditio*, *reflexio conversio*, *reflecto*, *redeo*, *converto*.

3. QDV qu2 ar2 co : « ... cum dicitur aliquid seipsum cognoscere dicitur illud esse *cognoscens* et *cognitum* ... ».

pas s'interposer entre la puissance et l'acte. Par contre, dans les puissances qui réalisent leur opération par l'intermédiaire d'un organe corporel l'organe est entièrement destiné à son objet matériel et en devient, pour ainsi dire, "rempli", de telle façon que cet objet ne puisse pas devenir un moyen permettant de connaître la puissance[1]. L'immatérialité conduit directement à la subsistance, parce que la capacité de revenir vers sa propre essence est assimilée à la capacité d'être un *subsistens*[2]. Cette *reditio in seipsum* se présente comme une *reflexio*, une capacité de réfléchir sur son acte, mais à condition que cet acte soit en premier lieu dirigé vers un objet[3]. Chaque puissance immatérielle peut se connaître elle-même, mais elle ne peut le faire que si elle connaît d'abord un objet, ce vers quoi elle est naturellement tournée et qui constitue quelque chose différente de sa puissance même. S'il n'en était pas ainsi, on procéderait à l'infini parce que la puissance se retournerait uniquement sur elle-même en se mouvant à l'intérieur d'un cercle vicieux. Par contre, la condition de possibilité de la connaissance de l'acte est que celui-ci s'adresse à l'extérieur, qu'il s'allie à l'objet pour se comprendre : l'activité intellective doit comprendre quelque chose d'autre avant de se comprendre. Tout cela est nécessaire parce qu'une puissance ne peut être connue que par l'intermédiaire de l'acte qu'elle réalise; toutefois, de son côté, l'acte ne peut être connu que par l'objet qu'il vise : on conclut que l'objet ne se situe comme point de départ d'une recherche sur l'acte que grâce à l'intention directe de la puissance vers l'objet[4].

L'intentionnalité en question permet également le contact entre la faculté intellective et la réalité, parce que ce qui est connu n'est pas l'espèce intelligible, mais la chose. L'espèce est un moyen qui permet de connaître la chose, et elle ne peut être connue que par un retour réflexif sur l'acte; c'est le seul moyen d'éviter de se renfermer à l'intérieur d'une conception qui fait perdre le contact avec la réalité. La réflexion permet de comprendre l'acte d'intellection et l'espèce par

1. 1SN ds17 qu1 ar4 ra3 : « ... intellectus intelligit se intelligere, et similiter voluntas vult se velle et diligere. cuius ratio est, quia actus potentiae immaterialis non excluditur a ratione obiecti » ; QDV# qu1 ar9 co : « ... non tamen completur eius *reditio* quia sensus non cognoscit essentiam suam : cuius hanc rationem avicenna assignat quia *sensus* nihil cognoscit nisi *per organum corporale*, non est autem possibile ut organum corporale medium cadat inter potentiam sensitivam et se ipsam ».

2. ST1 qu14 ar2 ra1 : « ... *redire* ad essentiam suam nihil aliud est quam rem subsitere in seipsa » ; *cf.* aussi CDC lc15.

3. 4SN ds49 qu1 ar1b co : « non enim potest intelligi in aliqua potentia *reflexio* super *actum* suum, nisi actu suo, in quo fit reflexio, prius terminato *per objectum proprium*, quod sit aliud ab ipso actu potentiae illius ; alias oportet in infinitum procedere. si enim intellectus intelligit se intelligere, oportet quod intelligat se intelligere *aliquid* [...] patet ergo quod ipsum intelligere non potest esse primum objectum intellectus ... ».

4. QDV# qu2 ar2 ra2 : « ... primo enim actus ab ipsa exiens terminatur ad *objectum*, et deinde reflectitur super *actum* et demum supra potentiam et *essentiam* secundum quod actus cognoscuntur ex objectis et potentiae per actus » ; QDL n8 qu9 ar1 co : « ... prius enim intelligitur actus alicuius potentiae quam reflexio eius super actum illum. actus enim terminatur ad objectum : et ita quaelibet potentia prius fertur in objectum quam in actum suum ... ».

laquelle il se réalise parce qu'il y a une réalité extérieure qui s'oppose au sujet et qui lui permet d'exercer son activité réflexive[1].

Cette activité peut être appelée *conversio* au sens où il y a en elle un mouvement circulaire. L'acte cognitif orienté vers l'extérieur trouve son origine dans l'âme, mais cet acte s'achève dans le sujet lui-même ce qui éveille la connaissance de soi[2]. La notion de circularité s'applique ici de manière seulement métaphorique : comme dans le cas du mouvement en général, elle souligne aussi le processus qui procède d'un contenu intelligible à un autre[3]. En physique aristotélicienne, le mouvement circulaire est le mouvement parfait par excellence parce que, contrairement au mouvement rectiligne, la même distance est constamment maintenue par rapport à un point appelé centre[4]. Il convient néanmoins de distinguer le mouvement circulaire continu, qui constitue le véritable mouvement circulaire, du mouvement réfléchi : alors que dans le premier cas le mouvement est infini sans principe ni fin, dans le deuxième cas il y a un point final et un point initial, donc aussi des points intermédiaires. On peut dire, pour être plus précis, que dans le mouvement continu le principe, les points intermédiaires et la fin n'existent qu'en puissance et jamais en acte, alors que dans le mouvement réfléchi ils existent en puissance mais aussi en acte[5].

L'auto-connaissance de l'âme présente alors des similitudes avec le mouvement circulaire à cause de son aspect de retour, de conversion, mais il s'en distingue aussi du fait de sa réflexivité. L'âme est au point de départ et d'arrivée de la connaissance. Dans ce mouvement particulier, ce qui vient d'abord est connu ensuite. En d'autres termes, l'âme, qui est la source de l'acte, n'est connue qu'après que l'acte ait été accompli et se soit adressé à l'objet extérieur[6]. La connaissance de l'objet qui est devant moi devient donc indispensable pour pouvoir me percevoir à l'origine de mon mouvement cognitif, tout comme dans la vision physique je peux me regarder dans un miroir. L'œil peut se voir par réflexion dans le miroir parce que l'espèce de l'œil peut revenir vers l'œil lui-même à partir de là[7].

1. ST1 qu85 ar2 co : « sed quia intellectus supra seipsum reflectitur, secundum eandem *reflectionem* intelligit et *suum intelligere*, et *speciem* qua intelligit. et sic species intellectiva secundario est id quod intelligitur. sed id quod intelligitur primo, est res cuius species intelligibilis est similitudo ».

2. CDC lc15 : « ... ergo patet quod in hoc quod sciens scit essentiam suam, *redit, id est convertitur*, per operationem suam intelligibilem, ad essentiam suam, intelligendo scilicet eam [...] et sic est ibi quaedam *circulatio* quae importatur in verbo *redeundi* vel *convertendi* ».

3. QDV# qu2 ar2 co : « ... locutio haec qua dicitur quod sciens se ad essentiam suam redit, est *locutio metaphorica* ... ».

4. Aristoteles, *De caelo*, *op. cit.*, I, 2, 24.

5. *Cf.* CPY# lb8 lc16.

6. QDV# qu22 ar12 ra1 : « ... cum in reflexione sit quaedam similitudo motus circularis in quo est ultimum motus quod primo erat principium, oportet sic dicere in reflexione ut illud quod primo erat prius, secundo fiat posterius ... » ; CPY# lb8 lc19 n2 : « ... pars mobilis quae in primo motu erat prior, in reflexione fiat posterior ... ».

7. *Cf.* CSS lc3.

Réflexivité et vérité

La *quaestio* 10 du *De Veritate*, ayant pour objet la thématique de la connaissance de soi-même de la part de l'âme en général, permet de résumer les aspects des textes déjà analysés et de les classer de façon cohérente. Le problème se pose au sujet de la modalité de l'auto-connaissance de la part de l'âme : se connaît-elle immédiatement elle-même en son essence propre, ou a-t-elle besoin des espèces intelligibles [1] ?

Thomas essaie de répondre en analysant un par un les thèmes fondamentaux qui apparaissaient dans le titre de son article afin d'en expliquer le sens, en partant de la *cognitio per essentiam*. Celle-ci peut s'entendre sous deux aspects : ou bien en référant l'expression "pour essence" à l'objet à connaître, de telle sorte qu'une chose serait connue une fois son essence connue et non pas ses accidents, ou bien en entendant le *pour* de manière instrumentale ; dans ce dernier cas, l'essence ne serait pas ce qui est connu directement, mais le moyen employé pour connaître. Or c'est justement ce dernier cas qui nous intéresse, puisque l'âme se connaît *per essentiam* au sens où, pour se comprendre, elle a besoin de passer par l'exercice de celle-ci. Nous pouvons maintenant entrer dans le vif du problème en cherchant à comprendre ce qu'on entend par *cognitio animae* ; celle-ci peut être ou une connaissance particulière de notre âme singulière, ou une connaissance générale de ce qui est commun à toutes les âmes. Dans le premier cas, nous arrivons à connaître l'*esse in tali individuo*, l'existence même de l'âme, dans le second la *natura animae*, son essence.

L'analyse procède sur le thème particulier de la connaissance de l'existence de l'âme qui peut être en *habitus* ou en acte. Pour avoir une connaissance actuelle, il est nécessaire que l'âme exerce des actes qui lui font comprendre quelque chose. La condition pour percevoir l'être, c'est de percevoir l'activité, et la condition pour percevoir l'activité, c'est que celle-ci s'adresse à son objet [2]. La connaissance habituelle de l'âme peut s'obtenir au contraire par la seule présence de l'âme qui montre sa capacité à donner commencement à des processus de connaissance, au même titre que celui qui possède l'*habitus* d'une science peut percevoir les choses placées en-dessous de cet *habitus*.

En connaissant l'existence de mon âme, je dois comprendre toutefois quelle est en général son essence. Dan ce cas, il est également nécessaire de procéder à une distinction : pour une connaissance de l'âme sont nécessaires aussi bien l'appréhension de son essence que le jugement qui confirme que cette appréhension est adéquate. Or l'appréhension ne peut s'obtenir qu'en passant par les espèces abstraites de la réalité sensible, puisque ceci est la façon d'opérer de notre âme [3]. L'intellect, au début, est seulement "possible", en puissance d'être

1. QDV# qu10 ar8 : « utrum mens se ipsam per essentiam cognoscat aut per aliquam speciem ».

2. QDV# qu10 ar8 co : « nullus autem percipit se intelligere nisi ex hoc quod aliquid intelligit, quia prius est intelligere aliquid quam intelligere se intelligere ... ».

3. QDV# qu10 ar8 co : « ... natura animae a nobis cognoscitur per species quas a sensibus abstrahimus ».

actualisé, au même titre que la matière première est pure puissance prête à être actualisée par la forme[1]. Ce qui montre encore que l'âme a besoin de se connaître à travers l'appréhension des choses extérieures: la connaissance de soi n'est obtenue qu'en passant par l'extérieur[2].

Une fois l'essence de l'âme connue, il faut juger si elle est ou n'est pas vraiment telle, ce qui peut être vérifié uniquement à travers ce qu'Augustin a appelé "vérité inviolable" et qui, chez Thomas, sont les principes premiers connus par eux-mêmes. Tels sont les points de référence grâce auxquels nous pouvons juger toutes les autres choses, puisque ils sont *similitudines* de la vérité première.

Cet éclaircissement permet à Thomas de considérer les points de vue aristotélicien autant qu'augustinien en évaluant les vérités contenues de part et d'autre. L'Aquinate accepte ainsi la connaissance augustinienne de l'âme *per essentiam*, mais seulement si on entend là la connaissance habituelle, la présence de l'âme à soi qui s'est déjà montrée à mesure de poser ses actes.

Schéma 7
La connaissance de l'âme

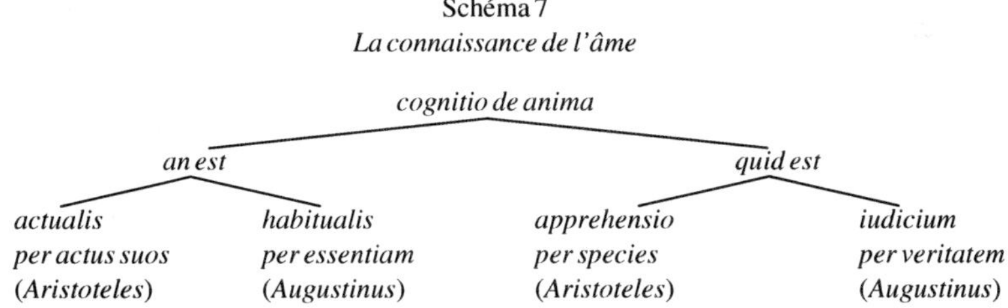

Toutefois, la simple appréhension de la réalité par abstraction ne nous offre qu'un concept, et non pas la conscience, ainsi que l'on peut le remarquer dans la *quaestio* 9. Ce n'est que dans l'activité de l'intellect "composant" ou "divisant",

1. D'après la gnoséologie aristotélicienne, l'intellect agit sur les données fournies par la sensation et traitées par l'imagination qui les libère de la dépendance immédiate envers la donnée sensible particulière et qui crée cette image encore dépendante de la materialité (*phantasma*). De celui-ci, l'intellect dérive la forme essentielle, le concept qui, différemment des données sensibles, est spirituel, universel, et peut être attribué aux différents individus. Par conséquent, l'intellect est tendu entre deux extrêmes: d'un côté il est lié aux éléments matériels sur lesquels il opère, de l'autre il les dépasse puisqu'il met en acte une opération irréductible à ceux-ci. Il est donc nécessaire d'opérer une distinction dans l'intellect entre ses fonctions d'intellect agent et d'intellect passif: alors que le premier dérive le concept universel en étant illuminé per le phantasme, le deuxième doit être en puissance réalisé en recevant les concepts et en les exprimant intérieurement. Cette duplicité exprime en même temps la contingence de la structure de la connaissance humaine et son développement progressif de la puissance à l'acte. La passivité de l'intellect révèle en effet sa disposition à recevoir l'espèce sensible et sa capacité à être actualisé. Toutefois cette actualisation ne peut se produire que par le développement d'une activité qui commence nécessairement par une donnée mais qui va toujours au-delà vers une unification conceptuelle, qui n'a pas son origine dans la donnée elle-même. QDV# qu10 ar8 co: «... sicut materia non est sensibilis nisi per formam supervenientem, ita intellectus possibilis non est intelligibilis nisi per speciem superinductam».

2. QDV# qu10 ar8 co: « unde mens nostra non potest se intelligere ita quod se ipsam immediate apprehendat, sed ex hoc quod apprehendit alia devenit in suam cognitionem ... ».

donc dans le jugement qui attribue ou nie un prédicat à un sujet, que réside la bifurcation vérité/fausseté. La vérité consécutive à l'activité de l'intellect doit être connue au moyen de la réflexion[1]. L'intellect doit donc connaître la proportion entre son acte conceptualisant et la chose qui est à l'origine de cet acte, mais cette proportion ne peut pas être connue sans connaître aussi l'acte lui-même, et l'acte ne peut pas être connu sans en connaître le principe. Pour la même raison, la vérité et la fausseté ne peuvent pas exister dans les sens sensibles; la matérialité empêche la réflexion et ne leur permet pas la connaissance de leur acte et de l'*adequatio*. C'est la raison pour laquelle la connaissance de la vérité est liée à la possibilité d'éloigner l'objet de soi et soi-même de l'objet.

La connaissance de soi-même se produit à la seule condition de connaître ce qui est extérieur à soi, mais ce type d'altérité est intrinsèque à la définition même de la vérité. La définition de la vérité comme *adaequatio rei et intellectus* est certainement la plus connue, mais elle n'est pas la seule que Thomas nous offre. Dans le même contexte, où il parle de l'*adaequatio*, il emploie d'autres termes, peut-être encore plus significatifs, tels que *comparatio*, *concordia* et *conformitas*, auxquels il ajoute ensuite *convenientia*[2]. La vérité est donc atteinte uniquement en présence d'une conformité entre l'objet et l'intellect.

En général, dans le vocabulaire de Thomas, la conformité peut être de nature ou de volonté. La première se manifeste, par exemple, entre le générant et le généré, qui possèdent la même forme naturelle, tandis que la deuxième peut exister entre l'époux et son épouse, qui unissent leurs volontés distinctes. La conformité, en représentant la convergence de deux formes, produit donc "un de deux". La concorde est plutôt caractéristique de l'amitié, étant l'union de deux cœurs en un seul, alors que la comparaison est plus généralement le rapport entre deux éléments, entre un corps et le lieu naturel vers lequel il tend, entre l'intellect et la raison, entre la chose et l'intellect, notre cas. En ce sens, la vérité peut être donnée uniquement s'il y a une possibilité de rapport entre deux éléments différents : ce rapport est l'intentionnalité qui permet à l'intellect de s'adresser directement à l'objet. Enfin, la convenance répète la signification de la conformité puisqu'elle aussi peut être naturelle ou de volonté : la première est celle du corps vers son lieu naturel, la deuxième celle de l'amant vers l'aimé. Le processus de la connaissance se produit par une assimilation du connu au connaissant, et cette

1. QDV# qu1 ar9 co : « … [veritas] cognoscitur […] ab intellectu secundum quod intellectus reflectitur super actum suum, non solum secundum quod cognoscit actum suum sed secundum quod cognoscit proportionem eius ad rem … ».

2. QDV# qu1 ar1 co : « prima ergo *comparatio* entis ad intellectum est ut ens intellectui *concordet*, quae quidem *concordia* adaequatio intellectus et rei dicitur […]. hoc est ergo quod addit verum super ens, scilicet *conformitatem* sive adaequationem rei et intellectus … » ; *cf.* aussi ST1 qu16 ar2 co : « … per conformitatem intellectus et rei veritas definitur. unde conformitatem ista cognoscere est cognoscere veritatem » ; QDV# qu1 ar4 ra1 : « … [veritas est] quaedam *convenientia* intellectus et rei ». La *conformitas* peut se rapporter à la *convenientia* : 1SN ds48 qu1 ar1 co : « conformitas est convenientia in forma una ».

assimilation peut se produire seulement pour ce qui est "convenant" pour l'intellect, puisque toute faculté doit être proportionnée à son objet.

Les significations que Thomas attribue à ces termes correspondent à leur signification étymologique. Il est intéressant de noter que dans tous les termes analysés apparaît la préposition "cum". *Conformitas* dérive en effet du verbe *cum-formare*, qui indique, comme nous l'avons déjà vu, l'union dans la même forme; *concordia* vient du verbe *cum-cordare*, qui signifie littéralement : avoir le même cœur, la même âme, mais qui, au sens figuré, signifie une union générique. *Comparatio*, au contraire, dérive du verbe *cum-parare* qui peut avoir une double signification, suivant l'étymologie : il peut être l'acte d'une *collatio*, en indiquant de la sorte la comparaison de deux sujets réciproques, mais il peut être également l'acte d'une préparation, l'assemblage de deux choses dans un but. Si la connaissance de la vérité s'entend suivant la première acception, nous avons une interprétation qui tend dangereusement à la représentation, en trahissant la signification plus profonde de la vérité comme union.

L'étymologie de *convenientia* nous montre le sens de cette rencontre entre l'esprit et le monde; le verbe *cum-venire* indique en effet en un sens étroit une conversion de deux êtres vers un même lieu en partant de directions différentes, et seulement en un sens plus ample le rapport réciproque de deux éléments qui se répondent.

APPENDICE

ENTRE NÉOPLATONISME ET ARISTOTÉLISME LECTURE DE DENYS SELON THOMAS

La théorie du désir que nous avons exposée a d'importantes conséquences du point de vue de l'historiographie philosophique : il semble qu'on peut retrouver en elle la synthèse de deux grands systèmes de la tradition philosophique, l'aristotélisme et le néoplatonisme, réinterprétés à la lumière de la foi chrétienne. Ce que Thomas doit à la pensée néoplatonicienne, en particulier à la médiation de Denis l'Aréopagite et du *Liber de Causis*[1], a été souvent souligné dans les pages précédentes. Nous allons revenir maintenant sur certains de ces thèmes pour les approfondir à l'aide des textes.

Nous savons que le désir exprime la tension universelle des créatures en direction de leur créateur. Dans la métaphysique créationniste de Thomas, à la différence de la pensée grecque, tout dérive directement de Dieu, source de toute bonté[2]. L'acte créateur divin met de l'ordre dans l'univers; cet acte, puisqu'il dérive de la volonté divine, dirige les créatures vers leur fin, qui est aussi leur bien puisque *obiectum voluntatis est finis et bonum*[3]. Chaque être "est" car il lui est donné d'exister, et d'exister d'une certaine manière, c'est-à-dire avec une essence déterminée. Aucune créature n'est l'être ni la bonté, mais par leur propre essence elles participent toutes à l'être et à la bonté : par son essence, s'il s'agit d'une substance simple, par sa forme, s'il s'agit d'une substance composée. Cette dernière limite la créature, mais lui permet de faire partie de ce monde par les *inclinationes* que Dieu donne à chaque forme, et qui déterminent des appétits différents, les facultés particulières que chaque créature possède. C'est le fondement à partir duquel se déclenche le désir qui détermine en chaque être sa tension vers sa perfection et son bien.

1. Une vaste bibliographie sur les influences néoplatoniciennes au Moyen Âge et sur Thomas en particulier se trouve chez C. D'Ancona Costa, « Historiographie du platonisme médiéval : le cas de saint Thomas », dans *Saint Thomas au XXe siècle* (*Actes du colloque du Centenaire de la « Revue thomiste »*, 1993), Paris, Éditions Saint-Paul, 1994, p. 198-217.

2. ST2 qu1 ar4 ra1 : « ... de ratione boni est quod aliquid ab ipso effluat ... ».

3. ST2 qu1 ar1 co.

Cette structure générale du système philosophique thomiste repose sur le schéma circulaire néoplatonicien, qui structure l'organisation de la *Summa thelogiae*[1]. Le relief de ce schéma et le rôle que tient le désir ont une évidence particulière dans un passage important du Commentaire du *De divinis nominibus*.

Postquam dionysius determinavit de eodem et diverso, hic determinavit (1) de simili et (2) dissimili [...] circa primum, duo facit: (1.1) primo ostendit quomodo similitudo attribuitur deo; (1.2) secundo, quod deus est similitudinis causa [...] circa primum duo facit: (1.1.1) primo, attribuit deo similitudinem, secundum quod ipse dicitur sibi similis; (1.1.2) secundo per comparationem ad alia [...]	Denys, après avoir défini ce qui est égal et ce qui est différent, définit ici (1) ce qui est semblable et (2) ce qui est dissemblable [...]; pour le premier, il montre (1.1) d'abord de quelle façon on attribue la similitude à Dieu; (1.2) ensuite que Dieu est la cause de la ressemblance [...]; le premier sujet est développé ultérieurement [ainsi]: (1.1.1) en premier lieu, on attribue la ressemblance à Dieu parce qu'on dit qu'il est semblable à lui-même; (1.1.2) ensuite par l'intermédiaire de la comparaison avec les autres choses [...]
(1.1.2) deinde cum dicit theologi autem... agit de similitudine dei per comparationem ad alia et dicit quod divinorum tractatores deum qui super omnia existit, secundum quod in suo esse consideratur, nulli rei dicunt esse similem, sed dicunt quod	(1.1.2), lorsqu'il dit "mais les théologiens...", il s'occupe de la ressemblance de Dieu par comparaison aux autres choses, et dit que ceux qui s'occupent des choses divines affirment que Dieu, qui existe au-delà de tout, considéré par rapport à son être, il ne ressemble à rien, mais ils disent que
ipse dat *similitudinem suam* rebus quae *convertuntur*, idest accedunt ad ipsum secundum quamdam imitationem possibilem secundum eorum virtutem [...]	lui-même donne sa ressemblance aux choses qui se tournent vers lui, à savoir qui se rapprochent de lui par l'intermédiaire du type d'égalité qui leur est possible selon leurs propres capacités [...],
et virtus huius *similitudinis* ad deum quae a deo rebus donatur in hoc apparet, quod omnia quae proveniunt a deo, sicut effectus a causa, *convertuntur per* DESIDERIUM ad ipsum, sicut ad propriam causam; quod non esset, nisi omnia haberent aliquam *similitudinem* ad deum: unumquodque enim amat et desiderat simile sibi.	et la puissance de cette ressemblance à Dieu, qui est donnée aux choses par Dieu lui-même, apparaît en ceci : tout ce qui vient de Dieu comme l'effet par la cause, s'adresse par le désir à lui comme à sa propre cause ; ce qui n'arriverait pas si toute chose n'avait pas quelque ressemblance à Dieu: chacune en effet aime et désire seulement ce qui lui est semblable.
quia ergo omnia *convertuntur per* DESIDERIUM in deum; conveniens est dicere quod *omnia sunt similia deo*, non secundum aequalitatem,	Donc, étant donné que tout se tourne vers Dieu par le désir, il est approprié d'affirmer que toute chose est semblable à Dieu, non par

1. Le schéma circulaire de la *Summa theologiae* a été étudié par M.-D. Chenu, « Le plan de la Somme théologique de saint Thomas », *Revue thomiste*, 47 (1939), p. 93-107. Cette position fut critiquée par la suite par A.M. Patfoort, « L'unité de la Ia Pars et le mouvement interne de la Somme théologique de S. Thomas d'Aquin », *Revue des sciences philosophiques et théologiques*, 47 (1963), p. 513-544. Sur la discussion à ce propos, *cf.* J.-P. Torrell, *Initiation à Saint Thomas d'Aquin. Sa personne et son œuvre*, Fribourg-Paris, Presses Universitaires-Le Cerf, 1993, p. 219 *sq.*

sed per quamdam *assimilationem* et partecipationem [...]

égalité, mais par une certaine assimilation et participation [...]

(1.2) deinde cum dicit: omnibus autem... ostendit *quomodo deus est causa similitudinis rebus*; et dicit quod omnia quaecumque participant similitudinem, *hoc habent a deo sicut a causa, quod similia sunt* [...] et non solum est causa similium, sed etiam est *causa similitudinis* [...] quod non solum est causa viventium, sed etiam ipsius vitae.

(1.2) Quand il dit : "mais à tous...", il indique de quelle façon Dieu est cause de la ressemblance dans les choses ; et il dit que toutes les choses qui participent de la ressemblance doivent à Dieu en tant que cause justement cela, qu'elles sont semblables [...], et [Dieu] n'est pas uniquement cause de ce qui est semblable, mais aussi de la ressemblance elle-même [...]; il n'est pas seulement cause des vivants, mais de la vie elle-même.

(2) deinde, cum dicit: et quid oportet... determinat de dissimili : et dicit quod ideo oportet de hoc amplius dicere quod deus non est similis rebus, sed magis *similitudinis causa*, quia sacra doctrina praedicat illum esse dissimilem et non eiusdem ordinis cum aliis [...]

(2) Quand il dit: "et cela est nécessaire...", il définit la dissemblance : et il dit que sur cette question il est nécessaire de ne pas affirmer que Dieu est semblable aux choses, mais encore plus qu'il est cause de la ressemblance, parce que la doctrine affirme qu'il est dissemblable et par ailleurs qu'il n'est pas du même ordre [....]

et tamen hoc non est contrarium ei quod supra dictum est de assimilatione totorum ad deum : eadem enim possunt dici deo *similia* et *dissimilia*; *similia* quidem, secundum quod imitantur deum qui non est perfecte imitabilis a creatura, secundum quod convenit ei, idest inquantum possibile est creaturae; *dissimilia* autem, secundum quod causata minus perfectionis habet quam causa. [CDN cp9 lc3]

et toutefois ceci n'est pas contraire à tout ce qui a été dit sur l'assimilation de toutes les choses à Dieu : en même temps elles peuvent être considérées comme semblables et dissemblables; elles sont semblables du fait qu'elles imitent Dieu (qui n'est pas parfaitement imitable par la créature) selon ce qui convient à la créature elle-même, à savoir pour autant qu'il lui est possible; dissemblables parce que ce qui est effet de la cause a moins de perfection que celle-ci [1].

Le point de départ du raisonnement est l'explication de la ressemblance entre Dieu et ses créatures. Nul ne peut proprement se considérer semblable à Dieu, car il ne se trouve pas dans l'ordre des choses, mais les créatures peuvent s'adresser à Dieu car il leur a donné une certaine ressemblance. Le mouvement vers Dieu, l'*assimilatio* progressive à la bonté divine, devient possible grâce à la *similitudo*, grâce à la *proportion* ontologique entre la créature et le créateur, et qui a été établie dans l'acte même de la création [2].

1. Nous traduisons.

2. 2SN ds1 qu2 ar2 co : « ... omnis appetitus naturae vel voluntatis tendit in assimilationem divinae bonitatis ... » ; SCG# lb3 lc19 n5 : « omnia igitur per motus suos et actiones tendunt in divinam similitudinem sicut in finem ultimum » ; SCG# lb3 lc24 n6 : « planum igitur fit quod ea etiam quae cognitione carent, possunt *operari propter finem*; et *appetere bonum* naturali appetitu ; et *appetere divinam similitudinem*; et *propriam perfectionem. non autem est differentia* sive hoc sive illud dicatur ». Agir pour une fin, chercher le bien, chercher la ressemblance avec Dieu et rechercher sa perfection propre sont exactement la même chose. Pour ce qui concerne la *similitudo cf.* ST1 qu1 ar4 ; on l'obtient *secundum convenientia vel communicationem in forma* ; chaque agent agit selon sa forme,

Dieu confère à chaque créature l'acte d'exister, ce qui unit horizontalement les créatures les unes aux autres et verticalement chacune, singulièrement, à Dieu; Dieu "fait être" tandis que toutes les créatures ont été "faites être". Le désir même d'être est un désir de s'approcher à Dieu : en chaque désir du bien se cache le désir du bien suprême. La tendance même de tous les êtres à la perpétuité peut être ainsi considerée comme tendance générale à l'assimilation à Dieu, être perpétuel par excellence[1]. Le concept de similitude fonde donc, en même temps, l'articulation du retour de la créature vers le principe et la possibilité de concevoir un discours sur Dieu au moyen de l'analogie qui permet de dire cette similitude, même si c'est seulement à l'intérieur d'une plus grande dissimilitude[2].

Toutes les choses crées ont une *impressio recepta* par le créateur: elles viennent du bien (*proveniunt a deo*) et cherchent le bien (*convertuntur ad ipsum*). Dieu est *ultimus finis* et en même temps *prius omnibus in essendo*[3], objet d'amour et cause d'amour. Le désir naît ainsi d'un acte d'amour, de l'amour divin qui tend à se répandre conformément à l'axiome pour qui "bonum est diffusivum sui"[4], et

mais en agissant il communique sa ressemblance; une ressemblance de la forme de l'agent se retrouve donc dans l'effet. Il est intéressant de remarquer comment le même terme *similitudo* se trouve dans la théorie de la connaissance pour représenter le rapport entre l'objet connu et l'intellect qui reconnaît. Cette double utilisation cache probablement une analogie dans les corrélations entre, d'une part, l'intellect et la réalité sensible et, d'autre part, la créature et Dieu : l'intellect est poussé vers la connaissance; en partant du sensible, il se découvre supérieur; la créature recherche la connaissance de Dieu en partant positivement de la réalité mais il découvre que Dieu n'est pas entièrement connaissable. Le terme *proportio* indique par contre la mesure qui ressort de la comparaison de deux quantités, mais le nom « ... translatum est ad quamlibet habitudinem significamdam unius rei ad rem aliam » (QDV qu23 ar7 ra9) : ce sens est la proportion entre l'homme et Dieu, car l'homme est crée par Dieu et est son sujet.

1. QDP qu5 ar9 ra7 : « ... desiderium *perpetuitatis* est in rebus creatis *ex assimilatione ad deum*; unicuique tamen secundum suum modum »; QDV# qu22 ar2 ra2 : « ... inquantum aliquo desiderant esse desiderant dei *similitudinem* et deum implicite »; 2SN ds1 qu2 ar2 co : « omnis creatura desiderat aliquod bonum, quod est *similitudo* quaedam divinae bonitatis. et ex hoc patet quod in omni bono summum bonum desideratur ».

2. *Cf.* la position du Concile du Latran IV, DS 806 : « Inter creatorem et creaturam non potest tanta *similitudo* notari, quin inter eos maior sit *dissimilitudo* notanda ». E. Przywara (*"Analogia entis". Metaphysik. Ur-struktur und All-rhytmus*, Einsielden, Johannes-Verlag, 1962) fait de ce principe le pivot d'une théorie de l'analogie qui se fonde sur l'analogie de proportionnalité entre deux proportions non directement comparables : la *proportio* n'est pas une relation envers un tiers, mais un "rapport d'altérités réciproques" (*cf.* chap. VI, § 8). Il s'agit alors d'une *proportio excedens* dans laquelle se maintient la positivité de la créature tout en restant ferme sa distinction envers le créateur (*cf.* chap. VII, § 6).

3. SCG# lb3 lc18 n2. On peut en ce sens considérer une articulation des transcendantaux qui distingue la "bonté" comme origine et le "bien" comme fin : *cf.* P. Gilbert, *La patience de l'être. Métaphysique*, Bruxelles, Culture et Vérité, 1996, p. 259 : « La bonté [...] fait signe vers l'origine de l'étant, vers son acte en train de venir en notre présence; le bien indique plutôt la fin de l'agir, l'horizon du désir, la cause finale qui dynamise l'esprit ».

4. *Cf.* J. Peghaire, « L'axiome "Bonum est diffusivum sui" dans le néo-platonisme et le thomisme », *Revue de l'Université d'Ottawa*, 2 (1932), p. 5*-30*; M.-J. Nicolas, « Bonum diffusivum sui », *Revue thomiste*, 55 (1955), p. 363-376; J.-P. Jossua, « L'axiome "bonum diffusivum sui" chez S. Thomas d'Aquin », *Revue des sciences religieuses*, 40 (1966), p. 127-153. *Cf.* aussi

qui aura pour fin l'amour avec Dieu. Dieu exerce son influence en tant que cause efficiente de l'action créatrice, alors que « le mouvement propre à sa causalité (finale) est celui d'être désiré »[1] : On peut ainsi affirmer soit que Dieu agit en chaque agent car chaque agent second agit grâce à la capacité reçue du premier, soit que Dieu est désiré en chaque désir car la fin seconde est recherchée en vue de la première[2]. La présence divine en tant que *virtus* dans l'agent, ou en tant que fin dans le désir, peut être comparée à la présence implicite des principes premiers dans les conclusions : comme la raison laissée à elle-même peut retrouver les principes premiers dans les conclusions, ainsi l'être rationnel laissé à lui-même peut reconduire les causes secondes à la cause première et les fins secondaires à Dieu[3].

Il y a une *circulatio* parfaite : ce que Dieu produit comme principe reconduit à lui comme à sa fin, selon le schéma *exitus/reditus*; le désir comme mouvement vers le bien tend à reconduire à la source de la bonté[4]. Si la perfection de chaque

I.E.M. Andereggen, *La metafísica de santo Tomás en la exposición sobre el* De divinis nominibus *de Dionisio Areopagita*, Buenos Aires, EDUCA, 1989; F. O'Rourke, *Pseudo-Dionysius and the methaphysics of Aquinas*, Leiden-New York-Köln, Brill, 1992.

1. J. de Finance, *Connaissance de l'être. Traité d'ontologie*, Paris-Bruges, Desclée De Brouwer, 1966, p. 430. *Cf.* QDV# qu22 ar2 co : « sicut autem influere *causae efficientis* est *agere*, ita influere *causae finalis* est *appeti* et *desiderari* ... » ; voilà pourquoi la fin dernière joue le rôle de "motif" de l'appétit : ST2 qu1 ar6 co : « ... ultimus finis hoc modo se habet in movendo appetitum, sicut se habet in aliis motionibus primum movens ».

2. *Cf.* J. de Finance, *Être et agir dans la philosophie de Saint Thomas*, Rome, Libraire Ed. de l'Université Grégorienne, 1960, p. 168 : « Or, si l'agent secondaire n'agit que par la vertu de l'agent principal, présente en lui, la fin secondaire n'attire que par la vertu, présente en elle, de la fin principale [...] À titre de Cause première, Dieu agit en tout agent; à titre de Fin dernière, il est désiré, implicitement, en toute fin ».

3. QDV# qu22 ar2 co : « et ideo sicut deus propter hoc quod est primum efficiens agit in omni agente, ita propter hoc quod est ultimus finis appetitur in omni fine ; sed hoc est appetere ipsum deum implicite : sic enim virtus primae causae est in secunda ut etiam principia in conclusionibus ; resolvere autem conclusiones in principia vel secundas causas in primas est tantum modo virtutis rationalis : unde solum rationalis natura potest secundarios fines in ipsum deum per quandam viam resolutionis deducere, et sic ipsum deum explicite appetant ».

4. 1SN ds14 qu2 ar2 co : « in exitu creaturarum a primo principio attenditur quaedam *circulatio* vel *regiratio*, eo quod omnia revertuntur sicut in finem in id a quo sicur principio prodierunt ». A propos du mouvement circulaire de retour vers Dieu, *cf.* J. Aertsen, « The Circulation-motive and Man in the Thought of Thomas Aquinas », dans *L'homme et son univers au Moyen Âge*, *op. cit.*, p. 432-439 : « The three ways we have followed : that of nature, of the creature, and of the human desire for knowledge are in all three cases referred to by Thomas as *circulatio* » (p. 436) ; J. Aertsen, *Nature and Creature. Thomas Aquinas Way of Thought, Studien und Texte zur Geistesgeschiste des Mittelalters*, Leiden, Brill, 1988. *Cf.* aussi SCG# lb3 cp95 n7 : « omne autem desiderium est quidam motus ad bonum. qui quidem non potest rebus inesse nisi a deo, qui est per essentiam suam bonus et fons bonitatis : movens enim omne movet ad aliquod simile sibi ». À propos du rapport entre le désir et la conversion vers Dieu, *cf.* CDN cp1 lc3 : « ... omnia *convertuntur* ad ipsam [scilicet deitatem] per desiderium ; et hoc est quod dicit : et omnia ipsam desiderant » ; CDN cp4 lc2 : « omne autem causatum *convertitur* in suam causam per desiderium ... ».

chose est dans la réunification avec son principe, le désir exprime cette exigence de réunification [1].

La réalisation de ce mouvement circulaire est toutefois insérée dans la doctrine aristotélicienne par la conception du moteur immobile qui attire les créatures. De plus, toujours selon l'aristotélisme, chaque agent accomplit ce retour selon ses potentialités, car *agere sequitur esse*, de sorte que la différence des opérations est l'indice de différentes manières d'assimilation. En général, chaque action dérive d'une forme et produit sa causalité, car elle exprime l'être et le perfectionne; c'est donc la causalité de la créature qui accomplit sa tendance vers Dieu [2]. Ces schémas philosophiques sont donc assimilés et recomposés synthétiquement par Thomas [3], mais ce qui conduit l'Aquinate c'est la foi chrétienne avec ses concepts bibliques de création et rédemption. Voilà pourquoi le moteur immobile ne peut plus être conçu comme la substance suprême d'Aristote, et le schéma circulaire ne peut plus être compris seulement comme "procession" ou "émanation" de l'Un. Cette position devient, en particulier chez l'homme, histoire. La fracture provoquée par le péché interrompt le rapport créature/Dieu, mais l'intervention du Christ rétablit le rapport et propose la voie d'accès à la fin dernière.

1. CMP lb1 lc1 n4 : « unicuique rei desiderabile est ut suo principio conjungatur; in hoc enim uniuscujusque perfectio consistit. unde et motus circularis est perfectissimus [...] quia finem conjungit principio » ; ORP lb1 cp9 : « tendit enim uniuscuiusque rei desiderium *in suum principium*, a quo esse suum causatur » ; CMP lb1 lc1 : « ... unicuique res desiderabile est, ut suo principio coniungatur ... » ; *cf.* aussi 4SN ds49 qu2 ar1 co; QDV# qu8 ar1 co; ST1 qu12 ar1 co. ORP lb1 cp9 : « tendit enim uniuscuiusque rei desiderium *in suum principium*, a quo esse suum causatur » ; CMP lb1 lc1 : « ... unicuique res desiderabile est, ut suo principio coniungatur ... ».

2. SCG# lb3 cp21 n7 : « cum igitur per multa tendat res creata in divinam similitudinem, hoc ultimum ei restat. ut divinam similitudinem quaerat per hoc quod sit aliorum causa ».

3. *Cf.* G.-R. Thivierge, *Le Commentaire des noms divins de Denys l'Aréopagite : l'occasion d'une rencontre entre platonisme et aristotélisme chez Thomas d'Aquin*, Roma, Tesi Pontificia Universitas S. Thomae, 1986.

Notre exposition a suivi explicitement un critère de corrélation textuelle, sans tenir en compte l'évolution diachronique des textes. On pourrait peut-être remarquer que dans les œuvres de Thomas la synthèse entre l'aristotélisme et le néoplatonisme se réalise progressivement dans le temps. Dans l'*Écrit sur les Sentences* (1252-1256 ca) la position générale est en effet déjà présente : la créature est orientée vers la bonté divine, fin dernière qui donne la béatitude. La *Summa contra Gentes* (1259-1265 ca) traite du désir naturel d'être et de connaître, tandis que l'état de désir de la créature est reconduit vers le moteur premier d'Aristote. La *Summa theologiae* (ST1 1265-1268 ; ST2 1271 ; ST3# 1271-1272; ST4# 1271-1273) ajoute le mouvement néoplatonicien : à la même époque, Thomas conclut ses écrits sur *De divinis nominibus* (1261-1265 ou bien 1265-1268) et sur les textes aristotéliciens (1267-1273 ca).

BIBLIOGRAPHIE

BIBLIOGRAPHIE FONDAMENTALE

Textes de Thomas

SANCTUS THOMAS AQUINATIS, *Opera omnia* ut sunt in Indice Thomistico, 7 vol., Stuttgart, Frommann-Holzboog, 1980.

THOMAS AQUINAS, *in librum Beati Dionysii de Divinis Nominibus expositio*, cura et studio fr. Ceslai Pera, o.p., cum introductione historica Sac. Petri Caramello et synthesi doctrinali Prof. Caroli Mazzantini, Taurino-Romae, Marietti, 1950.

BUSA R., *Sancti Thomae Aquinatis opera omnia cum hypertextibus in CD-ROM*, Milano, Editel, 1992.

Textes d'autres auteurs anciens

ARISTOTELES, *De anima*, textus Aristotelis in Sancti Thomae de Aquino *Sentencia libri De anima*, dans *Opera omnia* iussu Leonis XIII P.M. edita, tomus XLV. 1, Paris, Ed. Leonina, 1984.

ARISTOTELES, *De caelo*, textus Aristotelis in Sancti Thomae Aquinatis *In Aristotelis libros De caelo et mundo expositio*, Roma, Marietti, 1952.

ARISTOTELES LATINUS XXI. 3, *Ethica Nicomachea*, translatio Roberti Grosseteste Lincolniensis [Recensio Pura], R.A. Gauthier (ed.), Bruxelles-Leiden, Desclée de Brouwer-Brill, 1972.

ARISTOTELES LATINUS XXV. 3.2, *Methaphysica*, recensio et translatio Guillelmi de Moerbeke, G. Vuillemin-Diem (ed.), Leiden-New York-Köln, Brill, 1995.

ARISTOTELES, *Physica*, textus Aristotelis in Sancti Thomae Aquinatis *In octo libros Physicorum Aristotelis expositio*, Roma, Marietti, 1954.

AUGUSTINUS, *Confessiones*, dans *Corpus Christianorum*, « Series latina » (27), Turnhout, Brepols, 1981.

AUGUSTINUS, *De Civitate Dei*, dans *Corpus Christianorum*, « Series Latina » (48), Turnhout, Brepols, 1955.

AUGUSTINUS, *De doctrina christiana*, dans *Corpus Christianorum*, « Series Latina » (32), Turnhout, Brepols, 1962.

AUGUSTINUS, *De Trinitate*, dans *Corpus Christianorum*, « Series Latina » (50), Turnhout, Brepols, 1968.

AUGUSTINUS, *In Iohannis Evangelium Tractatus*, dans *Corpus Christianorum*, « Series Latina » (36), Turnhout, Brepols, 1954.

DIONYSIUS, *De divinis nominibus*, dans Ph. Chevallier (ed.), *Dionysiaca*, vol. I, Brouwer, Desclée de Brouwer, 1937.

GREGORIUS MAGNUS, *Moralia in Job*, dans *Corpus Christianorum*, « Series Latina » (43A), Turnhout, Brepols, 1979.

JOHANNES DAMASCENUS, *De fide orthodoxa*, versions of Burgundio and Cerbanus, E.M. Buytaert (ed.), New York, The Franciscan Institute St. Bonaventure, 1955.

MAGISTRUS PETRUS LOMBARDUS, *Sententiae in IV libris distinctae*, Grottaferrata, Editiones Collegii S. Bonaventurae ad Clara Aquas, 1971.

PROCLUS DIADOCHUS, *Elementatio Theologicae*, textus Procli en S. Thomae Aquinatis *In librum De Causis expositio*, Torino, Marietti, 1955.

THOMAS DE VIO CAJETANUS, *Commentarium Summae Teologiae* en Thomae Aquinatis *Opera Omnia*, ed. Leonina, Roma, Typgraphia Polyglotta, 1891.

Indexes

BUSA R., *Index Thomisticus : Sancti Thomae Aquinatis operum omnium Indices et Concordantiae*, 56 vol., Stuttgart, Frommann-Holzboog, 1974-1980.

Lexiques

BLAISE A., *Lexicon Latinitatis Medii Aevi*, Turnhout, Brepols, 1975.

DUFRENSE DU CANGE Ch., *Glossarium mediae et infimae latinitatis*, riedizione a cura di L. Favre, Paris, Librairie des Sciences et des Arts, 1937.

ERNOUT A., MEILLET A., *Dictionnaire étymologique de la langue latine*, Paris, Klinksieck, 1954[4].

Écrits méthodologiques et études lexicographiques

BOLOGNESI G., « The Work of Roberto Busa SJ : Open Spaces between Computation and Hermeneutics », *Anuario Filosófico* 39/2 (2006), p. 465-476.

BUSA R., « Ermeneutica e traduzione : prospettive di un lessico tomistico "biculturale" », *Medioevo* 1992, p. 1-20.

– *Fondamenti di informatica linguistica*, Milano, Vita e Pensiero, 1987.

– *Inquisitiones lexicologicae in Indicem Thomisticum*, a Roberto Busa s.j. latino sermone confectae atque a Philip Barras in anglicum sermonem translatae, Gallarate, CAEL, 1994[2].

– « Oltre ai testi tradurre anche il vocabolario di S. Tommaso », *Doctor Communis* 51 (1998), p. 80-84.

– « "Ordo" dans les œuvres de Saint Thomas d'Aquin », dans *Ordo* (*Atti del secondo colloquio internazionale del Lessico Intellettuale Europeo*, 1977), Roma, Ateneo Bizzarri, 1979, p. 59-184.

– « Voce Realis-Realiter in S. Thoma Aq. cum appendice de voce Res-Rei » (Lessico Intellettuale Europeo), dans *Res*, Roma, Ateneo, 1982, p. 105-136.

– « De voce spiritus in operibus S. Thomae Aquinatis » (Lessico Intellettuale Europeo), dans *Spiritus*, Roma, Ateneo, 1984, p. 191-222.

– « De phantasia et imaginatione iuxta S. Thomam » (Lessico Intellettuale Europeo), dans *Phantasia-Imaginatio*, Roma, Ateneo, 1988, p. 135-152.

– « Idea negli scritti di Tommaso d'Aquino » (Lessico Intellettuale Europeo), dans *Idea*, Roma, Ateneo, 1991, p. 63-87.

– « Vocis "ratio", quae in Thomae Aq. propriis operibus 36.335 vocibus occurrit, rationes atque numeros paucis hic conabar absolvere verbis » (Lessico Intellettuale Europeo), dans *Ratio*, Firenze, Olschki, 1994, p. 173-195.

DI MAIO A., *Il concetto di comunicazione. Saggio di lessicografia filosofica e teologica sul tema di 'communicare' in Tommaso d'Aquino*, Roma, Editrice Pontificia Università Gregoriana, 1998.

– « Il concetto di comunicazione in Tommaso d'Aquino », dans *I fondamenti del comunicare*, Padova, Gregoriana Libreria Editrice, 1994.

– « La traduzione possibile : metodologia lessicografica, fondamenti teorici ed esercizio pratico sul latino medievale », *Il Cannocchiale* 1994, p. 89-106.

– « L'"informatica linguistica" di padre Roberto Busa come metodo investigativo e come approccio al Medioevo », *Medioevo* 1989, p. 325-362 (con bibliografia sugli scritti di padre Busa).

– « Tre recenti acquisizioni fra linguistica e ontologia : le *Ricerche Lessicologiche* di padre Roberto Busa », *Gregorianum* 77 (1996), p. 555-568.

— GUACCI S., STANCATO G., « Il concetto di "cercare" ('quaerere') in Tommaso d'Aquino », *Medioevo* 22 (1996), p. 39-135.

IZQUIERDO LABEAGA J.A., « San Tommaso nell'ambiente informatico », *Angelicum* 75 (1998), p. 459-489.

HAMESSE J., PORTALUPI E., « Approche lexicographique de l'intentionnalité et de la finalité dans l'œuvre de Thomas d'Aquin », dans *Finalité et intentionnalité. Doctrine thomiste et perspectives modernes*, J. Follon et J. McEvoy (eds.), Paris, Vrin, 1992.

PORTALUPI E., « Gregorio Magno nell' *Index Thomisticus* », *Bulletin de Philosophie Médiévale* 31 (1989), p. 112-146.

– « L'uso dell' *Index Thomisticus* nello studio delle fonti di Tommaso d'Aquino : considerazioni generali e questioni di metodo », *Rivista di Filosofia neo-scolastica* 199.

QUINTO R., « "Timor" e "timiditas". Note di lessicografia tomista », *Rivista di Filosofia neoscolastica* 77 (1985), p. 387-410.

BIBLIOGRAPHIE SECONDAIRE

Sur les passions

DEL CURA A., « Voluntad y apetito sensitivo en el hombre », *Estudios Filosoficos* 12 (1963), p. 439-467 ; 13 (1964), p. 5-40.

DUMOULINÉ C., *Le désir*, Paris, Armand Colin, 1999.

GALEAZZI U., « Le passioni secondo Tommaso d'Aquino : *De veritate*, q. 26 », *Aquinas* 47 (2004), p. 547-570.

KNUUTTILA S., *Emotions in Ancient and Medieval Philosophy*, Oxford, Oxford University Press, 2004.

JORDAN M.D., « Aquinas Construction of a Moral Account for tha Passions », *Freiburger Zeitschrift für Philosophie und Theologie*, 33 (1986), p. 71-97.

LOT F., « Les passions du Christ selon saint Thomas d'Aquin », *Aletheia* 26 (2004), p. 35-45.

MANZANEDO M.F., « Efectos y propriedades de la delectatión », *Studium* 29 (1989), p. 107-139.
– « El amor y sus causas », *Studium* 25 (1985), p. 41-69.
– « El deseo y la aversión según Santo Tomás », *Studium* 27 (1987), p. 235-268.
– « La delectación y sus causas », *Studium* 28 (1988), p. 265-295.
– « La moralidad de la delectación », *Studium* 30 (1990), p. 113-134.
– « Propriedades y efectos del amor », *Studium* 25 (1985), p. 423-444.
MASSARA L., « La "delectatio" dans la psycologie de Saint Thomas d'Aquin », *Archives de philosophie* 27 (1964), p. 186-205 ; 32 (1969), p. 639-663.
MAURO L., « Le passioni nell'antropologia di S. Tommaso », dans *Tommaso d'Aquino nel suo VII Centenario*, vol. V, Napoli, Ed. Domenicane, 1976, p. 337-343.
– *"Umanità" della passione in S. Tommaso*, Firenze, Le Monnier, 1974.
MEYER M., « Le problème des passions chez Saint Thomas d'Aquin », *Revue internationale de philosophie* 48 (1994), p. 363-374.
– *Le philosophe et les passions : esquisse d'une histoire de la nature humaine*, Paris, Hachette, 1991.
NOBLE H.-D., *Les passions dans la vie morale*, Paris, Lethielleux, 1931.
PETRUZZELLIS N., « Le passioni nel pensiero di Tommaso d'Aquino, di R. Descartes e di Spinoza », *Rassegna di scienze filosofiche* (1972), p. 253-275.
PINCKAERS S., « Les passions et la morale », *Revue des sciences philosophiques et théologiques* 74 (1990), p. 379-391.
QUINTO R., « Per la storia del trattato tomistico *de passionibus animi*. Il *timor* nella letteratura teologica fra il 1200 e il 1230 ca », dans *Thomistica*, E. Manning (ed.), Leuven, Peeters, 1995, p. 35-87.
RENAULT L., « Nature humaine et passions selon Thomas d'Aquin et Descartes », dans *Les passions antiques et médiévales. Théories et critiques des passions*, t. 1, Paris, PUF, 2003, p. 249-267.
SCIUTO I., « Le passioni dell'anima nel pensiero di Tommaso d'Aquino », dans *Anima e corpo nella cultura medievale*, Firenze, Sismel-Edizioni del Galluzzo, 1999, p. 73-93.
TALON-HUGON C., *Les passions : analyse de la notion, études de textes : Cicéron, saint Thomas, Descartes, Hume*, Paris, Colin, 2004.

Sur le "désir naturel"

BASTABLE P., *Desire for God*, London-Dublin, Oates-Washbourne, 1947.
BOURASSA F., « Dialectique du désir naturel », *Sciences ecclesiastiques* 11 (1959), p. 23-43.
BRISBOIS Ed., « Desir naturel et vision de Dieu », *Nouvelle revue théologique* 54 (1927), p. 81-96.
BUJO B., *Die Begründung des Sittlichen. Zur Frage des Eudämonismus bei Thomas von Aquin*, Padenborn, Schöningh, 1984.
CAMBIASSO G.J., « El deseo natural de ver Dios en la *Summa contra Gentiles* », *Sapientia* 52 (1997), p. 15-31.
CAUCHY V., *Désir naturel et béatitude chez Saint Thomas*, Montréal, Éditions Fides, 1958.
CELLI D., « Tommaso d'Aquino o il desiderio di Dio », *Il nuovo areopago* 19 II (1983), p. 93-112.
CIAPPA A., *Partecipazione e desiderio naturale di vedere Dio in S. Tommaso d'Aquino*, Verona, Nigrizia, 1965.

COLOMBO G., *Del soprannaturale*, Milano, Edizioni Glossa, 1996.
COTTIER G., *Le désir de Dieu : sur le traces de saint Thomas*, Paris, Parole et Silence, 2002.
DE BROGLIE G., « De la place du surnaturel dans la philosophie de S. Thomas », *Recherches de Science Religieuse*, 14 (1924), p. 193-246 et 481-496; 15 (1925), p. 5-54.
DOCKX S., « Du désir naturel de voir l'essence divine selon Saint Thomas d'Aquin », *Archives de philosophie* 27 (1964), p. 49-96.
DORST VAN C., *De naturali desiderio videndi Deum secundum st. Thomam*, Helden, Panningen, 1954.
FEINGOLD L., *The Natural Desire to See God according to St. Thomas Aquinas and his Interpretes*, Roma, Apollinare Studi, 2001.
FINILI A., « Natural Desire », *Dominican Studies* I (1948), p. 313-359.
GARDEIL A., « Le désir naturel de voir Dieu », *Revue thomiste* 26 (1926), p. 381-410.
KOSTKO G., « Desiderio naturale di Dio o della beatitudine? », *Angelicum* 81/3 (2004), p. 535-564.
LAPORTA J., *La destinée de la nature humaine selon Thomas d'Aquin*, Paris, Vrin, 1965.
– « Pour trouver le sens exact des termes : appetitus naturalis, desiderium naturale, amor naturalis, etc. chez Thomas d'Aquin », *Archives d'histoire doctrinale et littéraire du Moyen Âge* 48 (1973), p. 37-95.
LONERGAN B., « The Natural Desire to See God », *Proceedings of the Eleventh Annual Convention of the Jesuit Philosophical Association*, Boston, 1949, dans *The Philosophical Implications of the Recent Controversy on the Natural Desire of the Beatific Vision*, Woodstock, Woodstock College Press, 1949, p. 31-43.
LUIS P., GILLON B., « Du désir naturel de connaitre au désir de voir Dieu », *Atti del VIII congresso tomistico internazionale*, vol. IV, p. 244-248.
MANZO O., « *Desiderium naturale*, sapienza e destino dell' uomo in S. Tommaso », *Sapienza* 52/1 (1999), p 65-75.
MARECHAL J., « De naturali perfectae beatitudinis desiderio », dans *Mélanges Joseph Marechal*, vol. I, Bruxelles-Paris, Museum Lessianum, 1950, p. 323-337.
MULARD R., « Désir naturel de connitre et vision beatifique », *Revue des sciences philosophiques et théologiques* 14 (1925), p. 5-19.
NARDONE M., « Sul problema del *desiderium naturale videndi deum* nell' ottica tomista della partecipazione secondo la prospettiva di C. Fabro », *Sapienza* 50 (1997), p. 173-240.
NICOLAS J.-H., « Les rapports entre la nature et le surnaturel dans le débats contemporains », *Revue Thomiste* 95 (1995), p. 399-416.
O'CONNOR W., *The natural desire for God*, Milwaukee, Marquette University Press, 1948.
O'REILLY K.E., « Efficient and Final Causality and the Human Desire for Beatitude in the *Summa Theologiae* of Thomas Aquinas », *The Modern Schoolman* 82/1 (2004), p. 33-58.
PINCKAERS S., « The Desire for Happiness as a Way to God », dans *Thomas Aquinas : Approaches to Truth : The Aquinas Lectures at Maynooth, 1996-2001*, Dublin-Portland, Four Courts Press, 2002, p. 53-65.
PORTER J., « Desire for God : ground of the moral life in Aquinas », *Theological Studies* 47 (1986), p. 48-68.

QUINTIN TURIEL P., « El deseo natural de ver a Dios », *Atti del VIII congresso tomistico internazionale*, vol. IV, p. 249-262.

ROLAND-GOSSELIN M.-D., « Béatitude et désir naturel », *Revue des sciences philosophiques et théologiques* 18 (1929), p. 193-222.

ROSENTHAL A.S., « The Problem of the *desiderium naturale* in the Thomistic Tradition », *Verbum* (Budapest) 6/2 (2004), p. 335-344.

VANNESTE A., « Saint Thomas et le problème du surnaturel », *Ephemerides theologicae lovanienses* 64 (1988), p. 348-370.

WALGRAVE J.H., « Quelques remarques sur le desir natural chez saint Thomas », *San Tommaso e l'odierna problematica teologica : saggi*, Roma, Città Nuova, 1974, p. 221-229.

Sur l'"appétit naturel" et les "inclinaisons naturelles"

BEDNARDSKI F.W., « Inclinazioni naturali secondo S. Tommaso d'Aquino », *Angelicum* 69 (1992), p. 23-35.

BROCK S.L., « Natural Inclination and the Intelligibility of the Good in Thomistic Natural Law », *Vera Lex* 6/1-2 (2005), p. 57-78.

CALDERA R.-T., *Le jugement par inclination chez saint Thomas d'Aquin*, Paris, Vrin, 1980.

FINNIS J., « Natural Inclinations and Natural Rights. Deriving "ought" from "is" According to Aquinas », dans *Lex et libertas. Freedom and Law According to S. Thomas Aquinas. Proceedings of the Fourth Symposium on S. Thomas' Philosophy*, L. Elders, K. Edwig (eds.), Città del Vaticano, Pontificia Accademia di S. Tommaso e di Religione Cattolica, 1987.

GUSTAFSON G.J., *The theory of natural appetency in the philosophy of St. Thomas*, Washington, The Catholic Uviversity of America Press, 1944.

HAYEN A., *L'intentionnel selon Saint Thomas*, Bruges-Bruxelles-Paris, Museum Lessianum, 1954.

JENKINS J.J., « Good and the Object of Natural Inclination in St. Thomas Aquinas », *Medieval Philosophy and Theology* 3 (1993), p. 62-96.

MAKIN S., « Aquinas Natural Tendencies and Natural Kinds », *New Scholasticism* 63 (1989), p. 253-274.

MEULEN VAN DER H., *Adagium "appetitus naturalis non potest esse frustra" in doctrina sancti Thomae*, Roma, Tesi PUG (135), 1953.

SPLETT J., « Appetitus naturalis ? Erneute Reflexion zu einem alten Thema », *Theologie und Philosophie* 63 (1988), p. 519-536.

THERON S., « Inclinations and Beatitude », *The Downside Review* 119 (2001), p. 79-94.

VIJGEN J., « Bemerkingen bij het thomistische adagium *Appetitus naturalis non potest esse frustra* », dans *Indubitanter ad veritatem : Studies Offered to Leo J. Elders SVD in Honor of the Golden Jubilee of His Ordination to the Priesthood*, Budel, Damon, 2003, p. 423-445.

Sur la "connaturalitas"

BIFFI I., « Il giudizio "per quandam connaturalitatem" o "per modum inclinationis" secondo San Tommaso : analisi e prospettive », *Rivista di filosofia neoscolastica* 66 (1974), p. 356-393.

D'AVENIA M., « Il dinamismo psicologico della conoscenza per connaturalità », *Atti del IX congresso tomistico internazionale*, vol. II, Città del Vaticano, Libreria Ed. Vaticana, 1991, p. 81-93.

– *La conoscenza per connaturalità in S. Tommaso d'Aquino*, Bologna, ESD, 1992.

PIZZORNI R., « La conoscenza della legge o diritto naturale "per connaturalitatem" o "per inclinationem" », *Apollinaris* 58 (1985), p. 46-67.

RIVERA GROUCHAGA J.E., « El conoscimiento per connaturalidad en Santo Tomás de Aquino », *Philosophica* 2-3 (1979-1980), p. 87-90.

RYAN Th.F., « Revisiting Affective Knowledge and Connaturality in Aquinas », *Theological Studies* 66/1 (2005), p. 49-68.

SCHMIDT ANDRADE C., « Lo connatural y el conocimiento por connaturalidad : Santo Tomás de Aquino », *Sapientia* 56 (2001), p. 3-34.

SUTO T., « Virtue and Knowledge : Connatural Knowledge According to Thomas Aquinas », *The Review of Metaphysics* 58/1 (2004), p. 61-79.

Sur le rapport entre Thomas et le néoplatonisme

AERTSEN J., « The Circulation-motive and Man in the Thought of Thomas Aquinas », dans *L'homme et son univers au Moyen Âge* (*Actes du 7e Congrès International de Philosophie Médiévale*, 1982), Ch. Wenin (ed.), Louvain-la-Neuve, Institut Supérieur de Philosophie, 1986, p. 432-439.

– *Nature and Creature. Thomas Aquinas Way of Thought*, Leiden, Brill, 1988.

ANDEREGGEN I.E.M., « Diferencias en la comprension medieval de "De divinis nominibus" de Dionisio Areopagita », *Sapientia* 44 (1989), p 197-210.

– *La metafísica de santo Tomás en la exposición sobre el* De divinis nominibus *de Dionisio Areopagita*, Buenos Aires, EDUCA, 1989.

D'ANCONA COSTA C., « Historiographie du platonisme médiéval : le cas de saint Thomas », dans *Saint Thomas au XXe siècle* (*Actes du colloque du Centenaire de la "Revue thomiste"*, 1993), Paris, Éditions Saint-Paul, 1994, 198-217.

DELLA VOLPE G., *La dottrina dell'Aeropagita e i suoi presupposti neoplatonici*, Roma, Ciuni, 1941.

DOHERTY K.F., « St. Thomas and the Pseudo-Dionysian Symbol of Light », *The New Scholasticism* 34 (1960), p. 170-189.

DONDAINE H.-F., *Le corpus Dionysien de l'Université de Paris au XIIIe siècle*, Roma, Ed. di storia e letteratura, 1953.

ELDERS L., « St. Thomas Aquinas and the problems of speaking about God », *Doctor Communis* 35 (1982), p. 305-316.

FABRO C., « Platonismo, neoplatonismo e tomismo : convergenze e divergenze », *Aquinas* 12 (1969), p. 217-242.

FAUCON DE BOYLESVE P., *Aspects neoplatoniciens de la doctrine de saint Thomas d'Aquin*, Lille, Université Lille 3, 1975.

FAY Th., « Partecipation : the Transformation of Platonic and Neoplatonic Thought in the Metaphysics of Thomas Aquinas », *Divus Thomas* 76 (1973), p. 50-64.

GEENEN G., « Une étude inédite sur le Ps. Denys et Saint Thomas », *Divus Thomas* 31 (1953), p. 169-184.

JOSSUA J.-P., « L'axiome "bonum diffusivum sui" chez S. Thomas d'Aquin », *Revue des sciences religieuses* 40 (1966), p. 127-153.

KALINOWSKI G., « Discours de louange et discours métaphysique. Denys l'Areopagite et Thomas d'Aquin », *Rivista di Filosofia Neoscolastica* 73, p. 399-404.

LIUZZI T., « L'"esse" in quanto similitudine di Dio nel commento di Tommaso d'Aquino al *De divinis nominibus* di Dionigi Areopagita », dans *Vetera novis augere. Studi in onore di Carlo Giacon per il 25° Convegno degli assistenti universitari del movimento di Gallarate*, Roma, La Goliardica, 1982, p. 19-34.

NICOLAS M.-J., « "Bonum diffusivum sui" », *Revue thomiste* 55 (1955), p. 363-376.

O'ROURKE F., *Pseudo-Dionysius and the methaphysics of Aquinas*, Leiden-NewYork-Köln, Brill, 1992.

PANGALLO M., « La trascendenza dell' essere in Tommaso d'Aquino : sintesi e superamento di platonismo e aristotelismo », *Doctor Communis* 40 (1987), p. 187-197.

PEGHAIRE J., « L'axiome "Bonum est diffusivum sui" dans le néo-platonisme et le thomisme », *Revue de l'Université d'Ottawa* 2 (1932), p. 5*-30*.

ROQUES R., *L'universo dionisiano*, Milano, Vita e Pensiero, 1996.

THIVIERGE G.-R., *Le Commentaire des noms divins de Denys l'Aréopagite : l'occasion d'une rencontre entre platonisme et aristotélisme chez Thomas d'Aquin*, Roma, Tesi Pontificia Universitas S. Thomae, 1986.

Sur la réflexivité

BIOLO S., *La coscienza nel* De Trinitate *di S. Agostino*, Roma, Libreria Editrice Gregoriana, 1969.

BOGLIOLO L., « Dall'interiorità agostiniana all' interiorità tomista », *Doctor communis* 39 (1986), p. 292-314.

BOYER Ch., « Le sens d'un texte de Saint Thomas, *De Ver.* q. I a. 9 », *Gregorianum* 5 (1924), p. 424-352.

CONNELL D., « St. Thomas on Reflection and Judgment », *Irish Theological Quarterly* 45 (1978), p. 234-247.

COURCELLE P., *Connais-toi toi-même de Socrate à Saint Bernard*, Paris, Études Augustiniennes, 1974.

DE FINANCE J., *Cogito cartésien et réflexion thomiste*, Paris, Beauchesne, 1946.

DUCOIN G., « L'homme comme conscience de soi selon saint Thomas d'Aquin », dans *Sapientia Aquinatis. Congressus thomistici internationalis*, Roma, Officium Libri Catholici, 1955, p. 143-154.

ENES J., *A porta do ser. Ensaio sobre a justificão noética do juízio de percepção externa en S. Tomás de Aquino*, Lisboa, Instituto Nacional de Investigação Cientifica, 1990.

FABRO C., « Coscienza e autocoscienza dell'anima », *Doctor communis* 19 (1958), p. 97-123.

FONTANA L., « Alcune interpretazioni del testo *De Veritate* q. 1, a. 9 », dans *Atti del IX Congresso Tomistico Internazionale*, vol. II, *Noetica, critica e metafisica in chiave tomistica*, Città del Vaticano, Libreria Ed. Vaticana, 1991, p. 59-66.

KUC L., « La connaissance de son propre acte intellectuel. Remarques sur un thème antropologique de S. Thomas d'Aquin », *Journal philosophique* 1 (1985), p. 241-253.

LAMBERT R.T., « Nonintentional Experience of Oneself in Thomas Aquinas », *The New Scholasticism* 59 (1985), p. 253-275.

LONERGAN B., *Verbum. Word and Idea in Aquinas*, Notre Dame, University of Notre Dame, 1967.

PUTALLAZ F.-X., *La connaissance de soi au* XIIIe *siecle. Da Matthieu d'Aquasparte a Thierry de Freiberg*, Paris, Vrin, 1991.

– *Le sens de la réflexion chez Thomas d'Aquin*, Paris, Vrin, 1991.

REICHMANN J., « The "Cogito" in St. Thomas : Truth in Aquinas and Descartes », *International Philosophical Quarterly* 26 (1986), p. 341-352.

RUANE John, « Self-Knowledge and the Spirituality of the Soul in St. Thomas », *The New Scholasticism* 32 (1928), p. 425-442.

SALATIELLO G., *L'autocoscienza come riflessione originaria del soggetto su di sé in Tommaso d'Aquino*, Roma, PUG, 1996.

SEGURA C., « La dimension reflexiva de la verdad en Tomás de Aquino », *Anuario filosofico* 15 (1982), p. 271-279.

– « Verdad, juicio y reflexion, según Tomás de Aquino », *Anuario filosofico* 21 (1988), p. 159-167.

STAGNITTA A., *L'autocoscienza. Per una rilettura antropologica di Tommaso d'Aquino*, Napoli, EDI, 1979.

TOCCAFONDI E., « La spiritualità dell'anima e la coscienza dell'io », *Doctor communis* 11 (1958), p. 155-177.

VÁZQUEZ S.M., « Reflexión y libertad en Santo Tomás », dans *Atti del IX Congresso Tomista Internazionale*, vol. III, *Antropologia tomista*, Città del Vaticano, Libreria Ed. Vaticana, 1991, p. 281-284.

Autres écrits thomistes

AERTSEN J., « Aquinas and the Human Desire for Knowledge », *American Catholic Philosophical Quarterly* 79/3 (2005), p. 411-430.

AUDET J.-P., *Admiration religieuse et désir de savoir. Refléxion sur la condition du Théologien*, Montréal-Paris, Institut d'Études Médiévales-Vrin, 1962.

BUSIELLO G., « Le passioni in Tommaso d'Aquino tra etica, antropologia e metafisica », *Angelicum* 83 (2006), p. 95-120.

CALDERA R., *Le jugement par inclination chez saint Thomas d'Aquin*, Paris, Vrin, 1980.

CHENU M.-D., « Le plan de la Somme théologique de saint Thomas », *Revue thomiste* 47 (1939), p. 93-107.

– « Les passions vertueuses. L'anthropologie de saint Thomas », *Revue Philosophique de Louvain* 72 (1974), p. 11-18.

COTTIER G., « Intellectus et ratio », *Revue thomiste* 88 (1988), p. 215-228.

– « Intelligere Deum finis omnis intellectualis substantiae (CG III, 25) », dans *Atti del IX congresso tomistico internazionale*, vol. II, Città del Vaticano, Libreria Ed. Vaticana, 1991, p. 143-162.

DAHAN G., « Saint Thomas d'Aquin et la metaphore », *Medioevo* 18 (1992), p. 85-117.

DONDAINE H.-F., « L'object et le "medium" de la vision béatifique chez les théologiens du XIIIe siècle », *Recherches de science théologie ancienne et médiévale* 19 (1952), p. 60-130.

– « Cognoscere de Deo quid est », *Recherches de science théologie ancienne et médiévale* 22 (1955), p. 72-78.

ELDERS L., « Saint Thomas d'Aquin et Aristote », *Revue thomiste* 88 (1988), p. 357-376.

FERNÁNDEZ BURILLO S., « "Motus naturalis". La autonomia operativa del ente creado, segun la mente de Santo Thomas de Aquino », dans *Atti del IX congresso tomistico internazionale*, vol. II, Città del Vaticano, Libreria Ed. Vaticana, 1991, p. 323-330.

GEIGER L., « Saint Thomas et la metaphysique d'Aristote », dans *Aristote et saint Thomas d'Aquin*, journée d'études internationales, Paris-Louvain, Nauwelaerts, 1957, p. 175-220.

GIARDINI F., « Similitudine e principio di assimilazione », *Angelicum* 35 (1958), p. 325-374.

GUINDON A., « L'émerveillement. Étude du vocabulaire de l'*admiratio* chez Thomas d'Aquin », *Église et théologie* 7 (1976), p. 61-97.

GHISALBERTI A., « La concezione della natura nel commento di Tommaso d'Aquino alla Metafisica di Aristotele », dans *Tommaso d'Aquino nel suo VII centenario*, vol. 9, Naples, Ed. Domenicane Italiane, 1978, p. 222-228.

HANKEY W.J, « "Dionysius dixit, Lex divinitatis est ultima per media reducere" : Aquinas, Hierocracy and the "augustinisme politique" », *Medioevo* 1992, p. 119-150.

IZQUIERDO LABEAGA J.A., *La visión analógica de la esperanza según Santo Tomás*, Roma, Tesi PUG (605), 1981.

KNASAS J., « "Ad mentem Divi Thomae" : Does Natural Philosophy Prove God ? », *Divus Thomas* 91 (1990), p. 408-425.

MAIDL L., *Desiderii interpres. Genese und Grundstruktur der Gebetsthelogie des Thomas von Aquin*, Paderborn, F. Schöningh, 1994.

PADALINO F., *L'aumento intensivo della beatitudine essenziale*, Agrigento, Tesi PUG (133), 1953.

PANGALLO M., *Il principio di causalità nella metafisica di S. Tommaso*, Città del Vaticano, Libreria Ed. Vaticana, 1991.

PASCHETTO E., « La natura del moto in base al *De motu cordis* di S. Tommaso », *Miscellanea mediaevalia* 19 (1988), p. 23-52.

PEGHAIRE J., Intellectus *et* ratio *selon S. Thomas d'Aquin*, Paris, Vrin, 1936.

RAMOS A., « Activity and Finality in Saint Thomas », *Angelicum* 68 (1991), p. 231-264.

TORRELL J.-P., « L'interprète du désir. La prière chez saint Thomas d'Aquin », *La Vie Spirituelle* 84 (2004), p. 213-223.

TUNINETTI L., *"Per se notum" : die logische Beschaffenheit im des Selbstveständlichen im Denken des Thomas von Aquin*, Leiden, Brill, 1996.

– « Metafisica e desiderio della felicità nella *Summa contra Gentiles* di San Tommaso », dans *Ripensare la metafísica*, Roma, Armando, 2005, p. 131-151.

TWETTEN D., « Why Motion Requires a Cause : the Foundation for a Prime Moven in Aristotle and Aquinas », dans *Philosophy and the God of Abraham. Essays in Memory of James A. Weishapl*, R.J. Long (ed.), Toronto, Pontifical Institute of Medieval Studies, 1991, p. 235-254.

VERNIER J.-M., « Physique aristotélicienne et métaphysique thomiste », *Revue Thomiste* 91 (1991), p. 5-33 et 393-413.

Bibliographie théorétique et historiographique

L'homme et son univers au Moyen Âge (*Actes du 7ᵉ Congrès International de Philosophie Médiévale*, 1982), Ch. Wenin (ed.), Louvain-la-Neuve, Institut Supérieur de Philosophie, 1986.

ARNOU R., *Le désir de Dieu dans la philosophie de Plotin*, Rome, Presses de l'Université Grégorienne, 1967.

BEIERWALTES W., *Proklos. Grundzüge seiner Metaphysik*, Frankfurt am Main, Klostermann, 1979.

CHARBONNEAU-LASSAY L., *Le bestiaire du Christ*, Bruges, Desclée de Brouwer, 1940.

CRISTIANI M., « "Tempus prophetiae". Temporalité et savoir dans l'exégèse biblique de Grégoire le Grand », *Archivio di Filosofia* 53 (1985), p. 327-350.

– *Lo sguardo a Occidente. Religione e cultura in Europa nei secoli* IX-XI, Roma, Nuova Italia Scientifica, 1995.

D'ALVERNY M.-Th., « L'homme comme symbole. Le microcosme », dans *Simboli e simbologia nell'Alto Medioevo. Settimane di studio del centro italiano di studi sull'Alto Medioevo*, XXIII (1975), vol. 1, Spoleto, Panetto & Petrelli, 1976, p. 123-183

DE FINANCE J., « Amour, volonté, causalité », *Giornale di metafisica* 13 (1958), p. 1-22.

– *Connaissance de l'être. Traité d'ontologie*, Paris-Bruges, Desclée de Brouwer, 1966.

– *Essai sur l'agir humain*, Rome, Éditions de l'Université Grégorienne, 1962.

– *Être et agir dans la philosophie de Saint Thomas*, Rome, Éditions de l'Université Grégorienne, 1960.

– « La motion du Bien » *Gregorianum* 39 (1958), p. 5-42.

– *L'ouverture et la norme. Questions sur l'agir humain*, Città del Vaticano, Libreria Ed. Vaticana, 1989.

FABRO C., *La nozione metafisica di partecipazione secondo S. Tommaso d'Aquino*, Milano, Vita e Pensiero, 1939.

– *Partecipazione e causalità secondo S. Tommaso d'Aquino*, Torino, SEI, 1960.

GILBERT P., *La patience de l'être. Métaphysique*, Bruxelles, Culture et Vérité, 1996.

– *La simplicité du principe. Prolégomènes à la métaphysique*, Namur, Culture et Vérité, 1994.

GILSON Ét., *L'être et l'essence*, Paris, Vrin, 1962².

JOLIVET R., *Essai sur les rapports entre la pensée grecque et la pensée chrétienne*, Paris, Vrin, 1931.

LAFONT G., *Structures et méthode dans la* Somme Théologique *de Saint Thomas d'Aquin*, Bruges, Desclée de Brouwer, 1961.

LUBAC H. de, *Augustinisme et théologie moderne*, Paris, Aubier, 1965.

– *Surnaturel*, Paris, Aubier, 1946.

– *Le mystère du surnaturel*, Paris, Aubier, 1965.

MANSION A., « Le Dieu d'Aristote et le Dieu des chrétiens », dans *La philosophie et ses problèmes*, recueil d'études de doctrine et d'histoire offert à Mgr Regis Jolivet, Lyon-Paris, Vitte, 1960, p. 21-44.

MARÉCHAL J., *Le point de départ de la métaphysique*, cahier V, *Le Thomisme devant la Philosophie critique*, Paris, Desclée de Brouwer, 1949².

PRZYWARA E., *"Analogia entis". Metaphysik. Ur-struktur und All-rhytmus*, Einsielden, Johannes Verlag, 1962.

SESSA P., *"Cercherò il tuo volto" : questi tre, un solo Dio, desiderio di Sant'Agostino*, Milano, Tesi PUG (850), 1991.

TORREL J.-P., *Initiation à Saint Thomas d'Aquin. Sa personne et son œuvre*, Fribourg-Paris, Presses Universitaires-Le Cerf, 1993.

– *Saint Thomas d'Aquin, maître spirituel*, Fribourg-Paris, Presses Universitaires-Le Cerf, 1996.

VAN STEENBERGHEN F., *La philosophie au* XIII*e siècle*, Louvain-Paris, Nauwelaerts, 1966.

TABLE DES MATIÈRES

SYNTHÈSE CONCLUSIVE ET DÉVELOPPEMENTS DE RECHERCHE

Imprimerie de la manutention à Mayenne (France) - Avril 2011 - N° 650923V
Dépot légal : 2e trimestre 2011